AF355058

Manual del transporte de mercancías por carretera

Manual del transporte de mercancías por carretera

José Manuel Ruíz Rodríguez

Colección: BIBLIOTECA DE LOGÍSTICA
Director: David Soler

MANUAL DEL TRANSPORTE DE MERCANCÍAS
POR CARRETERA
1.ª edición, 2021

© José Manuel Ruíz Rodríguez
© de esta edición, incluido el diseño de la
cubierta, ICG Marge, SL
© Fotografía de la portada, Shutterstock

Edita: Marge Books
València, 558 – 08026 Barcelona
Tel. 931 429 486 – marge@margebooks.com
www.margebooks.com

Edición: Mercedes Lara
Impresión: Safekat, SL (Madrid)

ISBN edición impresa: 978-84-18532-93-1
ISBN edición digital: 978-84-18532-94-8
Depósito Legal: B 17531-2021

Procedencia de las ilustraciones:

Archivo del autor e imágenes procedentes de
Abertis Logística, 26, 33
Adif, 43
Comsa Rail Transport, 175
Giménez, Vicens (cedida por TCB), 175
Grupo Tradisa, 44
Logifrío, 134
Martínez, Juanjo, 173
Wtrasnet, 35

 El papel empleado en este libro no ha sido blanqueado con cloro elemental (CI_2).

Índice

Capítulo 5

Capítulo 6

Capítulo 7

Capítulo 8

Capítulo 9

Capítulo 1

Introducción

1 Conceptos generales

El transporte consiste en desplazar o trasladar mercancías o personas desde un lugar a otro, utilizando algún tipo de vehículo como medio para conseguirlo. Así, hablamos de transporte marítimo, aéreo o terrestre, y de que este último engloba el transporte por ferrocarril y por carretera como sus ejes principales, dado que también se considera terrestre el fluvial y el transporte por cable.

El transporte tiene una importancia vital en la sociedad actual, en la que cada vez se produce y se consume más, pero donde los centros de producción se concentran en unas regiones determinadas y el gran consumo tiene lugar en otras áreas geográficas distintas. La producción se establece fuera de las grandes ciudades, en polígonos dotados de infraestructuras y comunicaciones adecuadas. Por otra parte, a escala internacional, como el valor añadido en el caso de las materias primas es escaso, su transporte resulta caro, de manera que la tendencia aconseja acercar los centros de producción a los lugares donde se localizan aquéllas. Por otro lado, en el marco de los procesos de globalización económica que se impusieron desde mediados del siglo XX, las grandes industrias también han tendido a instalarse en países donde la fiscalidad les resulta más favorable y la mano de obra más barata, aprovechando los bajos precios del transporte de los productos hasta los mercados de consumo. Sin embargo, esta situación parece destinada a cambiar radicalmente con el progresivo agotamiento de los combustibles fósiles y la necesidad de reducir el consumo de energía para paliar los efectos del cambio climático.

El transporte implica el movimiento de bienes del proveedor al consumidor o usuario, con el objetivo de asegurar su entrega en el momento adecuado, en condiciones óptimas y con un coste mínimo. Está presente en toda la organización logística, desde el movimiento de materias primas con destino al proceso de producción, hasta la distribución del producto terminado a los clientes y en las operaciones de recuperación de residuos.

El transporte en España		
Transporte por carretera[1]		
Carreteras convencionales	14.431,63 km	
Carreteras multicarril	487,76 km	
Autopistas y autovías	11.546,95 km	
Total	26.466,34 km	
Transporte por ferrocarril[1]		
Red de ancho ibérico	11.333 km	
Red de ancho standard	2.591 km	
Red de ancho métrico	1.207 km	
Red de ancho mixto	190 km	
Total	15.321 km	
Estaciones	1.498	
Terminales de mercancías	39	
Transporte aéreo[2]		
Total de aeropuertos	51	
Madrid Barajas	401,13 millones kg	
Zaragoza	143,60 millones kg	
Barcelona	114,26 millones kg	
Viajeros (en millones)	**2019**	**2020**
Madrid	61	17
Barcelona	52	12
Transporte marítimo[3]		
Volumen total de tráfico de contenedores (en TEU)[4]	16,75 millones	
Puertos titularidad estatal	46	
Puertos con mayor tráfico de contenedores (en TEU)	**2019**	**2020**
Valencia	5.439.827	5.414.983
Algeciras	5.125.385	5.105.800
Barcelona	3.324.651	2.957.700
Las Palmas	1.006.853	1.033.486
Bilbao	628.426	485.776

[1] Fuente: Ministerio de Transportes, Movilidad y Agencia Urbana, datos de 2021.
[2] Fuente: AENA, datos de 2020.
[3] Fuente: Diario del Puerto, datos de 2020.
[4] TEU, unidad de medida para contenedores que equivale a 20 pies (6,10 m), del inglés *twenty-foot equivalent unit*. Las capacidades globales de buques, tráficos o terminales de contenedores se miden mediante el TEU.

Tabla 1.1. Infraestructuras y principales tráficos del transporte en España.

En sus orígenes el transporte consistía en el traslado físico de los productos desde su punto de origen hasta los mercados de venta, función que en la mayoría de los casos era controlada directamente por el comerciante, ya que este efectuaba la compra contactando con los fabricantes y trasladaba las mercancías utilizando cualquier medio de transporte a su alcance. Pero hoy, debido a los avances tecnológicos y a la importancia del proceso logístico en la gestión de la cadena de suministro, debemos hablar del transporte en un sentido más amplio, que incluye la información y las comunicaciones relativas al traslado físico de las mercancías.

La distribución puede representar una proporción sustancial de los costes de la empresa. En el pasado se prestó poca atención al transporte y a la distribución en favor de prioridades más visibles de ahorro, como la fabricación o la mercadotecnia. Sin embargo, dependiendo de la naturaleza de los productos, la distribución puede suponer el 30 % de los costes de la empresa, y este porcentaje es mayor si se trata de productos de bajo valor y gran volumen. Dentro de la distribución, el transporte suele representar la mayor parte de los gastos.

Por esta razón se comprende que la distribución, y en particular el apartado del transporte, hayan ido ganando mayor atención desde la dirección de las empresas. Además, los desarrollos más importantes surgidos en estos últimos años en la filosofía de las empresas se refieren a la gestión de la cadena de suministro, a la calidad y al «justo a tiempo». Estas filosofías empresariales tienen en común un enfoque integrado que hace hincapié en la importancia de unas operaciones de transporte fiables.

Por tanto, el transporte es una parte integral del sistema logístico, ya que proporciona el importante enlace que se produce entre los flujos de productos terminados y las materias primas, o entre suministradores y consumidores.

Sea cual sea el modo de transporte elegido, generalmente es necesario un transporte por carretera al comienzo y al final del viaje. Y por supuesto, si el modo es la carretera, el transporte se desarrollará íntegramente a través de él.

El camión es un medio relativamente moderno de transporte, cuya aparición data de principios del siglo XX. La gran longitud de redes interurbanas de carreteras, el constante incremento de matriculaciones con el consiguiente aumento del parque de vehículos, así como la reducción de trabas para la circulación internacional, sobre todo en el ámbito de la Unión Europea (UE), han contribuido en gran medida al crecimiento tanto absoluto como relativo de esta industria, lo que se refleja en el progresivo aumento de su índice de participación con respecto al total de mercancías transportadas.

El transporte es fundamental para el funcionamiento de las economías modernas, pero hoy se encuentra ante una contradicción permanente, entre una sociedad que siempre solicita mayor movilidad y una opinión pública que soporta cada vez menos la congestión de las redes viarias y el deterioro del medio ambiente. Esta contradicción se da también en relación con el transporte de mercancías peligrosas. Nos alarmamos y condenamos los accidentes graves, pero al mismo tiempo cada vez se consumen más productos de este tipo; consumo que hace necesario e imprescindible su transporte.

2   Particularidades del transporte por carretera

El transporte por carretera tiene gran capacidad de penetración, de llegar a cualquier punto por recóndito que sea. En este aspecto el ferrocarril está, lógicamente, mucho más limitado, ya que no pueden construirse vías que lleguen a todas las industrias, pero en cambio siempre hay carreteras o autopistas que sí lo hacen.

A diferencia de otros modos de transporte, en el sector del transporte por carretera se puede prestar servicios o ser empresario con relativa facilidad. Es el único modo en el que el vehículo resulta asequible para una persona que quiera crear un negocio de transporte, tanto si es con financiación propia como ajena. Para esta última existen fórmulas como el arrendamiento financiero *(leasing)* o el *renting,* una modalidad de arrendamiento que incluye el mantenimiento del vehículo, por lo que resulta especialmente utilizado en el arrendamiento de vehículos industriales.

Como simple arrendatario del vehículo, también es posible ser transportista. Esta es una de las causas por las que el sector está muy atomizado, aunque no es la única.

En distancias medias y cortas, el transporte por carretera no tiene competencia. Por ejemplo, se estima que en el transporte aéreo las mercancías pasan solamente el 15 % del tiempo total volando; el resto del tiempo corresponde a operaciones en tierra, razón por la que, además de ser mucho más caro que el camión, acaba siendo más lento que este. Las propias compañías aéreas utilizan, en determinados trayectos, el camión en lo que denominan «servicio de alimentación por superficie» o RFS *(road feeder service).*

Por su parte, el transporte marítimo obtiene rentabilidad con grandes volúmenes de mercancías y en distancias largas. Y el ferrocarril sigue estando supeditado a horarios y a ciertas rigideces burocráticas, a pesar de los avances producidos en su liberalización. Un tren no puede salir con 25.000 kg de mercancía y menos todavía un buque, pero sí que lo hace habitualmente un camión.

Un transporte entre Sevilla y Tbilisi, con 5.614 km de recorrido, por ejemplo, efectuado con un tráiler o vehículo articulado, tendría un coste aproximado de 6.000 €. Debido a la capacidad limitada de carga de los camiones, a partir de ciertas distancias los costes unitarios de transporte por kilogramo o por metro cúbico son muy elevados. Aunque técnica y mecánicamente un camión podría cubrir estas distancias sin dificultad, desde el punto de vista económico, los viajes como el del ejemplo o superiores no se suelen hacer, porque pierden rentabilidad y dejan de ser competitivos frente a otros modos de transporte. Por este motivo este libro se refiere al transporte en los ámbitos nacional y comunitario, exclusivamente.

El camión no está sujeto a calendarios ni a horarios y puede iniciar la marcha tan pronto esté cargado con la mercancía. Ante cualquier dificultad, siempre puede elegir rutas alternativas o dar un rodeo, cosa imposible para otros medios. Dado el reducido tamaño de los vehículos, en el transporte por carretera el conductor vigila personalmente la mercancía que lleva a bordo y puede solucionar cualquier problema que se presente o, en su caso, pedir la ayuda necesaria.

Como aspecto negativo, el tráfico de vehículos contamina el medio ambiente y satura de manera significativa las redes de carreteras. Según el Libro Verde de la Comisión Europea de noviembre de 2000, el consumo energético de los transportes representaba en 1998 un 28 % de las emisiones de CO_2, principal gas causante del efecto invernadero. Si los responsables políticos y económicos no toman las decisiones necesarias para invertir la tendencia del crecimiento del tráfico rodado, las emisiones de CO_2 derivadas del transporte harán irreversible la degradación medioambiental y el cambio climático.

El sector industrial ha reducido sus emisiones de CO_2, mientras que el sector del transporte las ha aumentado de forma imparable; el transporte por carretera es el responsable del 95 % de las emisiones del sector del transporte.

Por el uso de infraestructuras que hace el transporte por carretera, por la congestión que crea y por lo que contamina, este modo no paga los costes que origina a la sociedad. Este aspecto polémico está siendo objeto de debates y discusiones en el seno de la UE, en la prensa especializada, en las asociaciones del sector y, en definitiva, entre las organizaciones sociales sensibilizadas por la necesidad de reducir la emisión de gases de efecto invernadero y el coste y el impacto de las infraestructuras.

No obstante, a pesar de los intentos políticos por contener el crecimiento del transporte por carretera en la UE en beneficio de otros modos de transporte, todos los especialistas reconocen que los camiones todavía seguirán siendo la clave del transporte europeo en los próximos años.

Por el momento, el sector del transporte por carretera desempeña un papel insustituible pero es muy vulnerable y frágil desde un punto de vista económico. Un vehículo articulado o tráiler cargado tiene un consumo en subida de unos 100 litros a los 100 km, que se reduce en bajada a unos 2 litros, siendo el consumo medio de 38 a 40 litros a los 100 km, dependiendo de la potencia y desgaste del motor, y del estilo de conducción. De los costes directos de un vehículo pesado, el más elevado es el combustible, que supone un 32 % aproximadamente, y que dichos costes estén determinados por el precio del combustible. Es un sector que genera escasos márgenes por su gran atomización y por la presión de los expedidores y de la industria sobre los precios, que impide o dificulta el traslado y la repercusión de los aumentos de coste a los portes.

3   Control e intervención por parte de la Administración

El transporte por carretera ha estado siempre bastante regulado e intervenido por las administraciones públicas en la UE, aunque la tendencia es liberalizar y desregular el sector, como no podía ser de otra forma en un mercado único.

Esto ha sido así especialmente en España. En efecto, una norma de 1947 daba prioridad al ferrocarril en detrimento del transporte por carretera, estableciéndose el llamado «canon de coincidencia» que debía pagar un transportista como penalización si hacía un transporte por carretera compitiendo con el ferrocarril. El 4 de agosto de 1977 desapareció este impopular canon, que había sido durante treinta años el caballo de batalla de los transportistas por carretera. Así se iniciaba un primer paso hacia la liberación del transporte, dejando atrás el trato preferencial que había tenido el ferrocarril como servicio público.

La Ley de Ordenación de los Transportes Terrestres de 1987 (LOTT) supuso un avance importante en cuanto a modernización de la normativa, aunque durante algunos años continuaron existiendo aspectos restrictivos para el transporte por carretera, como las tarifas obligatorias para los transportes de carga completa o la exigencia de constituir una fianza bastante elevada para responder del impago de hipotéticas futuras sanciones. Ambas cosas afortunadamente fueron abolidas y ya no existen.

Para la plena liberalización se dio un paso importante con la Orden Ministerial (OM) de 24 de agosto de 1999, que contemplaba la concesión por la Administración de nuevas tarjetas para vehículos pesados de transporte público de mercancías, aunque cumpliendo determinados requisitos, como disponer de un mínimo de vehículos y de capacidad de carga.

Otro avance importante se dio con la publicación del Real Decreto (RD) 1225/2006 y la Orden FOM/734/2007.[1]

No existe ningún límite ni dimensión mínima de la empresa para obtener nuevas autorizaciones de transporte público en vehículo ligero ni tampoco para las de transporte privado complementario.

El último cambio importante se produjo mediante la Ley 9/2013 de 4 de julio, BOE de 5 de julio, por la que se modifica la Ley 16/1987 (LOTT) y el Real Decreto 70/2019 de 15 de febrero, BOE del 20 de febrero, por el que se modifica el Reglamento de la Ley de Ordenación de los Transportes Terrestres (ROTT).

4   Política comunitaria en materia de transporte

Desde la firma del Tratado de Roma de 1957, la política comunitaria de transportes progresó muy lentamente hasta 1983, tanto por la imprecisión del Tratado en este tema como por las múltiples divergencias entre las políticas nacionales de transportes de los países miembros.

Durante mucho tiempo la Comunidad Europea no supo o no quiso aplicar la política común de transportes prevista por el Tratado de Roma. En casi treinta años el Consejo de Ministros fue incapaz de plasmar en acciones concretas las propuestas de la Comisión.

---

[1] Orden FOM/734/2007 de 20 de marzo, Boletín Oficial del Estado (BOE) de 28 de marzo de 2007.

El factor decisivo fue un Recurso de Carencia[2] que interpuso el Parlamento en 1983 ante el Tribunal de Justicia de la CEE[3] contra el Consejo. El Parlamento acusaba al Consejo de haber violado el Tratado de Roma al no haber creado hasta aquella fecha una política común de transportes, así como no fijar un marco, ni pronunciarse sobre las propuestas de la Comisión[4] en este sentido.

El Tribunal de Justicia condenó en 1985 al Consejo[5] por no haber asegurado la libre prestación de servicios de transportes internacionales y no fijar las condiciones de admisión al transporte internacional de transportistas no residentes.

Tras dicha sentencia, el Consejo decidió instaurar un mercado comunitario sin contingentes en el transporte internacional, como máximo en 1992. Decidió también desarrollar los contingentes multilaterales comunitarios y la eliminación durante un período transitorio de las distorsiones de la competencia, mediante una armonización.[6]

En este sentido, cabe destacar la armonización técnica en cuanto a pesos y dimensiones de los vehículos de carretera con masa máxima autorizada (MMA) superior a tres toneladas y media. También es muy importante la armonización social, al establecerse tiempos máximos de conducción, así como el uso del tacógrafo para su control, reguladas ambas materias por los Reglamentos 561/2006 y 3821 de 1985.

En la actualidad no existen restricciones para hacer transporte internacional dentro de la UE mediante la denominada «licencia comunitaria», cuya validez es de cinco años y se concede sin limitaciones desde 1993. La actual orientación de la política comuni-

---

[2] Ante el Tribunal de Justicia de la UE se pueden interponer ocho tipos diferentes de recursos. El de «carencia» está motivado por la «ausencia» de legislaciones para dar cumplimiento a cualquier disposición de los tratados. Se interpone contra la institución comunitaria que debió haber legislado y no lo hizo.

[3] El Tribunal de Justicia de la UE garantiza el respeto de las leyes en la interpretación y aplicación de los tratados y del derecho comunitario. Se rige por los artículos 164 a 188 del Tratado de Roma y tiene su sede en Luxemburgo.

[4] La Comisión Europea está formada por los comisarios procedentes de los diversos Estados miembros. Tiene veintitrés direcciones generales, equivalentes a los ministerios a escala nacional. La Dirección General VII corresponde a transportes. Defiende los intereses comunitarios y los tratados. Tiene la facultad de proponer medidas al Consejo y, en algunas áreas, de ejecutarlas. El Gobierno o el poder ejecutivo está constituido en la UE por el binomio Comisión + Consejo. La Comisión se reúne una vez por semana en Bruselas. Está formada por veinticinco comisarios y un presidente que ejerce por períodos de cinco años.

[5] El Consejo de Ministros o «Consejo» está formado por un ministro de cada Estado miembro. En función del tema que cabe tratar se reúnen los ministros de Agricultura, Asuntos Sociales, etc. La presidencia es rotatoria y cambia cada seis meses. Si la Comisión tiene la exclusiva de hacer propuestas, el Consejo tiene el poder de decisión sobre dichas propuestas. Una buena parte de los reglamentos comunitarios son reglamentos del Consejo.

[6] Es muy frecuente el término «armonización» en el ámbito comunitario. Consiste en ir eliminando diferencias entre las normas de los diferentes Estados en cualquier materia, aproximándose a un criterio común. Generalmente esto se hace a lo largo de un tiempo que se suele denominar «período transitorio», durante el cual los Estados tienen que ir efectuando los cambios necesarios en sus legislaciones y normativas para acercarse el modelo común.

taria de transportes es la sustitución de los antiguos contingentes, potenciando la capacitación profesional de los transportistas al exigirles una mayor preparación en todo un amplio abanico de materias diversas y relacionadas con el sector del transporte.

Otro avance importante que tuvo lugar en 1998 fue la liberalización del cabotaje, es decir, permitir que un transportista de un país comunitario pueda hacer transporte interior en otro país donde no esté establecido, a fin de optimizar los retornos y evitar hacerlos en vacío. Lamentablemente, la picaresca no tardó en hacer uso indebido y fraudulento de esta liberalización, y bajo la apariencia de cabotaje hay transportistas que hacen servicios todos los días en otros Estados donde no están establecidos, con licencias comunitarias obtenidas en países donde la normativa es menos estricta, por estar aún en fase de armonización.

Otro logro destacable desde la creación de la UE en 1993 ha sido el diseño de una red transeuropea de transporte, formada por carreteras y autopistas. Pese a todo, seguirán produciéndose colapsos en las infraestructuras y, por este motivo, otro objetivo imperante en la UE es potenciar el uso de vías alternativas como la marítima y, sobre todo, el ferrocarril para el transporte dentro de la propia Unión Europea.

Aunque en la actualidad el uso del ferrocarril para el transporte de mercancías es de alrededor del 8 %, con la liberalización progresiva de este medio se puede incrementar su uso para acercarnos a los niveles de Estados Unidos, donde alrededor del 40 % de mercancías se transporta por ferrocarril.

5   Clases de transporte por carretera

En el transporte por carretera es posible establecer diferentes clasificaciones de acuerdo con:

- **La naturaleza del transporte**

  - *Público:* es un transporte realizado por cuenta ajena, por una empresa o profesional que percibe una cantidad económica por su ejecución, conocida como portes o flete.
  - *Privado:* lo realiza por cuenta propia una empresa que no se dedica al transporte y que dispone de uno o varios vehículos para atender necesidades privadas. Con dichos vehículos recogen sus materias primas a sus proveedores o bien los utilizan para hacer llegar a sus clientes los productos que fabrican o comercializan. Es una actividad complementaria de la suya principal, no se percibe flete alguno y el titular tiene prohibido realizar transporte para otras personas.

- **El objeto del transporte**

  - *De viajeros.*
  - *De mercancías.*

– *Mixto:* un vehículo mixto es aquel que está acondicionado para llevar a la vez mercancías y pasajeros, en número no superior a nueve, incluido su conductor.

- **El ámbito del transporte**

  – *Urbanos:* realizados en el interior de un espacio urbano.
  – *Interiores:* realizados dentro del ámbito interior de un país, tanto en origen como en destino.
  – *Internacionales:* desarrollados entre dos o más países. La LOTT lo define como el que discurre parcialmente por el territorio de otros Estados.
  – *Ordinarios:* los que no sean especiales.
  – *Especiales:* los que por razones de peligrosidad, urgencia o repercusión social están sometidos a normas administrativas especiales y necesitan autorización específica.

- **La función del transporte**

  – *Regular:* se efectúa a través de itinerarios preestablecidos, sujetos a calendario y horarios fijos. Es frecuente en el transporte de viajeros y prácticamente no se da en el de mercancías.
  – *Discrecional:* cuando no está sujeto a ningún itinerario, calendario ni horario preestablecido. Todo el transporte de mercancías se considera discrecional, de ahí el nombre abreviado de las autorizaciones, MDP o MDL, cuya primera letra significa «mercancías», la segunda «discrecional» y la tercera se refiere a «pesado» o «ligero», respectivamente.

- **La carga**

  – *Carga completa:* la mercancía se recoge en un punto para ser trasladada a otro punto o lugar de entrega. El cliente solamente solicita del transportista el servicio de transporte y ninguna otra gestión previa o completaría.
  – *Carga fraccionada:* además del transporte son necesarias otras operaciones complementarias, como transportes locales de recogida y entrega, clasificación y etiquetaje.

Capítulo 2
Estructura del sector del transporte

1 Introducción

Una parte de las necesidades de transporte de las empresas cargadoras es atendida con vehículos propios bajo la modalidad de transporte privado complementario, generalmente mediante vehículos ligeros que realizan recorridos cortos. Pero la parte más importante es confiada a profesionales del transporte que actúan de manera autónoma.

Cuando se trata de un envío directo, capaz de aprovechar el espacio o peso del vehículo y que no necesita operaciones complementarias ni trámites aduaneros, la empresa expedidora o cargadora y la transportista llegan con facilidad a un acuerdo para su transporte.

Lo más frecuente, no obstante, es que la expedidora trabaje con uno o varios operadores de transporte o empresas transitarias que a cambio de un precio pactado se ocupan de organizar toda la cadena de transporte. Estas se convierten de este modo, frente a la empresa remitente, en las transportistas contractuales, que responden en nombre propio de la ejecución del transporte. Se trata de empresas que generalmente carecen de una flota propia de vehículos y que recurren a otras proveedoras para prestar sus servicios: transportistas de largo recorrido, transportistas con vehículos ligeros para las entregas y recogidas, almacenes ajenos, agencias de aduanas, empresas de trabajo temporal, etc.

Para poder ofrecer un buen servicio, estas empresas operadoras han de contar con proveedoras eficaces, para lo cual deben llevar a cabo procesos de selección, seguimiento y formación. En muchos casos renuncian a hacerlo, dejando que sean otras compañías las que se ocupen de tales labores. Hablamos entonces de la subcontratación o externalización, una modalidad que se ha incrementado progresivamente en el transporte por carretera.

Estas empresas cubren una doble necesidad. Por una parte, ponen a disposición de su clientela uno o varios vehículos con su personal conductor, que previamente ha superado una selección, y esa puesta a disposición puede hacerse por jornadas completas, para un determinado trayecto o distancia o por un determinado número de horas. La empresa usuaria, tanto si necesita hacer un transporte privado como público, elimina de este modo los costos fijos, convirtiéndolos todos en variables, con las ventajas que esto supone. Por otra parte, ofrecen al personal conductor o a transportistas autónomos una ocupación regular no sujeta a estacionalidad, y una garantía de cobro por los servicios, superior a la que obtendrían si actuaran de manera autónoma ante un elevado número de clientes.

Puede ocurrir que el transportista que recoge un envío en una empresa exportadora trabaja para una cooperativa que a su vez trabaja para una empresa de servicios que lo hace para un operador logístico, que es quien finalmente factura dicho servicio a la exportadora, si bien una cadena de subcontratación tan larga no es frecuente por los escasos márgenes de beneficio existentes. La figura 2.1 representa este tipo de subcontratación y también el supuesto de un transportista que trabaja directamente para una empresa transitaria u operador logístico.

Aunque hay pequeñas compañías que funcionan como operadoras de transporte y también quienes hacen transportes con una gran flota propia de camiones, las grandes empresas del sector son operadores logísticos, operadores de transporte o bien transitarias y no empresas con flota propia, salvo contadas excepciones.

Algunas de ellas son verdaderas multinacionales, con importantes redes de corresponsales a escala mundial, que en algún caso son delegaciones propias. El gran volumen de operaciones que desarrollan les permite disponer de una capacidad negociadora privilegiada de cara a sus proveedoras de transporte, ya sea nacional o internacional e independientemente del medio de transporte que se utilice.

Por el contrario, los transportistas físicos constituyen un colectivo muy atomizado, es decir, formado por empresas muy pequeñas y escasamente coordinadas entre sí. Estas empresas soportan todos los costos directos de su actividad, tanto los fijos como los variables, teniendo una especial incidencia en sus costos el combustible, sobre todo en los vehículos pesados. La falta de cohesión antes apuntada y su atomización les impide tener una posi-

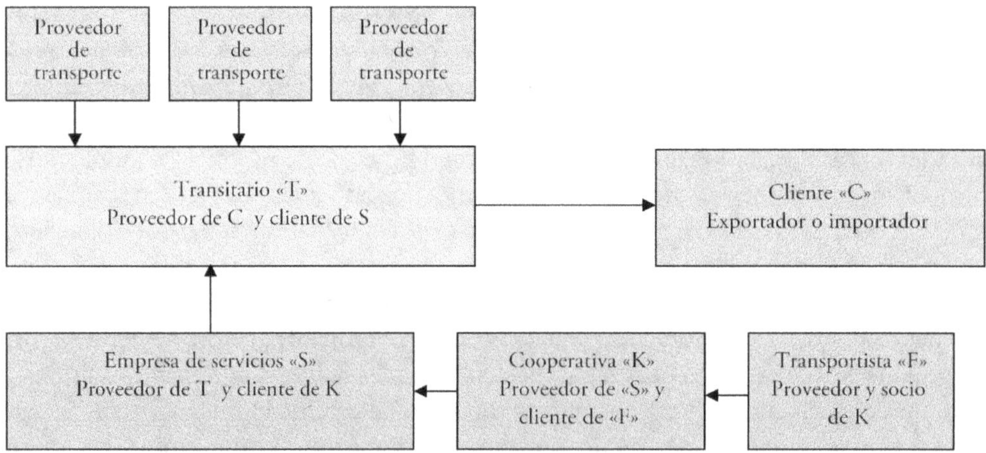

Figura 2.1. Esquema de las posibles formas de contratación de transporte por carretera.

Total de empresas por número de personas trabajadoras (2020)	
Número de personas	Empresas
Sin personal asalariado	98.426
De 1 a 2 personas asalariadas	45.796
De 3 a 5 personas asalariadas	9.880
De 6 a 9 personas asalariadas	5.138
De 10 a 19 personas asalariadas	3.391
De 20 a 49 personas asalariadas	2.140
De 50 a 99 personas asalariadas	446
De 100 a 199 personas asalariadas	209
De 200 a 499 personas asalariadas	89
De 500 a 999 personas asalariadas	30
De 1.000 a 4.999 personas asalariadas	26
De 5.000 o más personas asalariadas	4
	165.575

Tabla 2.1. Volumen de empresas y personal asalariado (2020).
Fuente: Ministerio de Transportes, Movilidad y Agenda Urbana.

ción fuerte frente a sus empresas proveedoras y clientes, tanto si se trata de productoras o comercializadoras como si trabajan para operadoras de transporte. En todos los casos, les resulta muy complicado trasladar a su facturación los aumentos de costos que soportan.

Ante esta especie de pinza en que se encuentran atrapadas, podría haber empresas de transporte por carretera que en algún momento tengan la tentación de practicar *dumping* en materia de precios, es decir, aplicar tarifas por debajo del precio de costo objetivo, eludiendo eventualmente normas sociales y de seguridad para conseguirlo.

La atomización a que nos hemos referido anteriormente queda reflejada en la tabla 2.1, donde se aprecia que la mayoría de empresas (59 %) están formadas por un empresario autopatrono que carece de personal empleado. Entre las empresas unipersonales y las que tienen una o dos personas asalariadas, constituyen el 87 % del total de empresas del sector del transporte en España.

2   Datos referidos a España

Según datos de la estadística del Comercio Exterior de la Agencia Tributaria, alrededor del 55 % de las importaciones españolas y el 68 % de las exportaciones tienen como origen y destino el ámbito de la Unión Europea. Esto explica que el medio de transporte internacional más utilizado sea el de carretera.

Para el cálculo de los costos de un transporte, en el cual intervienen muchos elementos, en distinta medida y en función del vehículo, existe el Observatorio de Costes del Transporte de Mercancías, integrado por el Comité Nacional del Transporte por Carretera, las principales asociaciones representativas de empresas cargadoras y la Dirección General de Transportes por Carretera. Mediante un sencillo programa informático que se actualiza una o dos veces al año, denominado Acotram, se pueden calcular con mucha exactitud los precios de costo para veinte tipos de vehículos.

Paradójicamente, las empresas cargadoras suelen considerar excesivos o imposibles de asumir los costos así calculados, pese a que las organizaciones empresariales que les representan forman parte del mencionado observatorio de costos.

El exceso de oferta de transporte por carretera provoca que a menudo obtenga el encargo de transportar la carga quien ofrezca el precio más bajo, a veces con independencia del nivel de servicio. El diagnóstico del transporte por carretera en España, recogido por el Ministerio de Fomento en el Plan Estratégico del Sector del Transporte de Mercancías por Carretera (Petra), elaborado en 2001, reflejaba esta situación, que en general sigue siendo la misma más de dos décadas más tarde:

- La estructura empresarial de la mayoría del sector es demasiado pequeña para afrontar grandes retos. España es el país con más empresas de transporte de la UE, pero es el quinto en cuanto al número de personas que emplea.
- Solo el 1 % del personal tiene titulación universitaria.
- Hay un déficit en implantación de nuevas tecnologías.
- La imagen que transmite el sector no es positiva.

Este último punto es también percibido por el propio sector, y los departamentos de mercadotecnia y comerciales de las empresas evitan expresamente en sus catálogos de presentación el término «transporte», optando por el eufemismo de incluir en su lugar «servicios» u otros conceptos similares.

Aunque son muchos los factores causantes de la atomización del sector en España, esta viene de alguna manera incentivada por la fiscalidad. El régimen simplificado del IVA (impuesto sobre el valor añadido) por módulos, y el de estimación objetiva por módulos del IRPF, suelen ser ventajosos para la figura de transportista autónomo; son voluntarios pero todos procuran acogerse a los mismos. Para hacerlo hay que ser persona física y no disponer de más de cuatro vehículos.

Según datos de 31 de diciembre de 2020 de la Dirección General de Transporte Terrestre, la comunidad autónoma que más vehículos pesados de ámbito nacional tiene es Andalucía con 61.447, seguida de Cataluña con 46.055 y, en tercer lugar, Valencia con 41.112. La tabla 2.2 resume el parque de vehículos pesados autorizados para el transporte de mercancías por carretera según el tipo de vehículo por tipología de servicio y antigüedad del vehículo.

Según la Dirección General de Transporte Terrestre, el parque de vehículos pesados para transporte de mercancías estaba compuesto en el año 2020 por 257.462 vehículos de transporte por cuenta ajena o público (71,1 %) y 104.715 de servicio por cuenta propia o privado complementario (28,9 %).

2.1 *Profesionales en la distribución urbana de mercancías*

Hay que hacer mención especial de los servicios de reparto en zonas urbanas. Según un informe de la firma Infomóvil, en colaboración con la Federación Nacional de Asociaciones de Transporte de España (Fenadismer), los transportistas autónomos que se dedican al reparto en zonas urbanas son los peor situados del sector. El 95 % de quienes

Tipo de servicio y antigüedad del vehículo	Total	Vehículo rígido	Tractor
Total	362.177	168.929	193.248
de menos de 2 años	36.777	9.542	27.235
de 2 a 3 años	40.696	10.127	30.569
de 4 a 5 años	38.816	7.439	31.377
de 6 a 10 años	60.738	17.304	43.434
de 11 a 15 años	69.141	38.261	30.880
de más de 15 años	116.009	86.256	29.753
Servicio por cuenta ajena	257.462	81.843	175.619
de menos de 2 años	31.888	5.479	26.409
de 2 a 3 años	35.404	5.763	29.641
de 4 a 5 años	34.535	4.383	30.152
de 6 a 10 años	50.183	9.418	40.765
de 11 a 15 años	46.640	20.053	26.587
de más de 15 años	58.812	36.747	22.065
Servicio por cuenta propia	104.715	87.086	17.629
de menos de 2 años	4.889	4.063	826
de 2 a 3 años	5.292	4.364	928
de 4 a 5 años	4.281	3.056	1.225
de 6 a 10 años	10.555	7.886	2.669
de 11 a 15 años	22.501	18.208	4.293
de más de 15 años	57.197	49.509	7.688

Tabla 2.2. Parque de vehículos pesados según tipo de vehículo por tipología de servicio y antigüedad del vehículo. Actualización diciembre de 2020. Fuente: Dirección General de Transporte Terrestre, Ministerio de Transportes, Movilidad y Agencia Urbana.

Figura 2.2. El parque español de camiones y furgonetas está constituido por más de 4.200.000 vehículos.
En la imagen, camiones en tránsito por la autopista AP-7, en el corredor del Mediterráneo, que comunica la franja
de la costa mediterránea, desde Andalucía a Francia.

realizan distribución urbana de mercancías ejercen su actividad profesional en condiciones precarias, es decir, sin contrato mercantil o con contratos inestables o de corta duración.

Su facturación bruta anual asciende a 38.000 € de media, de los que hay que descontar un 57 % que se destina a gastos e impuestos. La sobrecarga de trabajo les obliga en muchos casos a emplear a un ayudante, lo cual rebaja aún más sus ingresos.

Dicha situación económica empeora notablemente cada vez que se produce una subida del precio del carburante, un incremento que con frecuencia no pueden repercutir a su clientela. Recorren unos 150 km al día en áreas de trabajo que son mayoritariamente capitales de provincia y su radio de actuación llega hasta los 35 km.

Según la misma fuente, el perfil de esta figura profesional es el de un varón (en el 99 % de los casos), español (95 %), de 37 años, con estudios elementales, y que considera su actividad como un trabajo «refugio», destinado a cubrir las necesidades familiares básicas. Entre sus principales preocupaciones se encuentran la falta de estabilidad laboral, el desgaste físico y la desmotivación.

Las dificultades con que tropiezan estos trabajadores son numerosas. Además de las ya apuntadas, el 90 % operan con un sobrepeso en sus vehículos respecto a su carga útil permitida. Este tipo de chóferes utiliza habitualmente vehículos ligeros con MMA de hasta 3.500 kg, que legalmente no pueden transportar más de 1.000 kg, cuando lo habitual es que carguen hasta 5.000 kg. Por otro lado, el incremento de las restricciones horarias para la carga y descarga de los vehículos, especialmente en las grandes ciudades, hace que su trabajo sea más y más difícil.

2.2 *Personal conductor de vehículos pesados*

En cuanto a vehículos pesados, a final de 2021, en España se consideraba necesario incrementar en 15.000 personas el volumen de personal conductor para cubrir las necesidades de transporte de mercancías, sobre todo en rutas largas o internacionales. Esta falta de personal es debida a que los sueldos o ingresos obtenidos no compensan los cinco o más días seguidos que han de pasar apartados de la familia y teniendo que descansar, la mayoría de veces, en el propio camión.

Si la persona trabaja como empleado por cuenta ajena, debe disponer de un certificado de aptitud profesional o CAP, obligatorio en la Unión Europea. Para obtenerlo debe realizar una formación de 280 horas o bien 140 horas, según su edad, bastante estricta en cuanto a asistencia, y superar un examen que convocan las consejerías de transporte de cada comunidad autónoma. Todo esto supone un costo aproximado de 3.000 €. Si se trabaja como profesional autónomo, con vehículo pesado en propiedad, se debe disponer del título de competencia profesional o bien contratar a un gestor de transporte, como directivo y a jornada completa, según estable el RD 70/2019. El conjunto de estos requisitos inconvenientes dificulta el acceso de nuevos profesionales a este sector, siendo la edad media del personal conductor de 50 años, e incluso superior en otros países de la UE.

En cuanto a las retribuciones que percibe el personal conductor, hay algunas variaciones en función de los convenios laborales y de las zonas, siendo algo más elevados los salarios en las comunidades del norte de España que en las del sur.

Por regla general, las condiciones laborales favorecen al personal que transporta contenedores desde o hacia las terminales portuarias. Los procedimientos de carga y descarga en las terminales están total o parcialmente automatizados, y los recorridos máximos vienen marcados por el área de influencia del puerto, que no acostumbra a exceder de los 250 o 300 km. Los profesionales independientes no suelen tener problemas de impagos, ya que prestan servicios a empresas consignatarias o navieras económicamente solventes.

Muchas empresas de transporte están asociadas a alguna de las bolsas de carga existentes, que operan a escala nacional e internacional, con la finalidad de reducir en la medida de lo posible los recorridos en vacío. No obstante, como se puede ver en la tabla 2.3, el

Tipo desplaz.	Transporte intrarregional			Transporte interregional	Transporte internacional			Total 2019
	Intramunicipal	Intermunicipal intrarregional	Total transporte intrarregional	Total transporte interregional	Expedido (exportaciones)	Recibido (importaciones)	Total transporte internacional	Total 2019
Operaciones en vacío	19.788.099	60.876.109	80.664.208	9.702.787	213.720	748.741	962.461	91.329.456
Total operaciones	42.947.644	129.638.037	172.585.681	33.827.458	3.114.299	2.807.435	5.921.734	212.334.873
Porcentaje operaciones en vacío	46,07 %	46,96 %	46,74 %	28,68 %	6,86 %	26,67 %	16,25 %	43,01 %

Tabla 2.3. Transporte de mercancías por carretera de vehículos españoles, operaciones totales, número y porcentaje de operaciones en vacío (2019). Fuente: Encuesta permanente de transporte de mercancías por carretera. Dirección General de Programación Económica y Presupuestos. Ministerio de Transportes, Movilidad y Agenda Urbana.

porcentaje de estos recorridos sigue siendo en la actualidad muy elevado (47 %), sobre todo en los recorridos entre puntos de una misma región o comunidad autónoma. La situación mejora mucho en los recorridos nacionales más largos, entre diferentes comunidades. Y donde mayor eficiencia se consigue es en los recorridos internacionales, con una media del 16 % de recorridos en vacío.

En este caso, además del uso de bolsas de carga, la intervención de las empresas transitarias consigue con frecuencia que los envíos vayan hacia su corresponsal o delegación y viceversa, colaborando de esta forma en la optimización de los recorridos de los camiones.

2.3   Infraestructuras de transporte

Según datos de 2021 del Ministerio de Transporte, Movilidad y Agenda Urbana, la red estatal en España está formada por 398 carreteras, con una longitud total de 26.466,34 km. De ellas, 14.431,63 km son carreteras convencionales, mientras que las autopistas y autovías tienen 11.546,95 km.

Además de estas carreteras y autopistas, existen las de ámbito autonómico o dependientes de diputaciones o cabildos, como se ve en tabla 2.4.

Titularidad	Clase de vía	Tipo de vía	Kilómetros
Estado	Gran capacidad	Autopistas de peaje	2.380
		Autopistas libres y autovías	9.167
		Carreteras multicarril	488
		Total gran capacidad	12.035
	Resto de vías	Carreteras convencionales	14.432
		Total resto de vías	14.432
	Total Estado		26.466
Comunidades autónomas	Gran capacidad	Autopistas de peaje	368
		Autopistas libres y autovías	2.939
		Carreteras multicarril	770
		Total gran capacidad	4.078
	Resto de vías	Carreteras convencionales	67.128
		Total resto de vías	67.128
	Total comunidades autónomas		71.205
Diputaciones y cabildos	Gran capacidad	Autopistas de peaje	242
		Autopistas libres y autovías	617
		Carreteras multicarril	405
		Total gran capacidad	1.264
	Resto de vías	Carreteras convencionales	66.507
		Total resto de vías	66.507
	Total diputaciones y cabildos		67.772
Conjunto de redes de carreteras	Gran capacidad	Autopistas de peaje	2.991
		Autopistas libres y autovías	12.723
		Carreteras multicarril	1.663
		Total gran capacidad	17.377
	Resto de vías	Carreteras convencionales	148.066
		Total resto de vías	148.066
	Total		165.443

Tabla 2.4. Longitud de las redes de carreteras españolas por titularidad y tipo de vía.
Fuente: Dirección General de Carreteras. Ministerio de Transportes, Movilidad y Agenda Urbana.

Teniendo en cuenta la red total, España era el país de la UE con más kilómetros de autopistas, según datos de Eurostat referidos a 2018, siendo los cinco primeros como sigue:

- España, 15.585 km.
- Alemania, 13.141 km.
- Francia, 11.618 km.
- Reino Unido, 3.803 km.
- Portugal, 3.065 km.

La orografía de la península Ibérica hace que la construcción de carreteras, al igual que el ferrocarril, suponga un costo elevado. En carreteras convencionales dicho costo es de 4,06 millones €/km, mientras que en autovías es de 7,91 millones €/km.

3   El transporte en la Unión Europea

En la Unión Europea el 53,4 % del transporte de mercancías se efectúa por carretera, seguido del modo marítimo con un 29,6 %, el ferrocarril con un 12,3 %, las vías navegables interiores con el 4,2 % y el modo aéreo con un 0,4 %, según datos de Eurostat referidos a 2019, que se pueden observar en figura 2.3.

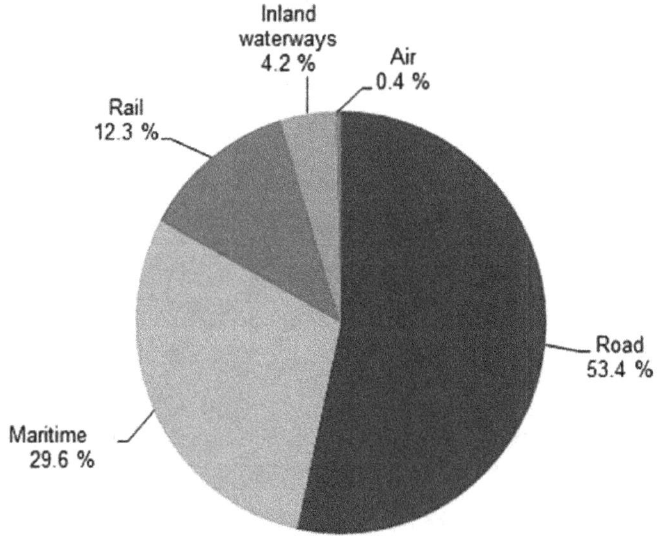

Figura 2.3. Distribución del transporte de mercancías por modos en la Unión Europea en 2019 (toneladas/km).
Fuente Eurostat.

La distribución más detallada por países, referida al año 2018, diferenciando entre transportes nacionales, internacionales o recorridos en vacío, se puede observar en la figura 2.4.

En todo el territorio de la Unión Europea se movieron 13.527.022 miles de toneladas de mercancía en 2019, siendo Alemania el país comunitario donde mayor número de toneladas se desplazaron por este medio. El detalle por países se puede observar en tabla 2.5.

En cuanto a las infraestructuras del transporte, según la estadística sobre movilidad y transporte en la UE, los entonces 28 Estados miembros de la Unión Europea disponían en 2018 de un total de 76.823 km de autopistas y unos cuatro millones de kilómetros de carreteras convencionales. En algunos países de la UE, como Malta y Letonia, no hay autopistas.

3.1 Los viajes en vacío

En el sector del transporte por carretera, el mercado de servicios internacionales de transporte de mercancías dentro de la UE está totalmente abierto a la competencia, pero el transporte nacional sigue estando en gran medida protegido, a pesar de la progresiva liberalización.

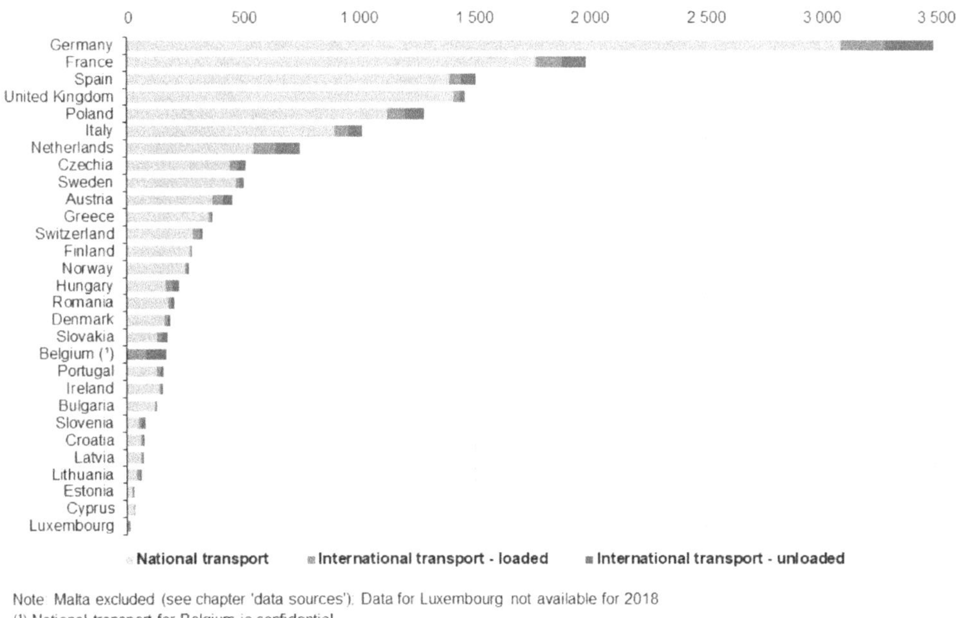

FFigura 2.4. Transporte de mercancías en la Unión Europea, por países y tipo de transporte en 2018 (millones de toneladas). Fuente: Eurostat.

Mercancía transportada por carretera en la UE (2019)	
Datos globales	Miles de toneladas
Unión Europea - 27 países	13.527.022
Unión Europea - 28 países	14.997.508
Por países	
Alemania	3.208.232
Austria	402.083
Bélgica	283.945
Bulgaria	114.574
Chequia	504.099
Chipre	29.361
Croacia	81.125
Dinamarca	167.747
Eslovaquia	187.184
Eslovenia	91.775
España	1.542.109
Estonia	28.373
Finlandia	270.462
Francia	1.634.946
Grecia	354.081
Hungría	202.631
Irlanda	158.396
Italia	978.883
Letonia	73.755
Lituania	100.802
Luxemburgo	55.303
Malta	No disponible
Países Bajos	688.837
Polonia	1.506.450
Portugal	155.866
Reino Unido	1.470.486
Rumania	256.641
Suecia	449.362

Tabla 2.5. Transporte de mercancías por carretera en la UE, por países. Fuente: Eurostat.

Figura 2.5. Las infraestructuras crean nuevos espacios, determinan la conectividad y permiten un mayor grado de movilidad, elementos que generan nuevas actividades económicas. En la imagen, vista aérea de un tramo de la autopista AP-2 a su paso por la comarca del Baix Penedès, en la comunidad autónoma de Cataluña.

En lo que respecta al cabotaje, es decir, el transporte nacional efectuado por transportistas de otros países, está sujeto a restricciones, como la de no poder hacer más de tres transportes interiores en un máximo de siete días desde que el vehículo entra en el país cargado, o bien un solo viaje en tres días si entró vacío.

Una media de un 40 % del recorrido total de los camiones por las rutas internas de Europa se realiza en vacío, es decir que en alguno de los dos trayectos entre origen y destino el vehículo transita sin mercancía. Esto afecta al aumento de los costos que soportan las empresas transportistas y compromete su competitividad al no poder asegurar la carga completa del camión en ambos sentidos de la mercancía transportada.

Según datos de la Eurostat referidos a 2019, el transporte de mercancías por carretera en el ámbito español fue de 1.461.425 miles de toneladas, del que las empresas españolas realizaron el transporte del 99,62 %, quedando un exiguo 0,38 % en manos de empresas de otras nacionalidades, lógicamente en régimen de cabotaje.

En cuanto al transporte internacional, se movieron 115.038 miles de toneladas, del que las empresas españolas transportaron un 66 %, y las de otras nacionalidades un 34 %.

El transporte internacional de España, según los flujos más importantes, es el que se indica en la tabla 2.6.

País	Toneladas/km (en millones)
Francia	34.668
Alemania	24.761
Portugal	11.380
Italia	10.598
Polonia	8.445
Países Bajos	8.475
Bélgica	5.748

Tabla 2.6. Flujos del transporte internacional por países (2019). Fuente: Eurostat.

En tabla 2.7 se puede ver que el transporte público tuvo un total de 3.179.599 operaciones, de las cuales las que fueron en vacío supusieron el 21,2 %, y en privado complementario 135.909 en total, con 53.623 operaciones en vacío, lo que supone un 39,4 %. Resulta más lógico este segundo caso, dado que en transporte privado complementario no se puede transportar para terceros y es más complicado completar los retornos de los vehículos.

Los transportistas tienen la posibilidad de incrementar la utilización de las bolsas de carga que existen en internet, o bien recurrir más a las tecnologías de la información y la comunicación para optimizar el trabajo de sus vehículos y evitar las situaciones de

Operaciones de transporte con destino en España según tipo de servicio por países de origen						
			Tipo de servicio			
			Por cuenta ajena		Por cuenta propia	
País de origen	Total	En vacío	Total	En vacío	Total	En vacío
Alemania	243.001	7.236	239.648	7.236	3.354	–
Bélgica	103.302	681	103.302	681	–	–
Francia	1.323.593	493.484	1.290.611	469.103	32.982	24.381
Italia	142.394	6.610	142.074	6.610	320	–
Países Bajos	120.220	681	119.697	681	523	–
Portugal	519.042	187.112	476.998	158.853	42.043	28.260
Reino Unido	52.966	2.076	51.903	2.076	1.064	–
Otros países	82.038	31.072	80.037	30.090	2.000	982
TOTAL	2.586.556	728.952	2.504.270	675.329	82.286	53.623

Tabla 2.7. Fuente: Encuesta permanente de transporte de mercancías por carretera, 2020. D. G. de Programación Económica y Presupuestos. Ministerio de Transportes, Movilidad y Agenda Urbana.

Figura 2.6. Portada del sitio www.wtransnet.com, creado en 1996, que se ha consolidado como la bolsa de cargas de referencia en el mercado español del transporte por carretera

recorrido en vacío. Disponer de una buena red de corresponsales, bien sea con carácter estable o puntual, es otra fórmula para evitarlos. Las dos últimas opciones son difíciles de afrontar por un transportista autónomo, que solo dispone de un vehículo, pero no así la primera, que está al alcance de todos. La estructura de costos de un vehículo pesado hace que la diferencia entre un vehículo cuando va cargado o vacío sea muy pequeña, y el transportista debería hacer todo lo posible por reducir estos recorridos en vacío, donde tiene unos altos costos que no puede repercutir ni facturar a ningún cliente. Una excepción a la situación anterior la constituyen los servicios urgentes o *express* que muchas empresas proporcionan con pequeños camiones o furgonetas y donde el cliente que solicita el servicio acepta el pago de los costos de ida y de regreso.

La figura 2.6 muestra una captura de pantalla de la principal bolsa de carga que opera en España, Wtransnet, propiedad del grupo francés Alpega.

3.2 La mujer en el sector del transporte

En la Unión Europea, el sector del transporte y el almacenamiento emplea a unos once millones de personas, lo que representa más del 5 % del empleo total. Sin embargo, el porcentaje de mujeres empleadas en el sector es todavía bajo. Según datos de la Encuesta de población activa de Eurostat de 2016, en la mayoría de los países de la UE las mujeres representan alrededor del 20 % de la mano de obra en el sector del transporte.

Entre las razones de esta baja representación de las mujeres en el sector del transporte se pueden destacar las siguientes:

- Falta de conciliación entre el trabajo y la vida privada en el trabajo por turnos.
- Lugar de trabajo y equipamiento no adaptados (por ejemplo, falta de instalaciones sanitarias para mujeres o ropa de seguridad no disponible en tallas para mujeres).
- Insuficiente contratación específica de mujeres en un sector que tiene la reputación de estar dominado por hombres.
- Falta de oportunidades de formación y de aprendizaje a lo largo de la vida.

4   Organismos internacionales

Entre los principales organismos internacionales relacionados con el transporte por carretera destacan los siguientes:

- **Unión Internacional de los Transportes por Carretera (IRU)**
  Fue fundada en Ginebra en 1948, poco después de terminar la Segunda Guerra Mundial. También tiene su sede en Ginebra y es la organización mundial que agrupa a las empresas que efectúan transporte por este modo. Es, por tanto, quien les representa a todos los niveles y defiende sus intereses.

  Acoge tanto a empresas de transporte de viajeros como de mercancías, e incluso a quienes realizan transporte privado o por cuenta propia. Tiene ciento cincuenta miembros activos (asociaciones nacionales de empresas transportistas) y asociados (fabricantes de vehículos, compañías de trasbordos marítimos, etc.) de 62 países.

  Posee estatuto consultivo en las Naciones Unidas y participa activamente en los trabajos de las comisiones de esta organización para Europa y demás regiones mundiales, así como en la Unctad (Conferencia de las Naciones Unidas sobre Comercio y Desarrollo). También en calidad de portavoz de las empresas transportistas por carretera, la IRU mantiene estrechas relaciones con la UE, y en Bruselas existe un comité de enlace permanente entre ambas entidades. Otras organizaciones internacionales con las que colabora son el Consejo de Europa –ante el cual también se significa como un estatuto consultivo–, la Conferencia Europea de Ministros de Transporte (CEMT) y gran número de otras organizaciones profesionales en ámbitos afines.

  La IRU intervino en los trabajos de redacción del Convenio CMR, regulador del contrato de transporte de mercancías por carretera, y defendió a escala internacional el régimen aduanero TIR, que facilita el paso de fronteras con el vehículo precintado sin descargar la mercancía para esta clase de controles, con lo que se aprovecha al máximo la velocidad del camión, muy superior a la de otros modos de transporte.

- **Conferencia Europea de Ministros de Transporte (CEMT)**
Organización intergubernamental creada en 1953. Con sede en París, cuenta con 43 Estados miembros, siete asociados y un observador. Los Estados miembros de la CEMT son: Albania, Alemania, Armenia, Austria, Azerbaiyán, Bielorrusia, Bélgica, Bosnia-Herzegovina, Bulgaria, Croacia, Dinamarca, Eslovenia, España, Estonia, Federación Rusa, Finlandia, Francia, Georgia, Grecia, Holanda, Hungría, Irlanda, Italia, Letonia, Liechtenstein, Lituania, Luxemburgo, Macedonia, Malta, Moldavia, Montenegro, Noruega, Polonia, Portugal, República Checa, Reino Unido, Rumania, Rusia, Serbia, Suecia, Suiza, Turquía y Ucrania.

  En la reunión que se celebró en Dublín, en 2006, la CEMT se transformó en el Foro Internacional del Transporte (IFT).

  Además de colaborar con otras organizaciones, como la IRU, la CEMT se ocupa de la concesión de las autorizaciones multilaterales para el transporte público internacional de mercancías por carretera para empresas de los países miembros de la Conferencia. Estas autorizaciones son válidas para realizar servicios entre países pertenecientes a la CEMT y en tránsito por el territorio de uno o varios países miembros.

- **Federación Internacional de Asociaciones de Transitarios (FIATA)**
Fue fundada en Viena en 1926. Es una organización no gubernamental que agrupa aproximadamente a 40.000 empresas transitarias, que emplean a unos diez millones de personas en 150 países.

  La FIATA tiene estatuto consultivo ante el Consejo Económico y Social (Ecosoc) de las Naciones Unidas y ante la Conferencia de las Naciones Unidas sobre Comercio y Desarrollo (Unctad).

  Está reconocida como representante de la industria de transporte de carga por muchas otras organizaciones internacionales, como la CCI, la IATA, la UIC, la IRU y la OMC.

  FIATA es la mayor organización no gubernamental en el ámbito del transporte.

Capítulo 3

Elementos del transporte por carretera

1 Límites máximos de pesos y dimensiones

Las dimensiones máximas de los vehículos, incluida su carga, así como el peso máximo que pueden tener, vienen limitados por las normativas legales, que cada país establece dentro de un marco que previamente ha fijado la Unión Europea mediante directivas. Si un vehículo excede estos límites ha de circular con una autorización especial y específica.

Las longitudes máximas en metros que se autorizan para los vehículos de transporte por carretera son las que se indican en la tabla 3.1.

Vehículos de transporte	Longitudes máximas
Vehículo a motor	12,00
Remolque	12,00
Vehículo articulado o tráiler	16,50
Distancia entre pivote *king pin* y parte trasera semirremolque máxima	12,00
Autobuses rígidos de dos ejes	13,50
Autobuses rígidos de más de dos ejes	15,00
Autobuses articulados	18,75
Autobuses con remolque, incluido éste	18,75
Tren de carretera	18,75
Tren de carretera especializado en transporte de vehículos, cargado	20,55

Tabla 3.1. Longitudes máximas que se autorizan para los vehículos de transporte por carretera.

---

[1] En España, esta materia está regulada en el anexo IX del Real Decreto 2822/98 de 23 de diciembre de 1998, que está en vigor desde el 27 de julio de 1999 y que posteriormente se modificó levemente por la orden PRE/3.298/2004 de 13 de octubre, publicada en el BOE de 14 de octubre de 2004.

Tipos de vehículos	Toneladas
Remolque de 2 ejes	18
Remolque de 3 ejes	24
Trenes de carretera de 5 o 6 ejes	40
Vehículos articulados (tráiler) de 5 o 6 ejes	40
Tractora de 3 ejes más semirremolque 2 o 3 ejes y contenedor de 40 pies	44
Camión rígido de 2 ejes	18
Camión rígido de 3 ejes	25
Camión rígido de 3 ejes, neumático doble y suspensión neumática	26
Camión rígido de 4 ejes	31
Camión rígido de 4 ejes, neumático doble y suspensión neumática	32
Trenes de carretera de 4 ejes	36
Vehículos articulados (tráiler) de 4 ejes	36
Autobuses articulados de 3 ejes	28
Tractora con neumático doble y suspensión neumática con semiremolque de distancia entre ejes mayor de 1,8 m	38

Tabla 3.2. Masas máximas autorizadas para los distintos vehículos de transporte por carretera en la Unión Europea.

La anchura máxima para todos los vehículos con carácter general es de 2,55 m, excepto los vehículos de temperatura dirigida con pared igual o superior a 45 mm, que podrán tener hasta 2,60 m de anchura. La altura máxima, medida desde el suelo, es de 4 m para todos los vehículos. En estos límites están incluidos en todos los casos los contenedores y las cajas móviles. Excepcionalmente, los vehículos que transportan automóviles o contenedores de transporte multimodal pueden llegar a tener 4,5 m de altura.

Otras dimensiones que también deben respetar los vehículos de transporte son las siguientes:

- Todo vehículo a motor o conjunto de vehículos debe poderse inscribir en una corona circular de radio interior de 5,3 m y exterior de 12,5 m.
- En un tren de carretera, la distancia entre el eje trasero del vehículo a motor y el delantero del remolque no debe ser inferior a 3 m.
- En trenes de carretera, la distancia entre el punto exterior más avanzado de la zona de carga y la más posterior del remolque, restada la distancia entre parte trasera del vehículo a motor y la delantera del remolque, será como máximo de 15,65 m.
- También en trenes de carretera, la distancia entre el punto exterior más avanzado de la zona de carga y la más posterior del remolque, será como máximo de 16,40 m.
- El peso soportado por el eje motor o ejes motores de un vehículo no debe ser inferior al 25 % del peso total en carga del vehículo (tara más carga del vehículo).
- Ningún vehículo con ruedas neumáticas podrá ejercer sobre el suelo una presión superior a 9 kg/cm^2.

Tipos de ejes	Toneladas
Eje simple motor	11,50
Eje simple no motor	10,00
Eje tándem remolque o semirremolque distancia <1 m	11,50
Eje tándem remolque o semirremolque distancia 1 a 1,3 m	16,00
Eje tándem remolque o semirremolque distancia 1,3 a 1,8 m	18,00
Eje tándem remolque o semirremolque distancia 1,8 m o más	20,00

Tabla 3.3. Pesos máximos autorizados por eje para los vehículos de transporte por carretera.

Las masas máximas autorizadas para los distintos vehículos son las que se relacionan en la tabla 3.2. El máximo permitido para determinados vehículos articulados y trenes de carretera es de 40-44 toneladas si transportan un contenedor de 40 pies. Este límite es igual en toda la Unión Europea, exceptuando tres o cuatro países que permiten una masa ligeramente superior. Los pesos máximos por eje autorizados son los de la tabla 3.3.

Se consideran ejes dobles o tándem aquellos en los que la distancia entre ejes mínima es de 0,9 m y la máxima 1,8 m. Es decir, superada esta distancia se consideran dos ejes.

Se consideran ejes triples aquellos en los que la distancia entre ejes mínima es de 0,9 m y la máxima 1,4 m (véase la tabla 3.4). Superada esta separación, se consideran tres ejes.

La Orden PRE/2788/2015, de 18 de diciembre, BOE 23 de diciembre, modificó el anexo IX del Reglamento General de Vehículos, aprobado por Real Decreto 2822/1998. Dentro de las definiciones, crea la figura de la «configuración euromodular», la cual se refiere al conjunto de vehículos con más de seis líneas de ejes, y cuyos módulos separadamente no superan los límites máximos de masas y dimensiones establecidos en el anexo que se modifica para el tipo de vehículo que corresponda.

Para los vehículos en configuración euromodular se podrá autorizar por el órgano competente en materia de tráfico, previo informe vinculante del titular de la vía, la circulación de conjuntos de vehículos con una masa máxima de hasta 60 toneladas y una longitud máxima de hasta 25,25 m por un plazo determinado, en las condiciones que se fijen en la autorización.

La carga no podrá sobresalir de la proyección en planta del vehículo y, siempre que sea posible, los itinerarios de estos transportes deberán transcurrir por autopistas y autovías.

Tipos de ejes	Toneladas
Eje triple remolque o semirremolque distancia <1,3 m	21,00
Eje triple remolque o semirremolque distancia 1,3 a 1,4 m	24,00

Tabla 3.4. Pesos máximos autorizados para ejes triples en los vehículos de transporte por carretera.

No se podrá conceder la autorización a la que se refiere el párrafo anterior cuando se pretenda realizar transporte de mercancías peligrosas por carretera.

2   Clasificación de los vehículos

2.1   En función de su masa máxima autorizada

El peso en carga de un vehículo se define como su propio peso sumado al de su carga, detenido y en orden de marcha, incluido el peso del conductor y de cualesquiera otras personas autorizadas transportadas al mismo tiempo.

El peso en carga de un vehículo no es constante, sino que varía en el tiempo; incluso en un mismo día un vehículo puede tener diversos pesos en carga en diferentes momentos. Si en un instante determinado se hace pasar por una báscula a un vehículo, se podrá determinar su peso en carga en aquel instante. Dicho peso en carga podrá ser inferior, igual o superior a la masa máxima autorizada (MMA), pero marcará una realidad física.

La MMA es una limitación legal y fija que se estipula para cada vehículo, de manera que su peso en carga no debe superar en ningún momento a su MMA, pues de lo contrario podría ser objeto de sanción, aunque existen ciertas tolerancias en este aspecto.

La tara de un vehículo es el peso en vacío del mismo, con sus recambios, combustible, accesorios y herramientas que necesita para iniciar la marcha. Y toda la carga que se puede colocar sobre este vehículo hasta alcanzar la MMA es lo que se denomina carga útil o capacidad de carga.

Podemos realizar una primera clasificación de los vehículos en función de su MMA y carga útil. Esta clasificación es especialmente significativa por lo que respecta a las autorizaciones de transporte, tanto nacionales como internacionales, dado que los requisitos y dificultades para obtenerlas varían en función del tipo de vehículo:

- *Vehículos ligeros*
  Son aquellos cuya masa máxima autorizada es igual o inferior a 6 toneladas, o bien que su carga útil sea igual o inferior a 3.500 kg, al margen de su MMA.

- *Vehículos pesados*
  Son los que cuya masa máxima autorizada es superior a 6 toneladas y, además, su carga útil es superior a 3.500 kg. Es decir, se han de cumplir ambas condiciones simultáneamente. Cuando se trate de cabezas tractoras, se consideran pesadas si su capacidad de arrastre supera las 3,5 toneladas, es decir, lo son todas en la práctica. El vehículo de la figura 3.1 es pesado, ya que su MMA es de 13.500 kg y su carga útil (13.500 menos 6.710 kg) es de 6.790 kg.

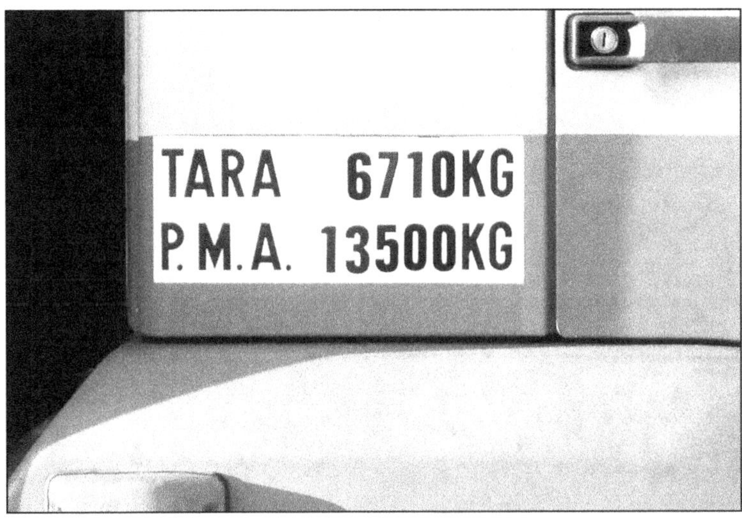

Figura 3.1. Inscripciones sobre la tara y la MMA de un vehículo.

2.2   En función de su uso

Los fabricantes adaptan sus vehículos a las necesidades de cada tipo de transporte, y existe una gran variedad según su uso o la mercancía que deben transportar. Los más comunes son los siguientes:

- *Cabeza tractora*
  Es un vehículo construido para arrastrar a un semirremolque; el conjunto de ambos constituye un vehículo articulado. La plataforma situada sobre el eje motor y sobre la cual el semirremolque apoya parte de su peso se denomina «quinta rueda». Como las medidas y los sistemas están estandarizados, cualquier tractora puede remolcar a cualquier semirremolque, lo que hace del tráiler uno de los vehículos más versátiles y prácticos (véase la figura 3.2).

- *Semirremolque*
  Vehículo de carga destinado a ser remolcado por un tractor o tractora, sobre el que apoya una parte importante de su peso, ya que carece de eje delantero (véase la figura 3.3).

- *Camión rígido*
  Tanto la cabina y el motor como la caja donde se aloja la mercancía forman un todo rígido, si bien existe una separación física entre la cabina y la caja, aspecto que diferencia a un camión de un furgón o furgoneta. Existen camiones rígidos ligeros y pesados.

Figura 3.2. Cabezas tractoras arrastrando semirremolques plataforma cargados con contenedores de 20 pies (izquierda) y de 40 pies (derecha).

Figura 3.3. Semirremolque izado por una grúa pórtico tipo trastainer para ser transportado por ferrocarril en la terminal intermodal del paso fronterizo entre España y Francia de Portbou.

- *Plataforma*

  Tanto si es un camión rígido como si se trata de un semirremolque, una platafor-ma es una superficie plana sin protecciones laterales, donde se pueden transportar determinados materiales como tubos, barras de hierro o bobinas, siempre que que-den bien sujetas al chasis.

- *Carrocería tipo furgoneta o furgón*

  Es aquella en la que la cabina y la caja para las mercancías forman un solo cuerpo, sin separación física, aunque en su interior existe una reja o tela metálica que las separa. En la figura 3.4 se reproduce un modelo muy popular.

- *Remolque*

  Dispone de dos o más ejes y no es un automóvil, ya que debe ser remolcado por otro vehículo motor, sin necesidad de apoyar parte de su peso sobre él.

- *Vehículo de temperatura dirigida*

  Es el utilizado para el transporte de productos alimenticios de acuerdo con el Con-venio ATP. Puede ser isotermo, refrigerante, frigorífico y calorífico.

- *Cisterna*

  En un vehículo cisterna el recinto de carga no es una caja sino un depósito que va unido al chasis y que generalmente se utiliza para el transporte de líquidos o gases

Figura 3.4. Furgoneta Mercedes Sprinter.

licuados. Si el vehículo transporta productos alimenticios debe estar homologado de acuerdo con el Convenio ATP, y si lleva mercancías peligrosas debe estarlo de acuerdo con el Convenio ADR. En la figura 3.5 se observa un vehículo articulado cisterna.

- *Góndola*

  Se conoce con este nombre por tener la plataforma a una altura reducida, ganando así espacio para la carga, y es adecuado para el transporte de maquinaria pesada, como por ejemplo las de obras públicas, excavadoras y similares. En estos vehículos el centro de gravedad es muy bajo, con lo que disminuye la posibilidad de vuelcos.

- *Capitoné*

  Exteriormente recuerda a un vehículo isotermo porque tiene paredes rígidas. Interiormente está acolchado y es adecuado para el transporte de materiales frágiles y para las mudanzas.

- *Hormigonera*

  Casi todos los vehículos hormigonera disponen de autorizaciones locales, ya que transportan el hormigón hasta las obras y en distancias no muy largas. Al mismo tiempo que transportan, el depósito del hormigón va girando para impedir que este se solidifique. Interiormente dispone de una especie de hélice o tornillo. Para descargar invierten el sentido de giro del depósito y el hormigón cae por una especie de tobogán. Suelen ser vehículos rígidos y pesados en todos los casos.

Figura 3.5. Vehículo cisterna articulado.

Figura 3.6. Camión articulado tipo «bañera».

- *Bañera*

  Los camiones tipo «bañera» se utilizan para el transporte de piedras, tierra, grava o similares, generalmente en obras públicas. Deben su nombre a la forma que tiene la zona de carga, que recuerda un poco a una bañera. En la figura 3.6 se muestra un vehículo bañera.

3   Homologación y matriculación

Cuando un fabricante homologa un nuevo modelo de vehículo tras los ensayos y pruebas pertinentes, obtiene la denominada «ficha de características técnicas», que rellena el propio fabricante y sella el laboratorio oficial. El fabricante conserva esta ficha, no el usuario.

Con cada unidad fabricada que sea idéntica al vehículo homologado se expide un «certificado de características técnicas», documento más conocido como «tarjeta ITV». Se trata de un certificado unitario acreditativo de la conformidad con el tipo homologado.

Con el trámite de matricular un vehículo se obtiene un permiso de circulación para el mismo. Lo concede el Ministerio del Interior (Jefatura de Tráfico). Para matricular un vehículo industrial o de transporte es necesario aportar la tarjeta ITV (Inspección Técnica de Vehículos), justificante de pago del impuesto de circulación y del IAE (Impuesto de Actividades Empresariales), cuando corresponda. Un vehículo importado y que ya esté homologado se puede matricular presentando el certificado único de aduanas, factura, ITV, etc. Pero no es aconsejable la importación a título individual de un vehículo no homologado, porque el proceso de homologar es caro y lento.

Las variaciones que se produzcan en los datos del permiso de circulación deben ser comunicadas a la Jefatura de Tráfico y en caso de extravío o pérdida del permiso de circulación se pueden hacer duplicados. Para obtener un duplicado de la tarjeta ITV hay que pasar la inspección técnica del vehículo de nuevo, salvo excepciones.

Si un vehículo no va a circular por un tiempo o de forma definitiva, su titular puede solicitar a la Administración la baja para el mismo, que puede ser temporal o permanente.

La inspección técnica de un vehículo hay que pasarla cuando corresponda por fecha, a requerimiento de la autoridad, en el caso de vehículos importados, cuando se hagan reformas de importancia, por pérdida de la tarjeta ITV o tras un accidente. Las estaciones de ITV verifican entre sesenta y cien puntos del vehículo.

El resultado puede ser que el vehículo no tenga defectos o bien sí, y estos serían:

- Defectos leves: deben repararse antes de la próxima inspección.
- Defectos graves: hay que repararlos y pasar nueva inspección entre quince y treinta días después.
- Defectos muy graves: solo se permite circular remolcado para ir al taller.

La cadencia o frecuencia con que un vehículo debe pasar las inspecciones depende del tipo de este, del uso que se hace de él y del desgaste que cabe esperar de tal uso. En la tabla 3.5 se resumen estos plazos.

Taxis, ambulancias y autocares	
Hasta cinco años	Más de cinco años
Cada año	Cada seis meses

Vehículos de mercancías con MMA de más de 3,5 t y tractoras	
Hasta diez años	Más de diez años
Cada año	Cada seis meses

Vehículos de mercancías con MMA igual o menor a 3,5 t			
Hasta dos años	De dos a seis años	De seis a diez años	Más de diez años
Exento	Cada dos años	Cada año	Cada seis meses

Turismos		
Hasta cuatro años	De cuatro a diez años	Más de diez años
Exento	Cada dos años	Cada año

Tabla 3.5. Plazos en que deben pasar la ITV los diferentes tipos de vehículos.

4   El medio ambiente

En España el transporte consume el 40 % del total de energía, casi la misma cantidad que el sector industrial. Esta depende casi en exclusiva de productos derivados del petróleo y se concentra en el transporte por carretera, que constituye el 79 % del consumo de energía. De esta cantidad, aproximadamente la mitad la consumen los vehículos industriales.

Cada vehículo de transporte tipo tráiler de cuarenta toneladas y 380 CV de potencia puede consumir al año entre 52.000 y 60.000 l de combustible, según sea el tipo de conducción que se practique.

El transporte incide en el medio ambiente de las siguientes maneras:

* Contaminación atmosférica.
* Contaminación acústica.
* Generación de residuos.
* Vertido de aguas residuales.

Existen muchas directivas comunitarias tendentes a reducir la contaminación provocada por la circulación de vehículos. También existen, en cumplimiento de dichas directivas, normas nacionales en el mismo sentido, tanto en España como en el resto de países comunitarios.

Todos los vehículos que se matriculen en España deben cumplir la normativa dictada por la Unión Europea en materia de emisión de contaminantes. Además, es obligatorio cumplir la normativa española en aspectos como los siguientes:

* Prohibición de emitir perturbaciones electromagnéticas, ruidos, gases y otros contaminantes en las vías públicas por encima de las limitaciones establecidas.
* Tanto en vías urbanas como en interurbanas está prohíbida la circulación de vehículos a motor y ciclomotores con el llamado escape libre, sin el preceptivo silenciador.
* Se prohíbe la circulación de estos vehículos cuando el tubo de escape o el silenciador estén incompletos o deteriorados y sean inadecuados para el modelo de vehículo. No se permite la utilización de tubos resonadores.
* Los vehículos deben estar dotados de un dispositivo que evite la proyección al exterior de combustible no quemado y la expulsión de humos que puedan dificultar la visibilidad a los conductores de otros vehículos o resulten nocivos.

Los principales contaminantes que emite el sector del transporte son:

* *Monóxido de carbono (CO)*
  Gas incoloro, inodoro e insípido, lo que le hace pasar inadvertido. Es un tóxico muy activo por su capacidad de reacción con la hemoglobina de la sangre. En mu-

chas ciudades el sector del transporte es el responsable del 90 % de la emisión de este gas.

- *Óxido nítrico (Nox)*
  Gas incoloro, inodoro e insípido, con una toxicidad diez veces superior a la del monóxido de carbono.

- *Dióxido de nitrógeno*
  Gas pardo-rojizo, no inflamable, cuatro veces más tóxico que el óxido nítrico, de olor asfixiante. Se produce en la cámara de combustión cuando la temperatura es muy elevada. En motores con turbo resulta menos contaminante.

- *Anhídrido sulfuroso (SO_2)*
  Gas incoloro, inflamable, con un olor característico e irritante. Se puede almacenar en la atmósfera para caer después a la tierra, y puede corroer metales y otros materiales como los carbonatos. Es responsable del conocido «mal de la piedra», que afecta a los monumentos.

- *Hidrocarburos (HC)*
  Conjunto de productos derivados de la combustión incompleta en el motor. Algunos son cancerígenos.

- *Partículas*
  Son todas las sustancias que se pueden pesar. Un 15 % de las partículas del humo de los motores diésel tienen su origen en el azufre.

- *Plomo*
  Se utilizaba como antidetonante en algunas gasolinas. Produce emisiones contaminantes.

- *Hollín*
  Forma parte de las partículas y está compuesto por carbón sin quemar.

Cada vez es mayor el número de vehículos que se equipan con un catalizador, que es un dispositivo que depura los gases que salen por el escape, transformando gran parte de las emisiones nocivas en otras menos contaminantes. Los óxidos de nitrógeno (NO) se convierten en nitrógeno (N_2), completamente inocuo. El monóxido de carbono (CO) pasa a ser dióxido de carbono (CO_2), mucho menos peligroso. Los hidrocarburos (HC) sin quemar se transforman en CO_2 y agua (H_2O).

Además del mantenimiento general del vehículo, para evitar perjudicar al medio ambiente deben llevarse a cabo algunos cuidados:

1. Vigilar posibles fugas de agua, aceite, gasolina, etc.
2. Revisar periódicamente la emisión de monóxido de carbono. Así, además de reducir la contaminación, se ahorra en consumo.
3. Mantener el vehículo en buen estado y practicar una conducción económica.

El tráfico en general también produce contaminación acústica, que se genera por la combinación y suma de varios factores:

- La combustión, a través del tubo de escape, a pesar de los silenciadores.
- El rozamiento de los neumáticos contra el pavimento, que es inevitable.
- El rozamiento del vehículo con el aire, también imposible de evitar.

En muchas vías, sobre todo urbanas, se utiliza un tipo de asfalto que reduce considerablemente el ruido producido por los neumáticos sobre el pavimento.

5   Mantenimiento de vehículos

El profesional del transporte o la empresa transportista deben llevar a cabo un adecuado mantenimiento de sus vehículos. Con él se consigue un mayor rendimiento, una reducción de las averías y de los costes y una mayor seguridad.

Es conveniente elaborar un programa que incluya las revisiones diarias y el mantenimiento periódico que cabe realizar a los vehículos. Es bueno diseñar un formulario o lista de chequeo, como se hace con los aviones, para no olvidar ninguna comprobación y llevar un orden lógico al hacerlo. Muchos fabricantes de camiones proporcionan unas cartulinas en las que sobre un esquema o silueta del vehículo se numeran los pasos que se deben seguir y los controles que cabe realizar en un orden determinado y lógico.

5.1   Mantenimiento diario

Antes de poner el motor en marcha se deben revisar los niveles de aceite, agua y combustible, la presión de los neumáticos, las luces y los testigos y las posibles pérdidas de líquidos. Es importante recordar que la presión de los neumáticos siempre se debe medir en frío.

Con el motor en marcha y durante el trayecto se debe comprobar el manómetro de presión del aceite y la presión de aire de los frenos (si es baja habrá indicadores luminosos y acústicos). También se ha de revisar el termómetro del agua, teniendo en cuenta que no es bueno ni que sea muy elevada ni tampoco muy baja.

No se debe circular en punto muerto ni con el pie apoyado en el pedal de embrague, porque es perjudicial para la mecánica del vehículo. Tampoco se debe pisar el pedal del freno de manera brusca, siempre que se pueda evitar, porque se puede producir un desgaste anormal de los neumáticos y el ovalamiento de los tambores de freno.

Si el vehículo estará inmovilizado durante períodos superiores a un mes, es aconsejable vaciar el circuito de refrigeración y el aceite del cárter y poner aceite limpio. También es efectivo engrasar los cilindros, introduciendo el equivalente a una cucharadita de aceite de motor a través del orificio de los inyectores, desenroscándolos previamente y volviéndolos a colocar después.

5.2 *Bomba y equipo de inyección*

Un motor diésel tiene un funcionamiento bastante diferente al de uno de gasolina. En el diésel no existen bujías, bobinas de encendido ni carburador. En cambio sí tienen un equipo de inyección, formado por la bomba de alimentación, la bomba de inyección, los inyectores y los filtros de combustible.

En un motor de gasolina la relación de compresión se sitúa entre 8:1 y 10:1, mientras que en los motores diésel va de 14:1 a 23:1. El cilindro comprime solo aire y no una mezcla, como sucede con los de gasolina. Cuando el pistón está próximo a alcanzar el punto muerto superior se inyecta combustible a gran presión (100 a 250 kg/cm^2), mucho mayor que la que tiene el aire en el cilindro, que puede ser de 30 a 50 kg/cm^2. Por este motivo, los motores diésel son más robustos que los de gasolina. En la figura 3.7 se puede apreciar un motor diésel de camión.

El aire se comprime tanto que alcanza más de 600 ºC de temperatura. Esto permite usar combustibles poco volátiles y más baratos, como el gasoil o gasóleo. El gasoil se inflama a tan solo 280 ºC, sin chispa ni llama. La gasolina lo haría a 330 ºC.

Al ser poco volátil, es más difícil de encender por llama o chispa. En efecto, si arrojamos una cerilla encendida en el gasoil, este no se enciende y la cerilla se apaga. En gasolina, esa misma operación produciría una inflamación inmediata.

Para el arranque en frío los motores diésel disponen de unos calentadores, que son simples resistencias eléctricas y no bujías. Una vez arranca el motor, estos dispositivos dejan de actuar.

Es muy importante prestar atención a los filtros del combustible, puesto que la bomba de inyección y los inyectores son mecanismos de mucha precisión, y aunque son resistentes, también son delicados.

Las técnicas para localizar un inyector defectuoso son similares a las utilizadas en un motor de gasolina para localizar una bujía defectuosa. Si retiramos un inyector que funciona bien, el motor cambia y va menos regular, pero cuando lleguemos al defectuoso, su retirada no produce ningún efecto y así lo habremos localizado.

El filtro de aire permite eliminar las partículas abrasivas y el polvo del aire que aspira el motor, que podrían causar daños en el interior de los cilindros.

Figura 3.7. Vista de un motor diésel de camión de 9.000 cm³.

5.3   Refrigeración

El sistema de refrigeración sirve para extraer el exceso de calor del motor, liberándolo al exterior. Los elementos que lo integran son: radiador, bomba de agua, ventilador, termostato y manguitos. El radiador se debe limpiar periódicamente mediante chorro de aire o agua y desde la parte interior hacia afuera. Los manguitos deben comprobarse para detectar posibles fugas.

5.4   Sistema eléctrico

Es muy complicado, pero los elementos esenciales son el alternador, la batería y el motor de arranque. Las labores de mantenimiento y cuidados son:

- *Alternador.* Revisar los tornillos de fijación y la tensión de la correa.
- *Batería.* Evitar sulfatos en los bornes y añadir agua destilada cuando sea necesario, pero nunca ácido. Los camiones suelen disponer de dos baterías iguales de doce voltios conectadas en serie, produciendo así veinticuatro voltios.
- *Motor de arranque.* No accionarlo más de unos segundos seguidos. Dejar una pausa de dos minutos antes de intentarlo de nuevo. No actuar sobre el motor de arranque

con el motor en marcha, porque el piñón del motor de arranque y la corona del volante pueden resultar dañados.

5.5 *Lubricación*

Es el sistema que más influye en la vida de un motor. El aceite sella, enfría, lubrica y protege los elementos del motor. El aceite se ensucia progresivamente a causa de: el carburante no quemado; el hierro de los desgastes del motor; el cobre, estaño y plomo de los cojinetes; el cromo de los segmentos y las camisas; el aluminio del desgaste de los pistones, etc. Por esta razón se instalan los filtros de aceite. Cuando un filtro está muy sucio y obstruido no existe un peligro inminente, porque estos tienen una válvula de descarga. Pero entonces es como si no hubiese filtro, ya que este queda puenteado y a medio o largo plazo eso comportará consecuencias graves para el motor.

Hay varios tipos de aceite. Se diferencian por su viscosidad y esta aumenta con el frío y disminuye con el calor. La viscosidad suele ir desde 10 hasta 90 ºC. Los aceites multigrado se adaptan a distintas temperaturas.

Se utiliza una nomenclatura especial en la denominación de los aceites. Por ejemplo, si un aceite es SAE 10W50, esto quiere decir:

- *SAE* (Society of Automotive Engineers) Sociedad de Ingenieros para la Automoción, organización que desarrolla estándares para todo tipo de vehículos.
- *10W50:* que se comporta como un aceite de 10 ºC en invierno (W = *winter)* y como uno de 50 ºC en verano.

Respecto a los cambios, en cada publicación que se consulte es posible encontrar frecuencias diferentes, de modo que el único criterio válido es atenerse a las instrucciones del fabricante al respecto.

5.6 *Neumáticos*

Deben tener bien definido el dibujo y se ha de revisar que no tengan desgarros u objetos incrustados. La presión, como se dijo anteriormente, se debe medir en frío.

En ruedas gemeladas se deben montar neumáticos de la misma marca y con el mismo dibujo y, si el desgaste es diferente, se debe colocar la más gastada en la parte interior. Los espárragos de las ruedas se deben apretar bien, pero sin llegar al máximo.

Una presión inadecuada de los neumáticos produce en los mismos un desgaste anómalo. Cuando un neumático tiene la presión correcta, apoya sobre el suelo toda la anchura del mismo por igual y el desgaste es regular. Si tiene más presión de la necesaria, apoya en el pavimento su parte central, siendo esa zona la que antes sufre desgastes. Y

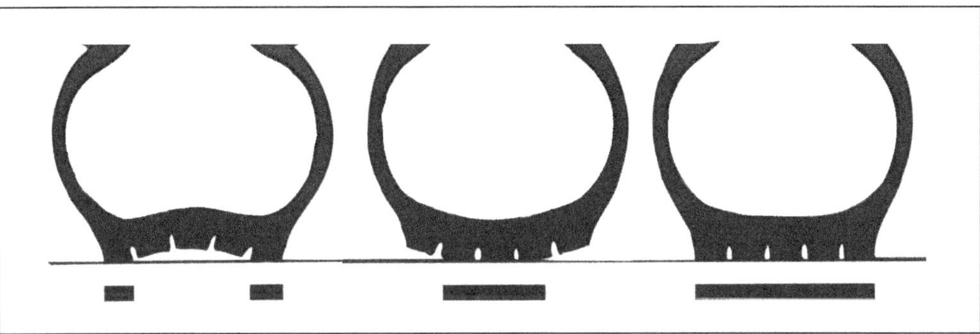

Figura 3.8. Efectos de un inflado incorrecto sobre el desgaste de un neumático.

si la presión es baja, se deforma y hunde por el centro, apoyando sobre el suelo las partes exteriores del mismo, como se puede apreciar en la figura 3.8.

5.7 Frenos

Existen los de tambor, las zapatas de expansión y los de disco, pero se utilizan más estos últimos, que pesan mucho menos, se refrigeran mejor y evitan los ovalamientos típicos de los tambores, así como el efecto *fadding* ante un calentamiento.

El ABS (abreviación de *anti-lock braking system*) es un sistema que consiste en colocar unos sensores en los cubos de las ruedas, que envían señales a un microprocesador que, en función de la carga, la velocidad, el pavimento, etc., regula o dosifica la fuerza de frenada, evitando así el bloqueo de las ruedas y el efecto tijera.

Hay además sistemas de ayuda al freno, como los «ralentizadores», que funcionan eléctricamente y suelen colocarse en la transmisión. En pocas palabras, se puede decir que funcionan como un generador de electricidad. Cuando no hay ninguna carga, giran sin dificultad y suavemente, pero si se coloca una carga en su salida o más aún, se cortocircuita esa salida, ofrecen una gran resistencia al giro. Así se consigue un efecto de freno, con la ventaja de que no existe rozamiento entre piezas.

En las modernas carreteras, con fuertes pendientes de entre el 7 y el 9 %, en los tramos descendentes se instalan pistas especialmente acondicionadas para que un vehículo cuyos frenos pierdan efectividad a causa del prolongado y acusado descenso pueda realizar un frenado de emergencia.

5.8 Turbocompresores

Los motores que succionan el aire y después lo comprimen se llaman aspirados. Estos motores ven mermado su rendimiento cuando la presión del aire y su contenido de oxí-

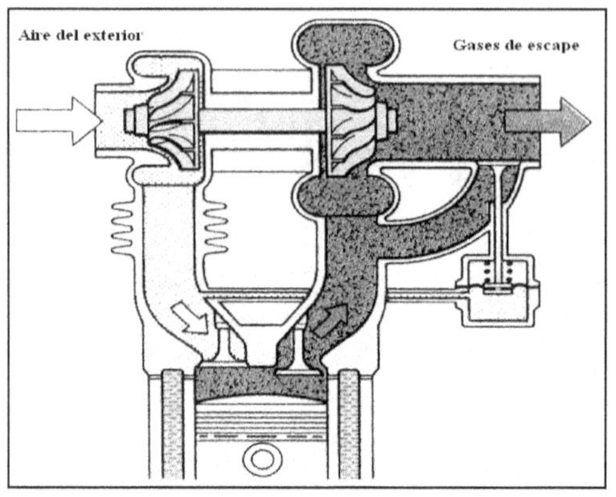

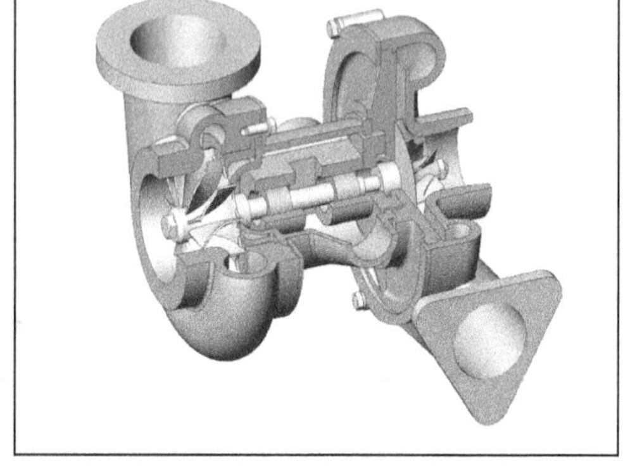

Figura 3.9a. Esquema simple de un turbocompresor. Obsérvese la válvula de seguridad.

Figura 3.9b. Corte de un turbocompresor. El eje gira libremente, sin ningún mecanismo que lo accione.

geno descienden, cosa que sucede en carreteras de alta montaña. El rendimiento de un motor aspirado puede descender hasta un 50 % en estos casos. En las figuras 3.9a y 3.9b se puede observar el principio de funcionamiento de un turbocompresor.

El turbocompresor es un dispositivo simple, aunque de delicada construcción, formado por una doble turbina en un mismo eje. Una parte de esa turbina se hace girar mediante los gases del escape. La otra parte comprime el aire y lo introduce en los cilindros a una presión superior a la atmosférica. Los motores con turbocompresor se llaman «sobrealimentados».

Son dispositivos muy precisos, que giran a bastantes miles de revoluciones por minuto y que han de estar perfectamente equilibrados. Hay pocos fabricantes en el mundo y no se centran precisamente en los automóviles. El engrase de su eje se hace a presión, a través del mismo circuito de lubricación del motor. Por esta razón, es muy aconsejable dejar girar el motor del vehículo unos minutos antes de pararlo, para que el turbo siga engrasándose mientras va perdiendo revoluciones.

5.9   Equipo básico de un taller propio

Si el transportista dispone de un taller propio para realizar ciertas labores de mantenimiento o reparaciones, debe estar dotado de los elementos necesarios y cuyo coste sea razonable. No tiene mucho sentido dotarlo de máquinas o instrumentos sofisticados y muy caros que serían difíciles de amortizar. Es conveniente disponer, al menos, de estos elementos:

- Compresor de aire, para neumáticos, pintura, limpieza, etc.
- Cargadores de baterías.
- Equipos de lubricación.

- Gatos.
- Elevadores o fosos, para poder trabajar en los bajos del vehículo de forma segura.
- Taladros y esmeriles.
- Máquinas de lavado.

5.10   Talleres públicos

Para determinadas operaciones es inevitable acudir a un taller ajeno. Cuando se requieran los servicios de un taller público, hay que tener en cuenta algunos aspectos y no obviarlos aunque se tenga cierta confianza con el personal de dicho taller:

- El taller debe tener a disposición del público los precios de los repuestos, así como el precio/hora de taller y un libro de reclamaciones.
- No deben efectuar ninguna reparación sin la conformidad escrita del cliente respecto al presupuesto elaborado.
- Las averías ocultas que puedan surgir se deben notificar al cliente antes de ser reparadas, para que dé o niegue la conformidad.
- El taller debe entregar una factura detallada con los trabajos realizados y las piezas sustituidas. Además de la garantía que esto supone, dichas facturas son necesarias a efectos de las declaraciones de IVA (Impuesto sobre el Valor Añadido), IRPF (Impuesto sobre la Renta de las Personas Físicas) o el Impuesto de Sociedades.
- El cliente está obligado a abonar los gastos de confección del presupuesto si finalmente decide efectuar la reparación en otro taller.
- El taller debe ofrecer, y en su caso entregar, las piezas sustituidas en una reparación.

Capítulo 4

Regulación administrativa del transporte por carretera

1   Acceso a la profesión de transportista y al mercado

En la Unión Europea se están sustituyendo las restricciones cuantitativas o cupos para acceder al mercado del transporte por otros criterios cualitativos, al exigir al empresario transportista una formación suficiente en aspectos o materias que le afectarán en el desarrollo de su profesión. En este proceso unos países van más adelantados que otros, pero el objetivo es la plena liberalización del mercado del transporte por carretera.

La Administración ejerce el control y la regulación del transporte por carretera mediante el otorgamiento de las autorizaciones para realizar transportes y a través de los servicios de inspección. Otros transportes que también se tratarán en este capítulo están sometidos a un control especial de la Administración, debido a la naturaleza de la mercancía que se deba transportar y a su situación aduanera o fiscal: tránsitos, régimen TIR[1] y ciertos productos sujetos a impuestos especiales.

Las últimas normas que desarrollan y regulan este aspecto son la Ley 9/2013, de 4 de julio, por la que se modifica la Ley 16/1987, de 30 de julio, de Ordenación de los Transportes Terrestres (LOTT), publicada en BOE de 5 de julio de 2013, así como el Real Decreto 70/2019, de 15 de febrero, por el que se modifica el Reglamento de la Ley de Ordenación de los Transportes Terrestres (ROTT).

Según esta norma, es necesaria una autorización para cada empresa de transporte, que figurará en el Registro de Empresas y Actividades de Transporte del Ministerio de Fomento, y adscritos a la misma figurarán todos los vehículos de que sea titular la empresa. No se puede ser titular a la vez de autorizaciones de transporte público y privado, como tampoco de una autorización para vehículos ligeros y otra para pesados. Dejan

---

[1] El Convenio TIR (Transport International Routiers) es un acuerdo internacional que tiene como finalidad simplificar los trámites aduaneros entre los países adheridos. Nos referimos ampliamente a él en el apartado 8 de este mismo capítulo.

Figura 4.1. Distintivos de las autorizaciones de transporte autonómicas de Andalucía y Cataluña.

de ser obligatorios los distintivos, excepto los de ámbito autonómico indicados en la figura 4.1.

Cualquier persona puede hacer una Consulta al Registro de Empresas y Actividades de Transporte (CREAT) a partir de un nombre o NIF de empresa, matrícula de vehículo o nombre o DNI de una persona física, ya que se trata de un registro público.

Pero hay excepciones y algunos vehículos no necesitan autorización o tarjeta:

- Vehículos de transporte público de hasta dos toneladas de MMA, inclusive.
- Vehículos de transporte privado complementarios de hasta 3,5 toneladas de MMA, inclusive.
- Transportes públicos y privados complementarios en recintos cerrados, dedicados a actividades distintas del transporte terrestre de mercancías.
- Transportes oficiales.
- Los vehículos que lleven unidas de forma permanente máquinas de perforación y sondeo, generadores eléctricos o similares.
- Transportes privados particulares (deben llevarse a cabo con vehículos ligeros en todos los casos).
- Transportes públicos o privados realizados con vehículos de menos de tres ruedas.
- Transportes privados complementarios de viajeros realizados con turismos, salvo transporte sanitario.
- Transportes privados complementarios en tractores agrícolas.
- Transportes fúnebres y los que transporten dinero, valores y mercancías preciosas.
- Transporte de medicamentos, aparatos y equipos médicos para catástrofes naturales.
- Vehículos para el transporte de basuras, adquiridos con ese fin por la correspondiente entidad local.
- Transporte de equipajes en remolques arrastrados por vehículos de transporte de viajeros.

En las autorizaciones figurará su número de identificación, el nombre del titular y su domicilio. Las autorizaciones se conceden a su titular con duración indefinida, aunque deben someterse a una revisión o comprobación periódica cada dos años, denominada «visado».

Los vehículos adscritos a una autorización deben tener capacidad de tracción propia, no pudiendo ser remolques ni semirremolques. Deben estar matriculados y haber superado las correspondientes revisiones de ITV. Esto se aplica tanto a autorizaciones de transporte público como privado complementario.

1.1   Requisitos para ser titular de autorización de transporte público

- *Personalidad.* Ser persona física o jurídica y, en este segundo caso, sociedad mercantil o cooperativa de trabajo asociado. No pueden ser titulares las comunidades de bienes o similares. En el caso de varios herederos forzosos, se permite durante dos años como máximo. (No confundir con plazo para acreditar la capacitación profesional.)
- *Tener nacionalidad comunitaria* o de otro Estado si hay acuerdo que lo permita.
- Estar al corriente de obligaciones fiscales.
- Estar al corriente de obligaciones laborales y sociales.
- Disponer del vehículo en propiedad, *leasing* o arrendamiento, acreditándolo con permiso de circulación a nombre de la empresa o contrato de *leasing* o arrendamiento.
- Disponer de dirección y firma electrónica y equipo informático que permita cumplimentar a distancia el contrato de transporte y otros con los clientes (requisito introducido por Ley 9/2013).

Si la empresa dispone de vehículos de más de 3.500 kg de MMA, se han de cumplir también los siguientes requisitos:

- *Competencia profesional.* La empresa o empresario debe acreditar que cuenta al menos con una persona física que ejerce las funciones de gestor de transporte, y que puede ser él mismo.

  Las sociedades y cooperativas de trabajo asociado no pueden tener certificado de capacitación a su nombre, y deben cumplir el requisito a través de una persona que dirija efectivamente la empresa, debiendo ser socio de la misma con un 15 % o más de capital o bien estar contratada a jornada completa y con categoría de directiva.

  Si la empresa titular de una autorización deja de contar con la capacitación de una persona (a causa de muerte o incapacidad sobrevenida) dispondrá de un plazo de tres meses para reemplazarla por otra.

- *Honorabilidad.* Se le supone a todas las personas, de entrada, aunque hay una serie de supuestos relacionados con infracciones en que se puede perder. Se acredita con un escrito responsable de la persona interesada, aunque la Administración podría pedir un certificado de antecedentes penales si lo considerase necesario. El gestor de transporte ha de tener honorabilidad.

- *Capacidad financiera.* Capital desembolsado más reservas de, al menos, 9.000 € para el primer vehículo adscrito a la autorización y 5.000 € más por cada vehículo adicional. Para acreditarla se puede utilizar la garantía de un banco o de una compañía de seguros, en que se hagan responsables solidarios de posibles deudas contraídas por el titular hasta dichos importes.

  Si se trata de un empresario individual, se presume que tiene capacidad económica si ninguno de los vehículos de su flota rebasa los doce años de antigüedad, y dispone de ellos en propiedad, leasing o arrendamiento de al menos 24 meses. En caso contrario deberá acreditarlo según se describe en el párrafo anterior.

- *Disponer de un establecimiento* con locales en los que se conserven a disposición de la Inspección de Transporte los documentos principales de la empresa, contables, de gestión, de tacógrafo, etc. (requisito introducido por Ley 9/2013).

1.2   *Inicio de actividad en transporte público con vehículo pesado: MDP*

El titular debe cumplir los anteriores requisitos y además disponer de, al menos, un vehículo con cinco meses o menos de antigüedad y más de 3.500 kg de MMA.

1.3   *Inicio de actividad en transporte público con vehículo ligero: MDL*

El titular debe cumplir los anteriores requisitos y además disponer de, al menos, un vehículo con cinco meses o menos de antigüedad con MMA igual o inferior a 3.500 kg.

1.4   *Inicio de actividad en transporte privado complementario: MPC*

Se ha de disponer como mínimo de un vehículo de propiedad, *leasing* o arrendamiento ordinario.

La actividad principal de la empresa deberá ser distinta de la de transporte de mercancías. En ningún caso se otorgará una autorización de servicio privado a quien sea previamente titular de una autorización de servicio público.

El titular deberá estar al corriente de sus obligaciones fiscales y laborales.

El volumen de transporte autorizado a la empresa deberá ser acorde con el volumen de mercancías adquiridas o producidas por la misma, así como a su volumen de clientes y proveedores, pudiendo el órgano competente de la Administración, en función de los datos obtenidos, limitar el número de vehículos afectos a la autorización.

El Tribunal de Justicia de la Unión Europea, en sentencia de 3/04/2014, manifestó que la exigencia de una antigüedad máxima a los vehículos de transporte privado complementario de mercancías (que exigía España) constituía una medida restrictiva de las importaciones de vehículos.

Para cumplir dicha sentencia se publicó la Orden FOM/1996/2014, de 24 de octubre (BOE de 31 de octubre) que entró en vigor el 20 de noviembre de 2014. Dicha orden introdujo los siguientes cambios:

- No se exigirá antigüedad máxima del vehículo para obtener la autorización MPC.
- No es necesario disponer de tanto personal de conducción como vehículos MPC.
- No es necesario respetar la antigüedad máxima de la flota en los casos de ampliación o sustitución de vehículos MPC.

1.5   *Transmisión de autorizaciones de servicio público*

Las condiciones para que pueda realizarse la transmisión de una autorización de empresa son las siguientes:

- Que el adquirente no sea titular de una autorización como la que pretende adquirir.
- Que el adquirente se haga cargo de todos los vehículos vinculados a la autorización.
- Que el adquirente cumpla todos los requisitos para ser titular, excepto el de antigüedad de los vehículos.

Para la transmisión a heredero forzoso, cuando no cumple el requisito de competencia profesional, se concede un plazo de seis meses, prorrogable por tres meses más, para obtenerla. En caso contrario tendría que contratar a una persona responsable de la gestión del transporte.

En cuanto a las autorizaciones MPC, solamente se pueden transmitir si se transmite la empresa titular o esta es absorbida o comprada por otra compañía.

1.6   *Sustitución de los vehículos y ampliación de la flota*

Se podrá realizar siempre que la antigüedad media resultante tras el cambio o ampliación no resulte superior a la que tenía antes.

No se aplicará lo anterior cuando la empresa adquirente se quede con todos los vehículos que posea otra empresa, sea esta de transporte público o privado, y que la empresa cedente renuncie a la autorización de empresa que posee, que quedará anulada.

1.7   Operadores de transporte

Se considera también servicio público el que presta un operador de transporte. Es una persona física o jurídica que intermedia en la contratación de transportes de mercancías, interponiéndose entre cargadores y porteadores y contrata en nombre propio, tanto con unos como con otros. Frente al usuario actúa como porteador y frente al transportista efectivo como cargador.

Con una misma autorización denominada OT, puede actuar bajo las modalidades de agencia, empresa transitaria, almacenista distribuidora u operador logístico, cualquiera de ellas indistintamente.

Los operadores de transporte pueden abrir sucursales o locales auxiliares, con el único requisito de comunicarlo al órgano competente del lugar donde se ubiquen. Deben reunir los mismos requisitos o condiciones que la sede central, que será la del lugar donde el titular tenga su domicilio fiscal, salvo que la actividad de OT fuese secundaria respecto a otra que pudiera tener.

Los requisitos para la obtención de una autorización OT son los de personalidad, nacionalidad, capacitación profesional, honorabilidad y capacidad económica. Debe cumplir además con sus obligaciones fiscales, laborales y sociales. La capacidad económica consiste en tener un capital y reservas de al menos 60.000 euros.

Han de disponer de un local abierto al público y distinto al domicilio privado del titular. El local debe estar dedicado, en exclusiva, a actividades de transporte.

1.8   Visados de las autorizaciones

Todas las autorizaciones deben someterse a un visado cada dos años. Las autorizaciones de transporte público y de operadores de transporte (OT) en los años pares. Las MPC y las de viajeros en sus diversas modalidades en años impares.

El mes lo marca el último número del NIF o DNI de su titular. Así los que acaban en 1 deben hacer el visado en enero, si acaban en 2 en febrero y así sucesivamente, pero los que acaban en 8 no lo hacen en agosto sino en septiembre. A los que terminan en 0 les toca noviembre, y diciembre queda libre porque ya no hay más números. Teniendo en cuenta que el visado se puede hacer un mes antes o un mes después de cuando corresponde, la validez de una autorización siempre es hasta el último día del mes siguiente a aquel en que debe hacerse el visado, o del segundo mes si el visado corresponde hacerlo en julio o noviembre, puesto que el mes siguiente a efectos de visado sería septiembre o enero del siguiente año, respectivamente.

Veamos algunos ejemplos que nos ayudarán a comprender mejor este aspecto:

a) Autorización MDP, NIF empresa A-08-335665, concedida el 13 de febrero de 2023. Le toca hacer el visado en mayo de los años pares. Como la han concedido antes de mayo de 2012, deberá hacer el primer visado en mayo de ese mismo año, aunque hayan pasado solo tres meses. Validez de la autorización: hasta el último día de junio de 2012.

b) Autorización MDL, NIF empresa A-08-335665, concedida el 13 de julio de 2012. Le corresponde hacer el visado en mayo de los años pares. Como la han concedido después de mayo de 2012, deberá hacer el primer visado en mayo de 2014. Validez de la autorización: hasta el último día de junio de 2025.

c) Autorización MDL, NIF empresa A-08-335665, concedida el 13 de septiembre de 2022. Debe hacer el visado en mayo de los años pares. Deberá hacer el primer visado en mayo de 2012. Validez de la autorización: hasta el último día de junio de 2012.

El funcionamiento en caso de MPC es idéntico, pero con la diferencia de que el visado debe hacerse necesariamente en años impares.

Tras la fecha límite de validez, la tarjeta queda suspendida pero su titular no la pierde, puede hacer el visado hasta un año más tarde, aunque le pueden poner una sanción por fuera de plazo. Pero pasado un año el titular pierde definitivamente la titularidad de la autorización, no pudiendo recuperarla.

1.9   *Cronología de la normativa*

La existencia de un número de autorizaciones muy elevado por las que sus titulares tuvieron que pagar en su día un considerable precio (unos 12.000 € por MDP comarcal y unos 24.000 € por una MDP nacional) ha imposibilitado que la Administración liberalice el mercado del transporte por carretera a la velocidad que sería deseable.

Comenzar a conceder todo tipo de autorizaciones nuevas sin límite supondría la pérdida total de valor de las existentes en el mercado, la medida sería rechazada por sus titulares y crearía un importante conflicto en el sector. Necesariamente se ha tenido que avanzar poco a poco en esta liberalización. No obstante, en más de una ocasión se han dado pasos hacia delante antes de lo previsto, acelerando dicha liberalización. En la siguiente relación se hace una cronología de las normas publicadas desde la Ley de Ordenación de los Transportes Terrestres (LOTT) hasta la actualidad y lo más relevante que cada una de ellas introdujo en torno a las autorizaciones.

1.9.1   Ley 16/1987 de 30 de julio de 1987 (LOTT) Disposición transitoria 1.ª

- A las personas físicas que en la entrada en vigor de la LOTT eran titulares de tarjetas desde antes de 1 de enero de 1983, se les reconoció la capacitación para transporte interior, de oficio.
- A las personas físicas que antes de 1 de enero de 1983 y hasta 1987 habían realizado transporte internacional, se les reconoció la capacitación para transporte internacional, de oficio.
- A quien desde el 1 de enero de 1983 o antes había dirigido empresas de transporte, también se le reconoció la capacitación para transporte interior e internacional, según la actividad de la empresa.
- A las personas físicas titulares de autorizaciones de transporte público concedidas entre el 1 de enero de 1983 y la entrada en vigor de la LOTT o que habían dirigido empresas, se les reconoció la capacitación a medida que fueron cumpliendo tres años desde el otorgamiento o el inicio de la dirección de la empresa. Este plazo, para el caso de tarjetas TD, era de cinco años en lugar de tres.
- A las personas físicas titulares de tarjetas de actividades auxiliares o personas que estaban dirigiendo estas empresas a la entrada en vigor de la LOTT, se les reconoció de oficio la capacitación.
- Para todo lo anterior no contaban las tarjetas de vehículos ligeros.

1.9.2   Real Decreto 1211/90 de 28 de septiembre de 1990 (ROTT)

- Se exigió la capacitación profesional para los vehículos pesados, pero no para los ligeros.

1.9.3   Orden Ministerial de 7 de octubre de 1992

- Se estableció que en 1993, 1994 y 1995 se convocarían pruebas para la obtención de capacitación de transporte internacional, para quien ya tuviera la de transporte interior. Finalizado 1995 ya no fue posible realizar este examen separado.

1.9.4   Orden Ministerial de 3 de febrero de 1993

- Estableció que para los vehículos ligeros de ámbito local no era necesaria la capacitación profesional, la capacidad económica ni la honorabilidad.

- En cambio, para los vehículos ligeros de ámbito nacional, sí era necesaria la capacitación profesional. Se reconoció la capacitación, de oficio, a quien era titular de tarjetas MDL nacional o de ámbito inferior, y con antigüedad superior a cuatro años en el momento de la entrada en vigor de la Orden. Es decir, tarjetas otorgadas antes de febrero de 1989.

1.9.5   *Orden Ministerial de 23 de julio de 1997, artículo 36 y disposición transitoria 5.ª*

- Entró en vigor el 2 de enero de 1998. Todas las tarjetas MDL locales o comarcales se convirtieron en nacionales y la Administración dejó de otorgar tarjetas locales.
- Las personas físicas que el 2 de enero de 1998 eran titulares de tarjetas MDL nacional y no tenían capacitación, se les reconoció de oficio la capacitación para transporte interior y restringida solo a vehículos ligeros.
- A las personas físicas titulares el 2 de enero de 1998 de tarjetas MDL inferior a nacional, sin capacitación, se les reconocería la capacitación para transporte interior solo para ligeros, a medida que fuesen cumpliendo cuatro años. Hasta entonces podían continuar como estaban. En esta situación se encontraban todos los que obtuvieron las tarjetas después del 8 de septiembre de 1994.

1.9.6   *Orden Ministerial de 24 de agosto de 1999. Disposición transitoria 6.ª*

- Entró en vigor el 8 de septiembre de 1999. A las personas físicas titulares de tarjetas MDL nacional, que tenían reconocida una capacitación restringida a ligeros, se les reconoció entonces la capacitación para transporte interior, pero sin limitaciones de peso.
- A quienes estaban a la espera de los cuatro años que marcaba la OM de 23 de julio de 1997, para el reconocimiento de oficio (tenían tarjetas pero no capacitación), se les reconoció a partir de esta fecha la capacitación de transporte interior, sin limitación de peso. Este punto afectaba a quienes obtuvieron tarjetas locales o adquirieron comarcales, entre el 8 de septiembre de 1995 y el 1 de enero de 1998, que estarían autorizados a seguir con sus tarjetas locales o comarcales, pero sin capacitación, en espera de que transcurrieran los cuatro años. Se produjo, por tanto, un claro avance en la normativa.

1.9.7   *Ley 9/2013, de 4 de julio y Real Decreto 70/2019, de 15 de febrero*

Ley 9/2013, de 4 de julio, BOE de 5 de julio de 2013, por la que se modifica la Ley 16/1987 (LOTT). Es la última actualización de esta Ley de 1987.

Real Decreto 70/2019, de 15 de febrero, BOE del 20 de febrero de 2019, por el que se modifica el Reglamento de la Ley de Ordenación de los Transportes Terrestres (ROTT). De este RD cabe destacar, entre otras modificaciones, las siguientes:

- Establece las funciones exactas del gestor de transporte, así como la modalidad en que debe estar contratado.
- Introduce una lista de infracciones que directamente o por acumulación podrían suponer la pérdida de honorabilidad para la empresa o el gestor de transporte.
- Elimina el requisito de disponer de tres vehículos como mínimo para solicitar una autorización MDP.
- Suprime la tarjeta física de transporte como soporte de la autorización.
- Establece el nuevo formato de los exámenes de competencia profesional y la formación mínima que ha de tenerse para participar en tales exámenes.

2   Autorizaciones para realizar transporte internacional

La LOTT define el transporte internacional como aquel que discurre parcialmente por territorio de Estados extranjeros. Para realizar transportes en ellos es necesario disponer de autorizaciones expedidas por dichos Estados. No puede concederlas, por tanto, el órgano correspondiente del Ministerio de Fomento español, sino que lo que hace la Administración es repartirlas, intentando evitar acaparamientos y garantizando su uso correcto. La forma de hacerlo está regulada por los artículos 144, 150 y 151 del RD 1211/1990 (ROTT) modificado por RD 70/2019 de febrero de 2019.

2.1   *Transportes liberalizados y sujetos a autorización*

Algunos transportes internacionales de mercancías están sujetos a autorización. Si hay algún límite cuantitativo en su otorgamiento, de forma que las peticiones son superiores a las cantidades disponibles, se habla de situación de escasez.

Según su origen o forma de obtención, las autorizaciones pueden ser de dos clases: bilaterales, obtenidas mediante acuerdos entre España y otro Estado, y multilaterales, cuando se obtienen de una negociación en el seno de un grupo de países en el que esté España, como por ejemplo la UE o la Conferencia Europea de Ministros de Transporte (CEMT).

Tanto las autorizaciones bilaterales como las multilaterales permiten la ida, vuelta o tránsito por el país o países con los que se hayan suscrito los acuerdos correspondientes.

Transporte liberalizado es aquel que no precisa de ninguna autorización para llevarse a cabo. La definición varía en función del país o grupo de países, pero de forma genérica se consideran liberalizados los siguientes: transportes postales, los efectuados en vehículos ligeros, transporte de vehículos averiados para reparar, transportes por cuenta propia, artículos de socorro en catástrofes, etc.

Un paso previo a la solicitud de cualquier tipo de autorización es la inscripción en el Registro de Empresas Transportistas Internacionales de Mercancías (Retim) del Ministerio de Fomento. En este registro no se inscriben ni vehículos ligeros ni de transporte privado; solamente vehículos pesados de transporte público.

Para su inscripción la empresa transportista debe disponer de capacitación profesional para transporte nacional e internacional de mercancías y de al menos un vehículo pesado con ámbito nacional (MDP). En el Retim se inscriben los datos de la empresa transportista, de quién la capacita y de los vehículos pesados.

El hecho de estar inscrito en el Retim constituye lo que se conoce como habilitación genérica y permite realizar directamente transportes liberalizados con vehículo público pesado, o bien solicitar autorizaciones bilaterales o multilaterales, incluida la licencia comunitaria.

2.2   Autorizaciones bilaterales

Se conceden a nombre de una empresa y son intransferibles, salvo casos de cambio de denominación de la empresa o por transmisión a herederos forzosos del titular. Pueden ser al viaje o temporales, teniendo estas últimas un año de validez. Por ejemplo España-Marruecos, España-Rusia.

2.2.1   Otorgamiento ordinario (cuando no hay escasez)

Se conceden según las peticiones realizadas. El máximo al mismo tiempo para empresas con hasta cinco vehículos en Retim será de cinco autorizaciones; es decir, una empresa con tres vehículos podrá tener cinco. Para empresas con más de cinco vehículos inscritos, el máximo será el número de vehículos que tenga inscritos. Si se trata de autorizaciones al viaje, se obtiene una nueva autorización por cada una usada que se devuelve.

2.2.2   Otorgamiento especial (cuando hay escasez)

A ser posible se concede a cada empresa el mismo número de autorizaciones que tuvo el año anterior y utilizó adecuadamente (usadas o devueltas dentro de su plazo de vigencia). Si existen aumentos de cupo y siguen siendo insuficientes, se repartirán en función de la dimensión de la empresa, medida por el número de vehículos. Toda esta información, que la Administración utiliza como criterio de reparto, se obtiene del registro antes citado; de ahí su utilidad y necesidad.

2.2.3   Devolución

Se deben devolver a la Dirección General de Transportes como máximo un mes después de terminado el transporte. Si son temporales, en un mes desde que termina su validez. En ambos casos deben llevar los sellos de las aduanas de salida o entrada en la Unión Europea, así como documentos justificantes de haber realizado el transporte.

Si una empresa no las devuelve en los plazos indicados, o las devuelve sin cumplimentar los datos requeridos, no podrá obtener nuevas autorizaciones para ese país en los tres meses siguientes a la fecha de vencimiento de la autorización no devuelta o devuelta incorrectamente.

2.3   Autorizaciones multilaterales de la Unión Europea

Permiten el transporte a los distintos países de la Unión Europea, incluyéndose a estos efectos Noruega, aunque de hecho no sea miembro comunitario. Este ámbito representa el 70 % del transporte internacional por carretera de España. La autorización consiste en la licencia comunitaria, vigente desde 1993.

La licencia comunitaria va a nombre de la empresa y no es transferible. Su duración o validez es de cinco años, renovable. De la licencia se expiden tantas copias certificadas como vehículos pesados tenga la empresa inscritos en el Retim. Se debe solicitar la renovación dos meses antes de que venza.

Se puede solicitar la suspensión de la licencia o copias de la misma si se han suspendido autorizaciones de transporte interior y se han dado de baja del Retim. En la renovación se conceden licencias y copias nuevas a cambio de las vencidas.

Solo se conceden duplicados cuando quede plenamente acreditada la pérdida efectiva de los originales. *(Ejemplo:* un camión se incendia por completo con la copia de licencia dentro, si se puede demostrar.)

Todo lo referente a normativa, trámites y tasas se puede consultar en la web: https://www.mitma.gob.es/transporte-terrestre/transporte-internacional-de-mercancias/licencias-comunitarias.

2.4   Autorizaciones multilaterales de la Cemt

Sirven para transportes en los que el punto de carga y descarga esté en países diferentes, miembros ambos de la CEMT, y para circular en vacío por todo el territorio de los Estados miembros. No valen para hacer transportes entre un Estado miembro y otro que no lo sea.

ESTADOS MIEMBROS DE LA CEMT			
Albania	Eslovenia	Italia	Portugal
Alemania	España	Letonia	República Checa
Armenia	Estonia	Liechtenstein	Reino Unido
Austria	Federación Rusa	Lituania	Rumania
Azerbaiyán	Finlandia	Luxemburgo	Rusia
Bielorrusia	Francia	Macedonia	Serbia
Bélgica	Georgia	Malta	Suecia
Bosnia-Herzegovina	Grecia	Moldavia	Suiza
Bulgaria	Holanda	Montenegro	Turquía
Croacia	Hungría	Noruega	Ucrania
Dinamarca	Irlanda	Polonia	

Tabla 4.1. Estados miembros de la Conferencia Europea de Ministros de Transportes (CEMT).

La validez es de un año. Son personales e intransferibles y solo se pueden usar en un vehículo a la vez, pues el original tiene que ir a bordo.

Deben solicitarse entre el 10 y el 20 de noviembre de cada año. Están sometidas a contingente, y en su reparto se intenta conceder a cada empresa las mismas que tenía el 1 de enero del año anterior, si es posible, y si los hubiera utilizado correctamente. Si existen incrementos de contingente se distribuirán por:

- Dimensión de la empresa y número de vehículos.
- Número y aprovechamiento de autorizaciones CEMT que ya tenga la empresa.
- Si varias empresas tienen más del 50 % de capital de una misma persona, se cuentan a estos efectos como una sola empresa.

La CEMT, con sede en París, cuenta con 44 Estados miembros, 7 asociados y 1 observador. Los Estados miembros de la CEMT son los que se detallan en la tabla 4.1.

En 2006, la CEMT se transformó en el Foro Internacional del Transporte (IFT), con el fin de abordar de manera integral todos los modos del transporte y abrir sus puertas más allá de Europa, en línea con las políticas de globalización del transporte.

3   El permiso de conducir

Los permisos o carnés de conducir no son expedidos por las autoridades competentes en materia de transporte (Ministerio de Fomento) sino por el Ministerio del Interior a través de las Jefaturas Provinciales de Tráfico. En la tabla 4.2 se han resumido los datos esenciales de todos los permisos de conducir vigentes en España.

Carné	Vehículos	Edad	Hasta 65	Más de 65
AM	Ciclomotores de dos o tres ruedas	15	10	5
A1	Motocicletas, máximo 125 c.c. potencia máxima 11 kw Implica concesión de AM	16	10	5
A2	Motocicletas, potencia máxima 35 kw. Implica concesión de A1	18	10	5
A	Motos con o sin sidecar, triciclos y cuadriciclos de motor. Dos años de antigüedad con A2	20	10	5
B	Automóviles MMA hasta 3.500 kg y 9 asientos como máximo. Pueden llevar remolque de MMA hasta 750 kg. Con tres años de antigüedad = motos A1 Conjunto de vehículo de los que autoriza B + remolque que no exceda de 4.250 kg	18	10	5
B+E	Conjunto de automóvil de los que autoriza B y remolque de MMA > 750 kg, siempre que el conjunto no pueda ser conducido con el B	18 Titular de B	10	5
C1	Automóviles con MMA > 3.500 kg pero no superior a 7.500 kg y con número de asientos no superior a 9. Pueden llevar remolque con MMA no superior a 750 kg	18 Titular de B	5	3
C1+E	Conjunto de vehículo de los que autoriza el C1 y remolque con MMA > 750 kg siempre que la MMA del conjunto no exceda de 12.000 kg y que la MMA del remolque no supere la masa en vacío del tractor	18 Titular de C1	5	3
C	Automóviles con MMA > 3.500 kg y número de asientos no superior a 9. Puede llevar remolque con MMA no superior a 750 kg. Es el permiso típico de camiones rígidos. Implica concesión de C1	21 Titular de B	5	3
C+E	Conjunto de vehículo autorizado por C y remolque de MMA superior a 750 kg. Es el permiso típico de tráileres	21 y Titular de C	5	3
D1	Automóviles para transporte de personas, con más de 9 asientos pero sin exceder de 17 y máximo 8 m. Pueden llevar remolque de hasta 750 kg de MMA	21 Titular de B	5	3

Carné	Vehículos	Edad	Hasta 65	Más de 65
D1+E	Conjunto de automóvil de los que autoriza D1 y remolque de MMA superior a 3.500 kg	21 Titular de D1	5	3
D	Automóviles para transporte de personas, con número de asientos superior a 9. Pueden llevar remolque de MMA hasta 750 kg. Implica concesión de D1	24 Titular de B	5	3
D+E	Conjunto de vehículo automóviles de los que autoriza D y remolque de MMA superior a 750 kg	24 Titular de D	5	3
Salvo un caso, los permisos que no sean A1, A2 o A no autorizan a conducir motocicletas de dos ruedas.				
C1, C1+E, C, C +E, D1, D1 +E, D o D+E deben tener el CAP.				

Nota: Toda referencia a número de asientos, es incluyendo el del conductor.

Tabla 4.2. Características de los permisos de conducir vigentes en España.

Cualquier variación en los datos que figuran en el permiso o licencia de conducción se debe comunicar en un plazo máximo de 15 días a la Jefatura Provincial de Tráfico.

3.1   El permiso de conducir por puntos

Desde el 1 de julio de 2006 está vigente en España el sistema de permiso de conducir «por puntos», con el que se ha incrementado la seguridad en la conducción. En función de las infracciones que se cometan se pueden ir perdiendo puntos.

El saldo inicial es de 12 puntos, excepto los conductores noveles, con menos de tres años de experiencia, que empiezan con 8 puntos. También dispondrán de 8 puntos quienes obtengan un nuevo permiso o licencia de conducción, tras haber perdido el que tuvieran por haber agotado su crédito. El saldo inicial de puntos es una asignación informática que realiza la Administración de forma automática.

Cuando se cometen determinadas infracciones, además de la correspondiente sanción económica y de la suspensión en su caso del permiso o licencia de conducción, también se restan puntos.

Si un conductor conserva intacto su crédito de 12 puntos, en 6 años puede llegar a tener hasta 15 puntos. Para ello es necesario que durante los tres primeros años no cometa ninguna infracción que suponga pérdida de puntos, con lo que obtiene dos puntos más que sumará a los 12 iniciales y tendrá 14 puntos. Si vuelven a pasar tres años y sigue siendo un buen conductor, recibirá otro punto extra. Total 15.

Desde el 1 de Julio de 2006, se puede consultar el saldo de puntos entrando en el sitio web de la Dirección General de Tráfico, www.dgt.es.

Cuando se pierden puntos se pueden recuperar parcialmente, por dos vías distintas: superando un curso o dejando de cometer infracciones que supongan pérdida de puntos. Mediante la superación de un curso de sensibilización y reeducación vial de 12 horas, se pueden recuperar hasta un máximo de 6 puntos. Este curso solo se puede hacer una vez cada dos años, excepto los conductores profesionales, que pueden realizar el curso todos los años.

Si no se pierden más puntos en un plazo de dos años, se recupera el crédito inicial de 12 puntos, salvo que la pérdida parcial de puntos se debiera a la comisión de infracciones muy graves, en cuyo caso se deberá esperar tres años.

Si un conductor se ha quedado sin puntos y ha perdido el permiso, podrá recuperarlo de la siguiente forma: después de seis meses desde que se le haya notificado la pérdida del permiso podrá obtener uno nuevo superando un curso de reeducación y sensibilización y una prueba teórica en la Jefatura de Tráfico. Además, no recupera los 12 puntos sino que empieza con 8. Pero si el conductor es reincidente y pierde su permiso por segunda vez, deberá esperar un año para volver a conducir.

Los cursos de reeducación son de formación vial y se imparten en centros concertados. Su objetivo es sensibilizar a los conductores sobre su implicación en los accidentes. En estos cursos existen temas comunes para todos los conductores, donde se trata de cultura y educación vial, fomentando el debate y la reflexión, y temas específicos para cada conductor, donde se tratan las materias que más afectan a cada uno.

Cuando se comete una infracción los puntos no se pierden inmediatamente, sino cuando la sanción sea firme, es decir:

- Si no se presenta recurso administrativo, cuando pase un mes desde que se haya recibido la resolución sancionadora.
- Si se presenta, cuando se notifique la resolución del recurso.

Los conductores profesionales pierden los puntos con las mismas infracciones que el resto de conductores, aunque hay ciertos aspectos que deberán tener en cuenta:

- La tasa de alcohol permitida en este caso, es menor que para otros conductores.
- Si se excede en más de un 50 % los tiempos de conducción o se reduce en más de un 50 % los de descanso, se restan puntos.

Si pierden su permiso, tendrán que esperar tres meses la primera vez para poder recuperar el permiso, y seis meses la segunda. También es obligatorio que hagan un curso de sensibilización y reeducación vial y superen una prueba teórica en la Jefatura de Tráfico. Solo dispondrán de un crédito de 8 puntos en el nuevo permiso obtenido.

Los conductores noveles, con menos de tres años de antigüedad en su permiso, empiezan con 8 puntos y si en dos años no han perdido ninguno pasan a tener 12 puntos. En el caso de conductores noveles, también la tasa de alcohol permitida es menor que para otros conductores.

Con la reforma de la Ley de Tráfico de 2010 las infracciones por las que se pueden perder puntos pasan de ser 27 a solamente 20, que son las que se resumen en la tabla 4.3.

En cuanto a los excesos de velocidad, los puntos que se pueden perder varían en función del exceso cometido (véase la tabla 4.4).

Infracción	Puntos
Conducir con exceso de alcohol (valores miligramos/litro aire espirado) superior a 0,50 mg/l (0,30 mg/l, profesionales y conductores noveles)	6
Conducir con exceso de alcohol (valores miligramos/litro aire espirado) superior a 0,25 mg/l (0,15 hasta 0,30 mg/l profesionales y conductores noveles)	4
Negativa a someterse a test de alcoholemia o drogas	6
Conducir bajo los efectos de drogas o estupefacientes	6
Conducir de forma temeraria, en sentido contrario o participar en carreras ilegales	6
Exceder en más del 50 % de los tiempos de conducción o minorar en más del 50 % los tiempos de descanso establecidos en la legislación sobre transporte terrestre	6
Conducir careciendo de la autorización administrativa correspondiente	4
Alterar el normal uso del tacógrafo o del limitador de velocidad	6
Conducir vehículos con mecanismos o instrumentos de inhibición de la vigilancia del tráfico o de sistemas de detección de radar	6
No respetar la prioridad de paso, las señales de stop y ceda el paso, y los semáforos en rojo	4
Adelantar poniendo en peligro o entorpeciendo a los ciclistas	4
Circular marcha atrás en autopista o autovía	4
No respetar las señales de los agentes que regulan la circulación	4
Arrojar a la vía o en sus inmediaciones objetos que puedan producir incendios, accidentes u obstaculizar la circulación	4
No respetar la distancia de seguridad	4
Efectuar un cambio de sentido en zonas prohibidas	3
Conducir utilizando manualmente el teléfono móvil, programando el navegador, usando cascos, auriculares y otros dispositivos que disminuyan la atención	3
No hacer uso del cinturón de seguridad, sistemas de retención infantil, casco y demás elementos de protección	3

Tabla 4.3. Infracciones por las que se pueden perder puntos del permiso de conducir.

Límite										
30	*40*	*50*	*60*	*70*	*80*	*90*	*100*	*110*	*120*	*Puntos*
31 50	41 60	51 70	61 90	71 100	81 110	91 120	101 130	111 140	121 150	–
51 60	61 70	71 80	91 110	101 120	111 130	121 140	131 150	141 160	151 170	2
61 70	71 80	81 90	111 120	121 130	131 140	141 150	151 160	161 170	171 180	4
71 80	81 90	91 100	121 130	131 140	141 150	151 160	161 170	171 180	181 190	6
81	91	101	131	140	151	161	171	181	191	6

Tabla 4.4. Puntos que se pueden perder según el exceso de velocidad.

3.2   Certificado de aptitud profesional

Está regulado por el Real Decreto 1032/2007, donde se establece que ha de haber una formación inicial de 280 horas (normal) o de 140 horas (acelerada), además de una formación continua de 35 horas cada cinco años que capacite para ejercer de conductor profesional.

Según dicho decreto, han de tener el certificado de aptitud profesional (CAP) los conductores de vehículos para los que se necesite permiso de conducir C1, C1 + E, C, C + E (camiones MMA superior a 3.500 kg) y D1, D1 + E, D, D + E (autocares de más de 9 plazas).

- **Formación inicial**
  Debe hacerse la formación inicial normal o acelerada para poder presentarse a los correspondientes exámenes de obtención del CAP. Para la formación inicial no es necesario tener el permiso de conducir, mientras que para la formación continua sí lo es.

- **Formación continua**
  La formación continua se imparte en períodos de 35 horas seguidas o bien en bloques de al menos 7 horas, en el mismo centro durante el mismo año.

  Según el anexo V, los exámenes serán de 100 preguntas tipo test con 4 respuestas. Las correctas valen 1 punto y las incorrectas 0,5 puntos negativos. Para aprobar un examen hay que obtener al menos la mitad de la puntuación máxima, es decir, 50 o más puntos. El tiempo para hacer el examen será de dos horas como mínimo.

- **Convocatoria de exámenes** (artículo 15)

  Las convocatorias se publican con un mes de antelación y con un plazo de inscripción de al menos 15 días. Se hacen al menos seis convocatorias al año, que se pueden publicar juntas.

  Finalizado el examen se expide el certificado y la tarjeta a los que hayan aprobado. La tarjeta tiene una validez máxima de cinco años y tras hacer la formación continua se expide otra nueva (artículo 18).

4   Control e inspección del transporte

4.1   *Normativa, objetivos y actuación*

La Ley 29/2003[2] da una nueva redacción al título V de la LOTT en lo referente al régimen de inspección e infracciones en materia de transporte terrestre. Describe muy detalladamente las infracciones y eleva considerablemente la cuantía de las sanciones, con el fin de conseguir una mayor seguridad en el transporte.

Los objetivos de la inspección de transportes son:

- Proteger los derechos de los consumidores y usuarios.
- Mejorar la calidad y seguridad de los servicios.
- Erradicar el intrusismo y la competencia desleal.

4.2   *Formas en que actúa la inspección*

Los servicios de inspección pueden actuar de oficio, mediante la elaboración de planes periódicos de inspección, a fin de sistematizarla, o bien por petición fundada de usuarios, asociaciones o empresas del sector del transporte.

Según la normativa, el personal de la inspección tiene la consideración de autoridad. En su labor inspectora puede solicitar la colaboración de las fuerzas y cuerpos de seguridad del Estado, autonómicas y locales, así como a las asociaciones profesionales y empresariales del sector.

La inspección se realiza entrando en todo lugar donde se desarrollen actividades afectadas por la legislación de transportes, dando cuenta al empresario y acreditándose mediante documentos. Si se actúa en un domicilio particular, es preciso disponer de un mandamiento judicial.

---

[2] Ley 29/2003 de 8 de octubre, publicada en el BOE de 9 de octubre de 2003.

La inspección también puede realizar pruebas, investigaciones o exámenes para asegurarse de que se cumple la normativa de transportes. Otra forma de actuar es solicitar al inspeccionado la presentación de documentos en oficinas de la Administración.

Los titulares de servicios o actividades del transporte están obligados a facilitar la función inspectora (vehículos, instalaciones, documentos, contabilidad, etc.). Obstaculizar la labor inspectora podría ser considerado como infracción grave o muy grave, como se verá más adelante.

Los encargados de realizar las inspecciones son los servicios de inspección de las comunidades autónomas.

4.3   Responsables de las infracciones

De acuerdo con la ley, serán considerados responsables de las infracciones de las normas reguladoras de los transportes terrestres y de sus actividades auxiliares y complementarias:

- En las infracciones cometidas en la realización de transportes o actividades sujetos a autorización administrativa, la persona física o jurídica titular de la autorización.

- En las infracciones cometidas en la realización de transportes o actividades auxiliares o complementarias de estos llevados a cabo sin la cobertura del preceptivo título administrativo habilitante, o cuya realización se encuentre exenta de la obtención de este, a la persona física o jurídica propietaria o arrendataria del vehículo o titular de la actividad. Se considera titular del transporte o actividad clandestina de que se trate a la persona física o jurídica que materialmente la lleve a cabo en nombre propio, la organice o asuma la correspondiente responsabilidad empresarial, así como a todo aquel que no siendo personal asalariado o dependiente colabore en la realización de dicho transporte o actividad.

- En las infracciones cometidas por remitentes o cargadores, expedidores, consignatarios o destinatarios, usuarios y, en general, por terceros que, sin estar comprendidos en los anteriores apartados, realicen actividades que se vean afectadas por la legislación reguladora de los transportes terrestres, la persona física o jurídica a la que vaya dirigido el precepto infringido o a la que las normas correspondientes atribuyan específicamente la responsabilidad.

4.4   Infracciones muy graves

La ley enumera hasta veintiséis supuestos de infracciones muy graves, que se subdividen a su vez en otras, llegando a un alto grado de concreción. Las más destacables son las siguientes:

- La realización de transportes públicos o alguna de sus actividades auxiliares o complementarias careciendo de la concesión, autorización o licencia que, en su caso, resulte preceptiva para ello de conformidad con las normas reguladoras de los transportes terrestres.

- La realización de transporte público, o de actividades auxiliares o complementarias del transporte, incumpliendo alguno de los requisitos exigidos para la obtención de la autorización enumerados en el apartado «1.1 Requisitos para ser titular de autorización de transporte público» en este mismo capítulo.

- La cesión o autorización, expresa o tácita, de títulos habilitantes por parte de sus titulares a favor de otras personas.

- La negativa u obstrucción a la actuación de los servicios de inspección que imposibiliten total o parcialmente el ejercicio de las funciones que legal o reglamentariamente tengan atribuidas, así como la desatención total o parcial a las instrucciones o requerimientos de los miembros de la inspección del transporte terrestre o de las fuerzas que legalmente tienen atribuida la vigilancia de este tipo de transporte.

- El quebrantamiento de las órdenes de inmovilización o precintado de vehículos o locales, así como la desatención a los requerimientos formulados por la Administración.

- La falsificación de títulos administrativos habilitantes para la realización de transporte terrestre, de alguna de sus actividades auxiliares y complementarias o de alguno de los datos que deban constar en aquéllos. La responsabilidad por dicha infracción corresponderá tanto a las personas que hubiesen falsificado el título, o colaborado en su falsificación o comercialización a sabiendas del carácter ilícito de su actuación, como a las que lo hubiesen utilizado para encubrir la realización de transportes o actividades no autorizadas.

- El falseamiento de los documentos que hayan de ser aportados como requisito para la obtención de cualquier título, certificación o documento que deba ser expedido por la Administración a favor del solicitante o de cualquiera de los datos que deban constar en aquéllos.

- La manipulación del aparato de control de los tiempos de conducción y descanso o sus elementos, del limitador de velocidad u otros instrumentos o medios de control que exista la obligación de llevar instalados en el vehículo destinada a alterar su normal funcionamiento, así como la instalación de elementos mecánicos, electrónicos o de otra naturaleza destinados a alterar el correcto funcionamiento de los correspondientes instrumentos de control o modificar sus mediciones, aun cuando unos u otros no se encuentren en funcionamiento en el momento de realizarse la inspección. La responsabilidad por dicha infracción corresponderá tanto a las personas que hubiesen manipulado el aparato o instrumento de que se trate, o colaborado en su manipulación, instalación o comercialización, como al transportista que los tenga instalados en sus vehículos.

- La carencia del aparato de control de los tiempos de conducción y descanso, del limitador de velocidad o de sus elementos u otros instrumentos o medios de control que exista la obligación de llevar instalados en el vehículo.

- La carencia significativa de hojas de registro o de datos registrados en el aparato de control de los tiempos de conducción y descanso o en las tarjetas de los conductores que exista obligación de conservar en la sede de la empresa.

- La falsificación de hojas de registro, tarjetas de conductor u otros elementos o medios de control que exista la obligación de llevar en el vehículo, así como el falseamiento de su contenido o alteración de las menciones obligatorias de la hoja de registro o tarjeta del conductor. La responsabilidad por esta infracción corresponderá tanto a las personas que los hubiesen falsificado o colaborado en su falsificación, falseamiento o comercialización como al transportista que los hubiese utilizado en sus vehículos.

- El falseamiento de cualesquiera documentos contables, estadísticos o de control que la empresa esté obligada a llevar o de los datos que aparecen en los mismos.

- El exceso sobre la masa máxima autorizada de los vehículos o de alguno de sus ejes en los porcentajes que se relacionan en la tabla 4.5.

  La responsabilidad por dicha infracción, cuando se exceda la masa máxima total autorizada de los vehículos, corresponderá tanto al transportista como al cargador, al expedidor y al intermediario, salvo que alguno de ellos justifique respecto a sí mismo la existencia de causas de imputabilidad. Cuando se trate de excesos

MMA en toneladas	Porcentaje de exceso (%)	Exceso peso por eje (%)
De más de 20	+15	+30
De más de 10 y hasta 20	+20	+40
De hasta 10	+25	+50

Tabla 4.5. Excesos sobre la MMA que son causa de infracción muy grave.

de peso por eje, la responsabilidad corresponderá a quien hubiera realizado la estiba a bordo del vehículo.

- El exceso superior al 50 % en los tiempos máximos de conducción o de conducción interrumpida, así como la minoración superior a dicho porcentaje de los períodos de descanso obligatorios.

- No llevar insertada la correspondiente hoja de registro o tarjeta del conductor en el aparato de control de los tiempos de conducción y descanso, cuando ello resulte exigible, llevar insertada una hoja de registro sin haber anotado el nombre y apellidos del conductor o llevar insertadas las hojas de registro o tarjetas correspondientes a otro conductor.

- El incumplimiento de la obligación de suscribir los seguros que resulten preceptivos.

- La carencia de hojas de registro del aparato de control de los tiempos de conducción y descanso que exista obligación de llevar en el vehículo. Se considerará, asimismo, incluida en esta infracción la falta de realización de aquellas anotaciones manuales relativas a la actividad del conductor que exista obligación de llevar a cabo por parte de este cuando el tacógrafo esté averiado.

- La realización de transportes, carga o descarga de mercancías peligrosas que incumpla las condiciones del Convenio ADR[3] y demás normas incluidas en la materia.

- La realización de transportes de productos alimenticios o mercancías perecederas que incumpla las condiciones estipuladas en el Acuerdo ATP (Acuerdo de Transporte de Mercancías Perecederas), Código Alimentario y demás normativas reguladoras.

4.5 *Infracciones graves*

En la redacción que la Ley 29/2003 hace del artículo 141 de la LOTT se consideran infracciones graves, entre otras:

---

[3] Siglas correspondientes al Convenio Internacional sobre el Transporte de Mercancías Peligrosas por Carretera. Indica las mercancías que se consideran especialmente peligrosas y las que, siéndolo, pueden transportarse atendiendo a las indicaciones de los anexos del convenio. Éstos hacen referencia al etiquetaje y embalaje (anexo A) y a la construcción, equipamiento y operatividad del vehículo transportador (anexo B).

- El incumplimiento de la obligación de devolver a la Administración una autorización o licencia de transporte, alguna de sus copias o cualquier otra documentación cuando, por estar caducada, haber sido revocada o cualquier otra causa legal o reglamentariamente establecida, debiera haber sido devuelta, siempre que el documento de que se trate conserve apariencia de validez.

- El exceso sobre la masa máxima autorizada de los vehículos o de alguno de sus ejes en los porcentajes que se relacionan en la tabla 4.6.

  A efectos de responsabilidad, son aplicables las mismas reglas que en los supuestos de infracciones muy graves por exceso de peso.

- El inadecuado funcionamiento imputable al transportista del aparato de control de los tiempos de conducción y descanso, del limitador de velocidad o sus elementos u otros instrumentos o medios de control que exista la obligación de llevar instalados en el vehículo, cuando no haya de ser calificada como muy grave, o no pasar la revisión periódica de los mismos en los plazos y forma legal o reglamentariamente establecidos.

- El exceso superior al 20 % en los tiempos máximos de conducción o de conducción interrumpida, así como la reducción superior a dicho porcentaje en los períodos de descanso establecidos, salvo que dicho exceso o defecto deba considerarse infracción muy grave.

- La utilización de una misma hoja de registro durante varias jornadas cuando ello hubiera dado lugar a la superposición de registros que impidan su lectura.

- El incumplimiento por parte del conductor de la obligación de realizar por sí mismo determinadas entradas manuales o anotaciones en el aparato de control de los tiempos de conducción y descanso o en las hojas de registro, en aquellos supuestos en los que tal obligación se encuentre reglamentariamente establecida, salvo que deba calificarse como muy grave o como leve.

- La utilización en el aparato de control de los tiempos de conducción y descanso de más de una hoja de registro durante una misma jornada por la misma persona,

MMA en toneladas	Porcentaje de exceso (%)	Exceso peso por eje (%)
De más de 20	+6 hasta 15	+25 hasta 30
De más de 10 y hasta 20	+10 hasta 20	+35 hasta 40
De hasta 10	+15 hasta 25	+45 hasta 50

Tabla 4.6. Excesos sobre la MMA que son causa de infracción grave.

salvo cuando se cambie de vehículo y la hoja de registro utilizada en el aparato del primer vehículo no se encuentre homologada para su utilización en el del segundo.

- La obstrucción que dificulte gravemente la actuación de los servicios de inspección, sin llegar a impedirla.

- La carencia no significativa de hojas de registro o de datos registrados en el aparato de control de los tiempos de conducción y descanso o en las tarjetas de los conductores que exista obligación de conservar en la sede de la empresa a disposición de la Administración.

- La realización de transportes privados careciendo de la autorización o licencia que, en su caso, resulte necesaria de conformidad con las normas reguladoras del transporte terrestre, salvo que dicha infracción deba calificarse como leve. Se considerará que carece de autorización quien no hubiese obtenido su visado reglamentario.

- La prestación de servicios públicos de transporte, utilizando la mediación de personas físicas o jurídicas no autorizadas para dicha mediación, sin perjuicio de la sanción que pueda corresponder al mediador.

- El incumplimiento, por parte del destinatario al que se hubieran entregado las mercancías, de la obligación de ponerlas a disposición de una junta arbitral del transporte, cuando sea requerido al efecto por dicha junta en el ejercicio de las funciones que tiene encomendadas para actuar como depositaria.

- La realización de transportes, carga o descarga de mercancías peligrosas incumpliendo lo estipulado en el Convenio ADR, Decreto 551/2006 y demás normas sobre este tipo de transportes, siempre que estos incumplimientos no se consideren infracción muy grave.

- El incumplimiento por los centros de formación de las condiciones exigidas a efectos de homologación como entidades en los cursos de renovación del certificado de consejero de seguridad.

- La realización de transportes de mercancías perecederas con vehículos que carezcan de la placa de certificación de conformidad ATP.

- La contratación del transporte con transportistas o intermediarios que no se hallen debidamente autorizados.

- El incumplimiento por las empresas arrendadoras de vehículos sin conductor de la obligación de exigir la correspondiente autorización de transporte al arrendatario, en los casos en que la misma sea obligatoria.

- Cualquiera de las infracciones tipificadas en el apartado «4.4 Infracciones muy graves» cuando por su naturaleza, ocasión o circunstancia no deba ser calificada como muy grave, debiendo justificarse la existencia de dichas circunstancias y motivarse la resolución correspondiente.

4.6   *Infracciones leves*

Se considerarán infracciones leves:

- El exceso sobre la masa máxima autorizada de los vehículos o de alguno de sus ejes, en los porcentajes que se detallan en la tabla 4.7.
  A efectos de responsabilidad, son aplicables las mismas reglas que en los supuestos de infracciones muy graves por exceso de peso.

- El exceso en los tiempos máximos de conducción o de la conducción interrumpida, así como la reducción de los períodos de descanso o pausa establecidos, salvo que deba ser considerado infracción grave o muy grave. Es decir, hasta un 20 %.

- La utilización de hojas de registro no homologadas o que resulten incompatibles con el aparato de control utilizado, así como la utilización de una tarjeta de conductor caducada.

- El incumplimiento por parte del conductor de la obligación de realizar por sí mismo determinadas entradas manuales o anotaciones en el aparato de control de los tiempos de conducción y descanso o en las hojas de registro, en aquellos supuestos en los que tal obligación se encuentre reglamentariamente establecida, cuando, a pesar de no haberse realizado las anotaciones oportunas, resulte posible deducir bien del propio aparato de control o de las hojas de registro inmediatamente anteriores y posteriores cuál debiera haber sido su contenido.

MMA en toneladas	Porcentaje de exceso (%)	Exceso peso por eje (%)
De más de 20	+2,5 hasta 6	+20 hasta 25
De más de 10 y hasta 20	+5 hasta 10	+30 hasta 35
De hasta 10	+6 hasta 15	+40 hasta 45

Tabla 4.7. Excesos sobre la MMA que son causa de infracción leve.

- La realización de transportes públicos o privados o alguna de sus actividades auxiliares o complementarias careciendo de la autorización o licencia que, en su caso, resulte obligatoria de conformidad con las normas reguladoras de los transportes terrestres, siempre que la misma se hubiese solicitado, acreditando el cumplimiento de todos los requisitos exigidos para su otorgamiento en el plazo máximo de quince días, contados desde la notificación del inicio del expediente sancionador.

- La realización de transportes públicos o privados sin llevar a bordo del vehículo la documentación formal que acredite la posibilidad legal de prestarlos o que resulte exigible para la determinación de la clase de transporte que se está realizando, salvo que dicha infracción deba ser calificada como muy grave o grave.

- El incumplimiento por parte de las empresas que intervengan en la contratación y realización de transportes de mercancías peligrosas de las obligaciones que establecen el Convenio ADR y demás normativa al respecto, siempre que dichos incumplimientos no supongan infracción muy grave ni grave.

- La carencia de los distintivos o rótulos exigidos por la normativa vigente, relativos a la naturaleza o al tipo de transporte que aquél esté autorizado a realizar, llevarlos en lugar no visible o en condiciones que dificulten su percepción, utilizarlos de forma inadecuada o llevar en lugar visible del vehículo el distintivo correspondiente a un ámbito territorial o clase de transporte para cuya realización no se halle facultado por la necesaria tarjeta.

- La realización del transporte con vehículos ajenos sobre los que no se tengan las condiciones de disponibilidad legalmente exigibles, así como utilizar para el transporte vehículos arrendados a otros transportistas o la colaboración de estos fuera de los supuestos o incumpliendo las condiciones legalmente establecidas, salvo que deba ser considerada infracción muy grave. En idéntica infracción incurrirán las empresas que actúen como colaboradoras, incumpliendo las obligaciones que les afecten.

- Cualesquiera de las infracciones tipificadas en el apartado «4.5 Infracciones graves» cuando por su naturaleza, ocasión o circunstancia no deba ser calificada como grave, debiendo justificarse la existencia de dichas circunstancias y motivarse la resolución correspondiente.

4.7   *Las sanciones*

Las sanciones que establece la Ley 29/2003 tienen, como se indicó antes, unos importes que representan un significativo incremento sobre los que estaban vigentes hasta su entrada en vigor (véase la tabla 4.8).

IMPORTE DE LAS SANCIONES O MULTAS	
Leves	Desde apercibimiento hasta 400 €
Graves	Desde 401 hasta 2.000 €
Muy graves	Desde 2.001 hasta 6.000 €
Segunda muy grave en 12 meses	Desde 6.001 hasta 18.000 €

Tabla 4.8. Sanciones establecidas en la Ley 29/2003.

Las sanciones impuestas deben ser satisfechas en el plazo de quince días desde su resolución definitiva en vía administrativa. Si se pagan en este plazo, se reducirá su importe en un 25 %. El plazo máximo en que deben ser notificadas las sanciones es de un año desde que se inicia el procedimiento.

Por su parte, las infracciones prescriben en un año desde que se cometieron. El plazo de prescripción cuenta desde el día en que se cometió la infracción. Se interrumpe si se inicia, con conocimiento del interesado, el procedimiento sancionador. Si el expediente sancionador estuviera paralizado más de un mes, por causa ajena al sancionado, se reanuda el plazo de prescripción.

Cuando la infracción denunciada revele una conducción con un exceso de más del 50 % de los tiempos legalmente establecidos o una reducción de los tiempos de descanso también superior al 50 %, se considerará conducción temeraria y, sin perjuicio de la responsabilidad exigible de acuerdo con la LOTT, se podrá sancionar por los órganos competentes en materia de tráfico y seguridad vial.

El pago de las sanciones es un requisito necesario para obtener el visado y cualquier transferencia de autorizaciones.

Además de la sanción que corresponda, se podrá precintar el vehículo, retirar su autorización o bien clausurar un local durante el plazo reglamentario establecido, en los supuestos que indica la Ley 29/2003. Se podrá ordenar la inmovilización inmediata del vehículo hasta que no se supriman los motivos determinantes de la infracción, cuando se den cualquiera de las infracciones indicadas para el «precintado».

Los agentes que hayan procedido a la paralización del vehículo podrán retener la documentación del mismo, incluida la tarjeta de transporte, en tanto dure la misma. Cuando se trate de un transporte internacional, podrá retenerse además la documentación de tránsito de las mercancías.

Si un transportista extranjero comete cinco o más infracciones muy graves en dos años, podrá prohibirse la entrada en España a dicho transportista durante cinco años. Si un vehículo extranjero se encuentra inmovilizado y tiene sanciones pendientes de pago, se podrá subastar y con el dinero obtenido se pagarán las sanciones y gastos de la subasta, quedando el restante a disposición del titular del vehículo.

Si los servicios de inspección o agentes de tráfico sospechan la existencia de exceso de peso o de manipulación del tacógrafo o limitador, podrán ordenar el desplazamiento a una báscula o taller autorizado hasta una distancia de 30 km acompañando al transportista. Si la báscula o taller se encuentra en el sentido de la marcha, no habrá límite en la distancia. Los gastos de tal desplazamiento, y báscula o taller van por cuenta del transportista si se confirma la infracción o por cuenta de la Administración si no se confirma.

Según recoge el balance del Plan Nacional de Inspección del Transporte por Carretera de 2010 del Ministerio de Fomento, durante ese año la inspección de transportes detectó 143.430 infracciones en el transporte por carretera, tanto de pasajeros como de mercancías, frente a las 165.237 de 2009, lo que supuso un descenso del 13,20 % respecto al año anterior. El montante de lo que recaudaron las arcas públicas por las multas también descendió, al pasar de 154.765.000 euros en 2009 a 147.664.000 euros, en 2010.

El exceso de peso fue la principal infracción en 2010 con 27.616 denuncias, seguida por la carencia o mal funcionamiento del tacógrafo (18.186), y la ausencia de autorización o tarjeta de transporte (11.763).

5   Colaboración con la Administración

La Ley 16/1987 de 30 de julio de Ordenación de los Transportes Terrestres (LOTT) y su reglamento de desarrollo aprobado por el RD 1211/1990, Reglamento de Ordenación de los Transportes Terrestres (ROTT), crearon órganos de participación y colaboración de las entidades de representación del sector del transporte en la labor administrativa.

5.1   *El Consejo Nacional de Transportes Terrestres (CNTT)*

Es un órgano superior de la Administración, para el asesoramiento, consulta y debate sectorial en asuntos que afecten al funcionamiento del sistema de transportes. Su cometido está determinado por la elaboración de los informes preceptivos pertinentes en todos aquellos asuntos y cuestiones que se encuentran previstos, tanto en la LOTT como en su reglamento, así como en todos aquellos en los que el Gobierno o el Ministerio de Fomento lo estimen conveniente.

La LOTT se refiere al CNTT en su artículo 36 y el reglamento de ordenación lo hace en sus artículos 31 y 32.

La composición del Consejo es mixta: por un lado forman parte del mismo expertos en materia de transportes terrestres designados en razón de su competencia por la Administración del Estado; por otro se hallan presentes en el mismo los representantes de los diversos sectores que tienen interés en el transporte terrestre: asociaciones de transportistas, empresas ferroviarias, representantes de los usuarios, de cámaras de comercio y de los trabajadores del transporte a través de los sindicatos, entre otros, con un total de setenta consejeros nombrados todos por el ministro de Fomento a propuesta de los diversos estamentos integrantes del mismo.

Se estructura en dos departamentos o secciones: transporte de viajeros y transporte de mercancías.

5.2   *El Comité Nacional del Transporte por Carretera (CNTC)*

El Comité Nacional del Transporte por Carretera (CNTC) es una entidad corporativa de base privada, dotada de personalidad jurídica e integrada por las asociaciones de transportistas y actividades auxiliares.

Está regulado por los artículos 58 y 59 de la LOTT y del 55 al 60 de su reglamento. Por OM de 14 de septiembre de 1993 se estableció la composición, la acreditación de la representatividad y la renovación de sus miembros. Esta normativa fue modificada por la Orden FOM/1353/2005.[4]

El CNTC orienta y armoniza los criterios de las distintas profesiones y sectores del transporte y es el cauce de participación integrada del sector en aquellas actuaciones públicas que le afecten de forma general, que tengan un carácter relevante, o que supongan una significativa incidencia para el mismo.

Las asociaciones de transportistas y de actividades auxiliares legalmente constituidas pueden colaborar con la Administración en la realización de las funciones públicas de ordenación y mejora del funcionamiento del sector. Para esta colaboración, y para formar parte del Comité, es necesaria su previa inscripción en el Registro General de Transportistas y ostentar una representación significativa.

Las asociaciones representativas tienen, entre otras, las siguientes facultades de colaboración:

- Colaborar en las gestiones y trámites que la Administración les encomiende, como la preparación de escritos o informes o la compulsa de documentos.
- Participar en órganos consultivos o de asesoramiento.
- Acreditar el cumplimiento de requisitos o circunstancias por sus socios.
- Ser consultadas directamente por la Administración y participar en la elaboración de proyectos y adopción de acuerdos administrativos cuando expresamente se les requiera.
- Promover iniciativas de carácter normativo, de inspección, planificadoras o de otro tipo, ante la Administración.

El CNCT está formado por los representantes de las asociaciones profesionales que lo constituyen y la designación de sus miembros se realiza democráticamente por estas, según su representatividad.

---

[4] OM 1353/2005, de 9 de mayo, publicada en el BOE de 17 de mayo de 2005.

5.3   Participación de las asociaciones de cargadores y usuarios en las funciones administrativas

Esta participación también está garantizada por la LOTT (artículos 39 a 41) y por el ROTT (artículo 30). Según este último artículo, las asociaciones representativas de los cargadores, debidamente inscritos en el registro a tal efecto existente en la Dirección General de Transportes Terrestres y las de usuarios, inscritas en el Registro General de Asociaciones de Consumidores y Usuarios, serán consultadas en la elaboración de las disposiciones y resoluciones administrativas referentes al transporte que les afecten.

De acuerdo con dicha norma, el ministro de Fomento podrá institucionalizar dicha participación mediante la creación de organismos de representación administrativa de cargadores y usuarios en los que estos estén representados a través de sus asociaciones.

6   Tránsito comunitario

El tránsito aduanero internacional se constituye por transportes de mercancías que han de atravesar una o varias fronteras hasta llegar a su destino final.

El tránsito aduanero comunitario se caracteriza por el hecho de que la Unión Europea es un territorio aduanero único, constituido a su vez por países independientes. Por esta razón, la regulación aduanera comunitaria distingue entre el tránsito externo y el tránsito interno.

El tránsito externo se refiere a mercancías no comunitarias o aquellas mercancías comunitarias que hayan perdido o puedan perder tal condición. El tránsito interno se refiere a mercancías comunitarias que no hayan perdido ni puedan perder tal condición.

El tránsito comunitario se aplica al transporte por carretera, por ferrocarril y al fluvial, a diferencia de otros regímenes como el TIR, que son de exclusiva aplicación al transporte por carretera.

El Reglamento CE 2787/2000 modificó parcialmente los Reglamentos 2913/92 y 2454/93 en lo referente al tránsito comunitario. Se pretende así una mayor seguridad de los tránsitos, evitando usos fraudulentos del régimen, así como una mayor facilidad para los operadores. Las herramientas para conseguirlo son la informática y las telecomunicaciones a través del EDI (siglas de *electronic data interchange* o intercambio electrónico de datos) entre aduanas comunitarias; de ahí su nombre NCTS *(new computerized transit system).*

Dichos cambios se recogen en la Resolución de 19 de junio de 2001,[5] y los aspectos más destacables de esta norma son:

---

[5] Publicada en el BOE de 11 de julio de 2001.

- No se utilizan los ejemplares 4 y 5 del DUA (siglas de «documento único aduanero») como documento de acompañamiento, sino un nuevo modelo denominado «MRN» que lleva un número codificado individual y un código de barras en el momento de listarlo por impresora.
- Se acelera el proceso de devolución de avales. Al décimo mes de la admisión de un tránsito la operación quedará necesariamente concluida.
- Es obligatorio el precintado de vehículos y también de bultos, salvo excepciones. Si el precinto lo coloca un operador, dicho precinto debe ser autorizado por las autoridades aduaneras.
- Se clasifican los operadores en generales y fiables, siendo estos últimos los que según su bajo nivel de irregularidades y experiencia en tránsitos, solvencia financiera, equipos informáticos, posesión de precintos propios homologados, etc., ofrecen mayores garantías para las aduanas. En función de dicha fiabilidad se pueden conseguir reducciones o incluso dispensas de garantía.
- Los plazos genéricos para la presentación de las mercancías en destino es de cuatro días para tránsitos nacionales y de ocho días en el ámbito de países de la UE.
- La aduana de destino confirma la llegada a la aduana de salida mediante un sistema informatizado.
- El sistema se aplica tanto al tránsito comunitario externo como al interno.

6.1   Tránsito comunitario externo

El régimen de tránsito externo permite la circulación, de uno a otro punto del territorio aduanero de la UE de mercancías no comunitarias, sin que dichas mercancías estén sujetas a derechos de importación y demás gravámenes ni a medidas de política comercial, y también mercancías comunitarias que sean objeto de una medida comunitaria que requiera su exportación a países terceros y para las que se cumplan los trámites aduaneros de exportación correspondientes.

La circulación de mercancías en el territorio comunitario aduanero no se limita al procedimiento de tránsito comunitario externo, ya que tal circulación se puede efectuar por otros procedimientos diferentes:

- Circulación al amparo de un cuaderno TIR, cuando dicha circulación haya comenzado o deba terminar en el exterior de la UE.
- Circulación al amparo de un cuaderno ATA.
- Manifiesto Renano (mercancías no comunitarias que circulan por el Rhin).
- Mercancías de las fuerzas del Tratado del Atlántico Norte (OTAN).
- Envíos por correo o paquete postal.

El tránsito se inicia con la presentación por el interesado (previo depósito, en su caso, de la garantía impuesta) del DUA en la aduana de partida, bien sea de la serie «T» para tránsito o de serie «ET» para exportación + tránsito. Esta modalidad requiere que la mercancía esté en el recinto aduanero.

Presentado el documento la aduana procede a su registro y efectúa las oportunas comprobaciones de identidad de las mercancías, así como a tomar las medidas de control sobre el precinto de los medios de transporte que se van a utilizar.

La aduana expide el ejemplar A del documento de acompañamiento «MRN» si la aduana de destino dispone de medios de comunicación EDI. En caso contrario expide ejemplares A y también B, que hará funciones de «tornaguía». En ningún caso la aduana entregará al interesado ejemplares del DUA presentado.

Si la presentación se hace por teleproceso el operador autorizado envía información a la aduana vía EDI. Si la aduana responde en el sentido de querer comprobar documentos o mercancía, el procedimiento que cabe seguir es el de presentación en papel descrito antes. También se sigue el procedimiento de presentación en papel cuando exista algún problema de comunicación telemática entre el operador y la aduana.

En caso de autorizar la salida, sin comprobación de mercancía ni documentos, el propio operador autorizado expide el documento MRN, bien sea el ejemplar A o A y B, dependiendo de la aduana de destino.

6.2 Funcionamiento

La aduana, en función del destino declarado, puede determinar el itinerario y el plazo de transporte. El titular del régimen de tránsito comunitario, obligado principal, debe presentar las mercancías intactas en la oficina de aduana de destino en el plazo señalado, tras respetar las medidas de identificación tomadas por las autoridades aduaneras, así como todas las disposiciones relativas al régimen.

Sin embargo y sin perjuicio de estas obligaciones, el transportista o el destinatario de las mercancías que las acepte, sabiendo que están bajo un régimen de tránsito comunitario, también debe presentarlas intactas en la oficina de aduana de destino en el plazo señalado, habiendo respetado las medidas de identificación tomadas por las autoridades aduaneras en la aduana de partida. No hacerlo así podría constituir una falta o un delito de contrabando.

Finalizado el transporte, la documentación de las mercancías se presenta en la aduana de destino, que procede a realizar las oportunas comprobaciones documentales para verificar el cumplimiento de todas las formalidades durante el transporte, procediéndose al reconocimiento de las mercancías solo en el caso de dudas o irregularidades.

La aduana de destino envía a la de salida, vía EDI, un «aviso de llegada» y «resultado de control» cuando dispone de esta posibilidad de comunicación. En caso contrario,

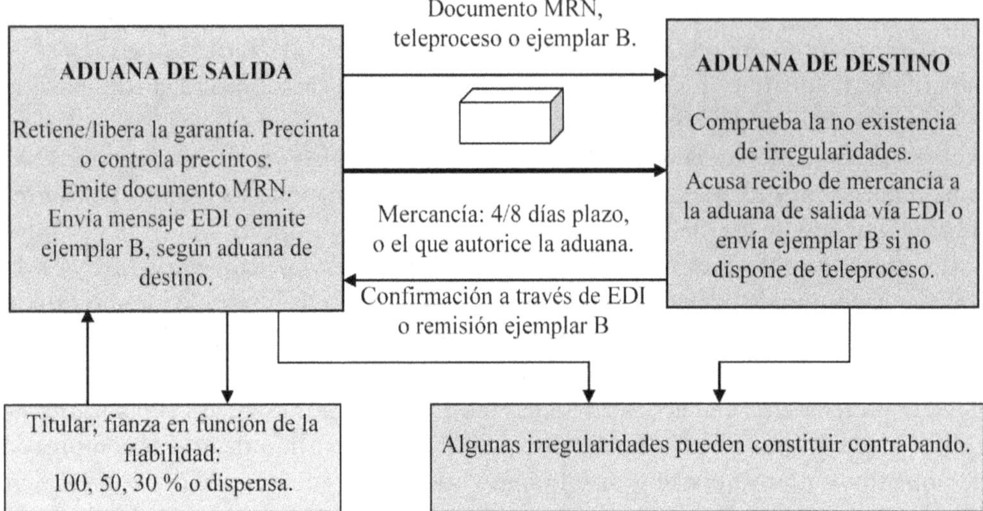

Figura 4.2. Esquema de tránsito comunitario externo (NCTS)

remite el ejemplar B del documento MRN a la aduana de salida, como se hacía con el ejemplar 5 del DUA en el sistema anterior. En la figura 4.2 se observa el proceso descrito.

6.3 Tránsito comunitario interno

Si tenemos en cuenta que el establecimiento del mercado único comunitario creó un espacio sin fronteras interiores en el que deben circular libremente las mercancías, no tiene razón de ser la existencia del tránsito comunitario interno, puesto que la circulación de las mismas debe realizarse en iguales condiciones en que circulan dichas mercancías por el interior de un solo Estado miembro o de un solo país, es decir, sin controles específicos al paso de los límites fronterizos entre los Estados.

Sin embargo, el código aduanero establece que esta modalidad de tránsito será aplicable en el caso de que una disposición comunitaria así lo determine expresamente. Este caso se da cuando alguno de los regímenes aduaneros o fiscales establezca diferencias de tratamiento en distintas partes del territorio aduanero, como sucede con las disposiciones fiscales en las Islas Canarias o los departamentos franceses de ultramar.

También se prevé la aplicación del tránsito interno para la circulación de un punto a otro del territorio aduanero de la Unión atravesando el territorio de un país tercero, siempre que se trate de mercancías comunitarias y ello sin que su estatuto aduanero se modifique.

Circularán al amparo del régimen de tránsito comunitario interno las mercancías comunitarias que se expidan de uno a otro punto de la Unión, atravesando el territorio de uno o varios países de la AELC/EEE.[6]

El transporte de mercancías a las que se aplica el tránsito comunitario de uno a otro punto del territorio aduanero de la UE atravesando el territorio de un tercer país no perteneciente a la AELC/EEE, podrá efectuarse en el régimen de tránsito comunitario siempre que el paso por dicho tercer país se realice al amparo de un documento de transporte único expedido en un Estado miembro. En dicho caso, el efecto de dicho régimen quedará suspendido en el territorio del tercer país.

6.4   Garantías

Las garantías utilizadas tienen validez en toda la Unión Europea, y pueden ser globales o individuales para un solo tránsito. Las individuales consisten en títulos de 7.000 € cada uno. Dichos títulos pueden ser uno o varios hasta cubrir la deuda. También se admiten fianzas.

Las garantías globales se calculan por el «importe de referencia», que es el importe de la deuda aduanera que genera un operador por los tránsitos efectuados en un período mínimo de una semana. Esta garantía se puede reducir, en función de la solvencia y experiencia del operador:

- a un 50 % del importe de referencia si tiene una economía saneada y experiencia de un año en tránsitos,
- a un 30 % del importe de referencia si tiene una economía saneada y experiencia de dos años en tránsitos,
- a la dispensa de garantía si tiene una economía saneada, experiencia de tres años en tránsitos y control sobre el transporte.

7   Transporte de mercancías sujetas a impuestos especiales

Determinados productos como las bebidas alcohólicas, el tabaco o los hidrocarburos y sus derivados están sometidos a impuestos especiales (IIEE) en toda la Unión Europea. En unos casos estos impuestos se aplican para desincentivar su consumo por ser perjudiciales para la salud (tabaco o alcohol) y en otros el argumento es que se trata de bienes finitos y, por tanto, hay que frenar su consumo, como es el caso de los hidrocarburos.

---

[6] Países de la Asociación Europea de Libre Comercio (AELC) que son miembros del Espacio Económico Europeo (EEE): Islandia, Liechtenstein y Noruega.

Una empresa de transportes puede tener que transportar alguno de estos productos y debe conocer en qué régimen lo hace. El impuesto se devenga por la fabricación del producto, de forma que el fabricante o productor debe ingresar dicho impuesto, que además suele ser muy elevado. Así, en toda la cadena de distribución el producto incluye en su precio el impuesto, de manera que el destinatario del mismo, que es el consumidor final, lo paga al comprarlo. En estas situaciones en que el productor ingresa al fisco el impuesto de lo que fabrica, no existe ningún tipo de restricción y el transporte es un transporte normal, como el de cualquier otra mercancía.

Pero es bastante frecuente que tanto fabricantes como mayoristas, para evitar el elevado desembolso que suponen estos impuestos, de los que además no son destinatarios, soliciten de la Administración un régimen suspensivo. Estas empresas tienen asignado un código que las identifica y además constituyen unas fianzas importantes para responder de posibles irregularidades.

En estos supuestos, el transporte se realiza desde un centro autorizado a otro también autorizado, en régimen suspensivo, y la mercancía va acompañada en todo momento por un documento denominado D-500 (véase la figura 4.3). Se trata del transporte de una mercancía que tiene pendiente de pago una importante suma de dinero correspondiente a los impuestos especiales, y que bajo ningún concepto puede entregarse en un lugar diferente al indicado en el mencionado documento. Una irregularidad en este sentido podría suponer la llegada al consumo final de estas mercancías sin ningún tipo de impuesto especial.

El transportista que asuma la realización de un transporte de este tipo ha de ser muy consciente de que debe entregar la mercancía en el centro autorizado que figure como destino y en ningún otro lugar diferente a aquél.

8   El Convenio TIR

Es un convenio aduanero para facilitar el tránsito de mercancías que se transportan por carretera. Se firmó en Ginebra el 14 de noviembre de 1975 y España forma parte de dicho convenio.[7] TIR son las siglas de *Transport International Routiers*.

Los aspectos más destacables de este convenio, que no debemos confundir con el Convenio CMR (aquél regula contratos), son los siguientes:

- Se aplica a transportes desde un país miembro a otro que también lo sea y el documento que se utiliza es el carné o cuaderno TIR, que sirve para un solo viaje de ida, que normalmente se inicia en una aduana y termina en otra. No obstante,

---

[7] El Convenio TIR se publicó en el BOE de 9 de febrero de 1983. Posteriormente se han producido algunas enmiendas, que se publicaron en el BOE de 6 de junio de 2003.

500

UNION EUROPEA
PRODUCTOS OBJETO DE IMPUESTOS ESPECIALES

DOCUMENTO ADMINISTRATIVO DE ACOMPAÑAMIENTO

1

Ejemplar a conservar por el expedidor

1 Expedidor   NIF IVA

2 NIF-Impuestos especiales–Remitente
3 N.º de referencia

4 NIF-Impuestos especiales–Destinatario
5 N.º de factura

6 Fecha

7 Destinatario   NIF IVA

8 Autoridad competente en el lugar de despacho de las mercancías

7a Lugar de entrega

10 Garantía

9 Agente de transporte

12 País de despacho
13 País de destino

11 Pormenores sobre el transporte

14 Representante fiscal

1

15 Lugar de despacho
16 Fecha de despacho
17 Duración del transporte

18a Marcas y números, tipo de embalaje, descripción de las mercancías

19a Código de las mercancías (Código NC)

20a Cantidad
21a Peso bruto (kg)

22a Peso neto (kg)

18b Marcas y números, tipo de embalaje, descripción de las mercancías

19b Código de las mercancías (Código NC)

20b Cantidad
21b Peso bruto (kg)

22b Peso neto (kg)

18c Marcas y números, tipo de embalaje, descripción de las mercancías

19c Código de las mercancías (Código NC)

20c Cantidad
21c Peso bruto (kg)

22c Peso neto (kg)

23 Certificados (algunos vinos y bebidas espirituosas, pequeñas fábricas de cerveza y destilerías)

A Registro de los controles. Utilización exclusiva de las autoridades competentes

24 Casillas 1 a 22 — Declaradas válidas

Empresa y n.º de teléfono del firmante

Nombre y apellidos del firmante

Lugar y fecha

Firma

Continúa en el reverso (ejemplares 2, 3 y 4)

Precio del juego: 0,30 euros

C 500E 2 4 4

COLEGIO DE HUERFANOS DE HACIENDA

Figura 4.3. Documento de acompañamiento D500 para el transporte de productos sujetos a impuestos especiales en régimen de suspensión.

cabe la posibilidad de que las aduanas de salida y las de llegada sean más de una, siempre que entre todas ellas no sumen más de cuatro.

- Una figura clave en la organización TIR es la entidad garante, que es la que expide los cuadernos TIR y quien además se responsabiliza ante la aduana de posibles irregularidades. Todas estas entidades garantes a su vez son miembros de la IRU (International Routiers Union).

- En España la entidad garante es la Asociación de Transportistas Internacionales por Carretera (Astic). Los cuadernos que expide generalmente tienen una validez de setenta y cinco días, lo cual significa que se puede iniciar un viaje hasta el mismo día número 75. Los cuadernos TIR son a la vez documentos aduaneros y de transporte, y una garantía ante las aduanas. La entidad garante española responde con hasta 60.000 $ por irregularidad que pueda cometer cualquier vehículo que circule por España, sea español o no.

- Los cuadernos TIR tienen una portada y una contraportada, algunas hojas informativas de cómo se deben utilizar e incluso alguna para posibles atestados en caso de accidente. Además suelen tener seis, catorce o veinte hojas, según el número de fronteras que se deba cruzar.

- El titular de un cuaderno TIR en España debe devolverlo a la Astic una semana después de finalizar la operación o de que el vehículo haya regresado a su sede. Los cuadernos no utilizados deben devolverse en cuanto termine su plazo de validez. De lo contrario, la Astic no expedirá más cuadernos a esa empresa.

- Para poder hacer transporte en régimen TIR el vehículo o contenedor tiene que ser seguro en el sentido de que una vez precintado no sea posible introducir ni extraer nada de él, y que además carezca de trampillas o dobles fondos donde pudieran ocultarse mercancías. Esto se acredita mediante un certificado que expiden conjuntamente ingenieros de aduanas, de industria y de la Astic; se denomina «agrèment» y tiene una validez de dos años. El número de este certificado debe figurar en la portada del cuaderno TIR. Cuando estos vehículos realizan un transporte deben ir señalizados con una placa delante y otra detrás, de fondo azul y letras TIR en blanco.

- Cuando se realiza un transporte en régimen TIR la aduana de salida comprueba la mercancía, precinta el vehículo y se queda con una hoja del cuaderno. En los países de tránsito la aduana no suele reconocer físicamente la mercancía, aunque puede hacerlo. A la entrada lo sella y firma, pudiendo dar un plazo para salir. A la salida del país la aduana lo sella, firma y retira una hoja del cuaderno TIR. En el cuaderno queda una matriz de cada hoja retirada.

- Al llegar a destino, la aduana rompe el precinto y comprueba la mercancía. Si todo es correcto anota la descarga sin reservas en el cuaderno, y en este punto termina el transporte TIR. Hay un recibo para el transportista, pero lo que sirve para ultimar la operación y cancelarla es el cuaderno con sus correspondientes sellos.

- Los países miembros del TIR son los veintisiete de la Unión Europea, además de Afganistán, Canadá, Moldavia, Chile, EEUU, Noruega, Corea, Suiza, Túnez, CEI, Uruguay y Eslovenia.
- La organización Astic hace las siguientes recomendaciones a los conductores que realizan transporte en régimen TIR (que debe verificar obligatoriamente el conductor antes de iniciar un viaje de transporte internacional):

  – El cuaderno TIR responsabiliza totalmente al conductor y a la empresa.
  – Bajo ningún pretexto puede ser cedido a otra empresa.
  – Antes de iniciar el viaje, el conductor debe proveerse del número suficiente de cuadernos TIR necesarios para cubrir la totalidad del viaje, comprendiendo la ida y la vuelta, y asegurarse de que estos estén dentro de su fecha de validez.

- *Antes de salir:*

  – Comprobar la validez del cuaderno TIR verificando su fecha de caducidad.
  – No firmar las casillas 15 y 16 del cuaderno TIR si no se ha podido comprobar antes que la mercancía transportada y la documentación coinciden exactamente con la relacionada en el manifiesto de la mercancía.
  – En ningún caso pueden ser modificados los datos que figuran en las casillas 1, 2, 3 y 4 de la portada del cuaderno TIR.

- *Durante el transporte:*

  – Presentar el cuaderno TIR en cada aduana (salida, paso y destino). Debe ser siempre tramitado por el funcionario de aduanas, con fecha, sello y firma y, si es posible, con el número de registro.
  – Nunca se deben quitar los precintos si no es en presencia de un funcionario de aduanas.
  – En caso de accidente o cualquier otro suceso relacionado con la mercancía o los precintos del vehículo o del contenedor, hay que dar cuenta a la autoridad competente y, en su presencia, rellenar y formalizar la correspondiente acta de atestado (última hoja del cuaderno TIR).
  – Respetar los plazos, el horario e itinerario que la aduana haya fijado.

- *En destino:*

  – Presentar el cuaderno TIR para que sea tramitado en la aduana de destino.
  – Recoger el cuaderno TIR prestando atención en que esté debidamente tramitado (cancelado) por la aduana de destino. Si por alguna causa la aduana no devuelve el cuaderno TIR, hay que exigir que firme el recibo que figura en el

ángulo superior derecho de la contraportada de dicho cuaderno y que puede separarse fácilmente por la línea dispuesta para ello.
— En caso de dificultad en alguna aduana, hay que ponerse inmediatamente en contacto con la empresa para la cual trabaja el conductor.
— En caso de robo, el conductor debe comunicarlo inmediatamente a la policía y a su empresa.

Capítulo 5

Relaciones contractuales

1   Normativas reguladoras

La principal norma que regula en España el contrato de transporte terrestre de mercancías es la Ley 15/2009,[1] en vigor desde el 12 de febrero de 2010. También la Ley de Ordenación del Transporte Terrestre (LOTT)[2] y su Reglamento aprobado por Real Decreto (RD) 1211/1990 de 28 septiembre (ROTT), y las Condiciones Generales de Contratación del Transporte, contenidas en la Orden FOM/1882/2012 en todo aquello que no se oponga a la Ley 15/2009.

Los contratos de transporte internacional de mercancías por carretera están regulados por el Convenio CMR, firmado en Ginebra el 19 de mayo de 1956. En la tabla 5.1 se ofrece un resumen de las normativas, responsabilidades y otros datos de interés.

2   El contrato de transporte nacional de mercancías

El contrato de transporte es aquel en el cual una persona llamada porteador se compromete a transportar una cosa, y otra llamada cargador a pagar un precio. Es un contrato consensual, porque se perfecciona por el simple acuerdo de voluntades de las partes. Desde el momento en que porteador y cargador se han puesto de acuerdo en los términos del transporte que se va a realizar, ambos ya tienen obligaciones frente al otro. Por existir obligaciones para ambas partes, este tipo de contrato se denomina bilateral o también sinalagmático.

---

[1] Ley 15/2009 del Contrato de Transporte Terrestre de Mercancías, de 11 de noviembre; BOE 273, de 12 de noviembre de 2009.

[2] Ley de Ordenación del Transporte Terrestre (Ley 16/1987, de 30 de julio; BOE 182, de 31 de julio de 1987, pág. 23.451).

RESPONSABILIDAD EN EL TRANSPORTE DE MERCANCÍAS POR CARRETERA		
	Nacional	*Internacional*
Documento formal del contrato	Carta de porte	Carta de porte CMR
Marco legal	Ley 15/2009 del Contrato de Transporte Terrestre de Mercancías, LOTT, ROTT y Orden FOM/1882/2012	Convenio CMR, Protocolo de 5 de julio de 1978
Límite indemnización averías, robo, destrucción	1/3 de Iprem/día por kilogramo	8,33 DEG por kilogramo bruto de mercancía faltante + precio transporte y otros
Límite indemnización por retrasos	Precio del transporte o, en su caso, lo pactado	Precio del transporte. A partir de 30 y 60 días = pérdida
Plazo de reclamación	En el momento de entrega para daños aparentes. Siete días naturales desde la entrega para daños no aparentes. Veintiún días para retrasos	A la entrega para daños aparentes 7 días (no festivos ni domingos) para daños no aparentes. Veintiún días para retrasos
Coeficiente de estiba	3 m³ = 1000 kg (no siempre)	3 m³ = 1000 kg
Prescripción/caducidad	Prescripción: un año desde día de entrega en destino. Dolo: dos años. Porteador a cargador: seis meses	Prescripción: un año para reclamación contractual. Tres años por dolo o fraude

Tabla 5.1. Resumen de las responsabilidades previstas en el transporte de mercancías por carretera.
Para más detalle debe consultarse la normativa o el convenio internacional que lo regula.

Es oneroso porque el precio que se debe pagar a cambio del servicio es un elemento imprescindible, sin el cual estaríamos ante un transporte gratuito, pero que no estaría sujeto a contrato alguno.

Se trata además de un contrato que no necesita plasmarse por escrito, aunque puede hacerse. Todos los documentos utilizados en el transporte, incluida la carta de porte, no son sino pruebas de la existencia de un contrato, sin que constituyan en sí el contrato de transporte. La existencia de un contrato de transporte se puede acreditar por cualquier medio o prueba admitida en derecho.

La naturaleza de la carta de porte, tanto en transporte nacional como en el internacional por carretera, como simple prueba de la existencia del contrato y nunca como el contrato en sí, fue definida con gran detalle en una sentencia de la Audiencia Provincial de Castellón de 2 de septiembre de 2002. En la misma sentencia se dice, además, que esta carta de porte es un documento facultativo.

Los elementos personales que intervienen en el contrato son el porteador y el cargador. El porteador es quien asume, en nombre propio, la obligación de transportar las mercancías. Puede ser transportista o no serlo. Una agencia o un transitario son, ante sus clientes, cuando estos les encomiendan un transporte, porteadores, aunque no dispongan de vehículos propios. Este término no es utilizado uniformemente, recibiendo en otros modos de transporte nombres como transportista contractual, para diferenciarlo del transportista físico.

Por su parte el cargador es quien tiene interés en trasladar las mercancías y puede disponer de ellas. El remitente, en cambio, es la persona que hace entrega de la mercancía al porteador. El cargador puede ser remitente o no, aunque casi siempre son la misma persona. Como en ocasiones una persona o empresa solicita a un transportista un servicio consistente en ir a un lugar determinado a recoger y traer una mercancía, a portes debidos, podemos concretar más la definición concluyendo que un cargador es la persona que solicita el transporte al porteador.

Aplicando la clásica división de elementos de un contrato, en este los elementos reales son la mercancía que se va a transportar por una parte y el precio que se va a pagar por otra. Este precio se denomina flete o porte (*freight* y *carriage,* respectivamente, en inglés). Los portes pueden ser pagados o debidos, lo cual no establece en modo alguno el tiempo en que se hace el pago, sino si el pago se hace en origen o en destino, respectivamente.

Las dos modalidades de transporte de mercancías por carretera son carga completa y carga fraccionada, siendo bastante diferente su funcionamiento en cada caso. *Carga completa* es el nombre que se da a una carga cuando el cargador puede llenar con su mercancía una unidad de transporte completa y no precisa, por tanto, de operaciones complementarias al transporte. Es decir, es la situación en la que el cargador solamente solicita servicio de transporte. En esta modalidad la carga y estiba corresponden al cargador y la descarga y desestiba al destinatario. Esto es así a menos que se pacte expresamente otra cosa (artículo 4 de la ROTT). Podemos considerar también la carga completa como un «envío directo».

Por su parte, la *carga fraccionada* sí necesita operaciones complementarias, como la clasificación, el etiquetaje o el embalado. En este caso, la carga y estiba, y también la descarga y desestiba, salvo pacto en contra, corresponden al porteador.

La carta de porte es obligatoria para carga completa y debe expedirla el cargador. Más que un documento contractual, es un documento de control y los aspectos más importantes de la norma que regula su implantación (Orden FOM/2861/2012, BOE de 5 de enero de 2013) se detallan a continuación.

Es obligatorio documentar cada uno de los servicios de transporte público de mercancías que se realicen mediante el correspondiente albarán, carta de porte u otra documentación acreditativa, que deberá acompañar a las mercancías, y en el que deberán constar los siguientes datos:

- Nombre, domicilio y NIF del cargador contractual de la mercancía.
- Nombre, domicilio y NIF del transportista efectivo.

<table>
<tr><td colspan="2">Remitente (nombre, domicilio, país)</td><td colspan="3">CARTA DE PORTE</td></tr>
<tr><td colspan="2">Consignatario (nombre, domicilio, país)</td><td colspan="3" rowspan="3">Porteador (nombre, domicilio, país)</td></tr>
<tr><td colspan="2">Lugar de entrega de la mercancía (lugar, país)</td></tr>
<tr><td colspan="2">Lugar y fecha de carga de la mercancía (lugar, país, fecha)</td><td colspan="3">Reservas y observaciones del porteador</td></tr>
<tr><td colspan="2">Documentos anexos</td></tr>
<tr><td colspan="3">Marcas y números: número de bultos; clase de embalaje; naturaleza de la mercancía</td><td>Peso bruto (kg)</td><td>Volumen (m³)</td></tr>
<tr><td colspan="2" rowspan="2">Instrucciones del remitente</td><td colspan="3">Estipulaciones particulares</td></tr>
<tr><td>A pagar por</td><td>Remitente</td><td>Consignatario</td></tr>
<tr><td colspan="2" rowspan="3">Forma de pago

Porte pagado

Porte debido</td><td>Precio del transporte</td><td></td><td></td></tr>
<tr><td>Suplementos</td><td></td><td></td></tr>
<tr><td>Gastos accesorios</td><td></td><td></td></tr>
<tr><td colspan="2"></td><td>**TOTAL:**</td><td></td><td></td></tr>
<tr><td colspan="2">Formalizado en a</td><td colspan="3">Reembolso</td></tr>
<tr><td>Firma y sello del remitente</td><td>Firma y sello del transportista</td><td colspan="3">Recibo de la mercancía

Firma y sello del consignatario</td></tr>
</table>

Figura 5.1. Modelo de carta de porte para transporte nacional por carretera, inspirada en el modelo CMR.

- Lugares de origen y destino de la expedición del transporte.
- Naturaleza y peso de la mercancía transportada.
- Identificación de la autorización especial, si el tipo de transporte la necesita.
- Fecha de realización del transporte.
- Matrícula de vehículo o vehículos utilizados, incluidos los semirremolques.
- Los intervinientes podrán hacer constar las observaciones o reservas que consideren oportunas.

El modelo de carta de porte será de libre elección, pudiendo ajustarse al formato y modelo que más convenga a las partes; se deberán expedir tantas copias como partes intervengan en el contrato, copia que deberán conservar durante al menos un año a disposición de la inspección de transporte terrestre. La obligación de expedir este documento corresponde al cargador o expedidor. En la figura 5.1 se muestra un modelo o ejemplo de carta de porte.

Estarán exentos de este documento los siguientes tipos de transporte:

- Transportes internacionales documentados con CMR.
- Transporte de mercancías peligrosas documentados con la carta de porte ajustada a esa materia.
- Transporte de mudanzas.
- Transporte de basuras en vehículos especiales.
- Transporte de vehículos averiados en vehículos especiales.
- Transportes de reparto y recogida de mercancías en régimen de carga fraccionada, circunstancia que deberá ser acreditada por el transportista por cualquier medio.

2.1 Responsabilidades

El porteador es responsable de los daños que pueda sufrir la mercancía durante el transporte, salvo que se deban a caso fortuito, fuerza mayor o vicio propio de las mercancías. La normativa excluye expresamente las averías o defectos de los vehículos como fuerza mayor. Estas circunstancias deberá probarlas el porteador.

Para supuestos de roturas, averías o pérdidas el límite de responsabilidad del porteador es de un tercio del indicador público de renta de efectos múltiples/día (Iprem/día) por cada kilogramo de peso bruto de mercancía perdida o averiada. El límite no se aplica cuando existe dolo o bien se ha hecho declaración de valor. En los casos de retraso el límite será el precio del transporte.

Para el porteador la responsabilidad sobre la mercancía comienza desde el momento en que se hace cargo de ella, bien sea en un vehículo o en sus almacenes. Para el transportista físico su responsabilidad se inicia cuando la mercancía está a bordo de su vehículo.

Las principales incidencias derivadas del incumplimiento del contrato que pueden presentarse son las siguientes:

- *Pérdida,* cuando resulta afectada toda o parte de la mercancía, es decir, una cantidad de la misma. Ello puede ser debido a su destrucción, a un robo, hurto, entrega equivocada, etc. Y también por decisión del destinatario, cuando se dé alguna de las circunstancias que se citan a continuación, reclamando su importe al porteador.

  - Cuando hayan transcurrido veinte días desde la fecha convenida para la entrega sin que esta se haya efectuado; o, a falta de plazo, cuando hubiesen transcurrido treinta días desde que el porteador se hizo cargo de las mercancías (artículo 54 de la Ley 15/2009).
  - Cuando llegan bultos en perfecto estado y otros destrozados, puede aceptar los correctos pero rechazar los destruidos.
  - Cuando llega parte de la mercancía, pero falta otra parte indispensable para hacer funcionar o para poner a la venta la mercancía llegada.

- *Avería,* cuando se ve afectado el valor de la mercancía, es decir, hay un daño que repercute en la calidad. El legítimo propietario de la mercancía deberá optar por venderla a un precio inferior o bien hacer un desembolso para repararla. En cualesquiera de ambos supuestos se produce un coste económico.

- *Retraso.* El retraso, demora o mora, constituye un incumplimiento temporal por parte del porteador. La mercancía puede llegar en buen estado pero tarde respecto a lo pactado o en relación a los plazos que se consideran razonables para un recorrido determinado. Puede darse acumulación de retraso más avería o pérdida.

- La negativa por parte del cargador al pago de los portes y posibles paralizaciones al porteador.

En la mayoría de supuestos quien debe efectuar las reclamaciones correspondientes en relación con el estado de la mercancía entregada es el destinatario, por ser la persona que está presente en la entrega y porque de no hacerlo dejaría indefenso en su reclamación al cargador, al no proporcionarle pruebas. En sus reclamaciones al porteador, el destinatario debe respetar unos plazos máximos, pasados los cuales la reclamación podría no ser atendida por el porteador.

En los casos de retraso, el destinatario debe reclamar dentro de los veintiún días desde el siguiente al de la entrega de las mercancías al destinatario.

Si existen daños visibles, y el más visible de todos es la falta de bultos, la reclamación debe hacerse en el acto de la entrega, pues de lo contrario ya no será posible hacerla. Cuando los daños no son visibles, sino internos, que solo tras abrir los bultos se pueden observar, el plazo para reclamar al porteador es dentro de los siguientes siete días naturales a la entrega. El plazo para ejercer acciones legales es de un año como máximo.

En el caso de envíos a porte debido, si llegadas las mercancías a destino el que está obligado no pagase el precio u otros gastos ocasionados por el transporte, el porteador podrá negarse a entregar las mercancías a no ser que se le garantice el pago mediante caución suficiente.

Cuando el porteador retenga las mercancías, deberá solicitar al órgano judicial o a la junta arbitral del transporte competente el depósito de aquéllas y la enajenación de las necesarias para cubrir el precio del transporte y los gastos causados, en el plazo máximo de diez días desde que se produjo el impago.

Cuando se haya pactado el pago del precio del transporte y los gastos por el destinatario, este asumirá dicha obligación al aceptar las mercancías. No obstante, el cargador responderá subsidiariamente en caso de que el destinatario no pague

Cuando los portes sean pagados, pero haya dificultades en la entrega, se puede solicitar también el depósito judicial de la mercancía, con el único fin de dar cumplimiento a la obligación de entrega que tiene el porteador y de quedar libre para otros posibles servicios.

2.2   Paralizaciones

Si el porteador se presenta a cargar o a descargar con un vehículo y tiene que esperar más de dos horas para hacerlo, la norma le permite añadir una indemnización al causante de la espera, que se denomina «paralizaciones».

Salvo acuerdo diferente, deberá pagarse al porteador el Iprem/día multiplicado por 2 por cada hora o fracción de paralización, sin que se tengan en cuenta las dos primeras horas ni se computen más de diez horas diarias por este concepto.

Cuando la paralización del vehículo sea superior a un día, el segundo día será indemnizado en una cuantía equivalente a la señalada para el primer día incrementada en un 25 %. Cuando la paralización del vehículo sea superior a dos días, el tercer día y siguientes serán indemnizados en una cuantía equivalente a la señalada para el primer día incrementada en un 50 %.

Si entre cargador y porteador se pacta un precio/hora diferente para los supuestos de paralizaciones, se aplicará el que entre ellos hayan pactado.

Si como consecuencia de cualquier reclamación una parte está obligada a pagar a la otra una indemnización, pero lo hace con demora, debe pagar además los intereses por dicho retraso, que serán los legales que establezca el Banco Central Europeo (BCE) más 7 puntos porcentuales.

3   Condiciones generales de contratación

Las condiciones generales de contratación están reguladas por la referida Ley 15/2009 y por la Orden FOM/1882/2012 en todo aquello que no se oponga dicha ley.

Repite pero no cambia las definiciones de la LOTT sobre carga completa y fraccionada, por cuenta de quién son las operaciones de carga, descarga, estiba y desestiba y portes pagados o debidos. Completa y regula los aspectos no previstos en la normativa vigente hasta ese momento. Tras las definiciones iniciales, la norma se bifurca en dos anexos, el primero de los cuales trata de carga completa y el segundo de carga fraccionada.

3.1   *Principales aspectos regulados*

La norma contiene muchas referencias a plazos y, por tanto, establece previamente lo que se entenderá por día no laborable y qué no contará a efectos de estos plazos. No son laborables los domingos y festivos, los días de restricción al tráfico en la zona o días en los que el lugar de carga o descarga esté cerrado y el cargador lo haya notificado al porteador al cerrar el contrato. Es decir, no procederían reclamaciones por retrasos ni cobro de paralizaciones en estos supuestos.

El porteador debe presentarse a cargar a la hora pactada o bien antes de las 18 horas del día señalado. En caso contrario el cargador puede exigirle una indemnización y buscar otro porteador. En cambio, si el porteador cumple y no le cargan, puede reclamar el precio del transporte o bien que se le entregue otro envío similar y disponible inmediatamente. Si le entregan solo una parte, debe cobrar los portes de la parte entregada y reclamar los portes de la parte no entregada, facturándolo separadamente. O bien que se le entregue otro envío similar y disponible inmediatamente.

Los aspectos más destacables de este anexo son:

- *Carta de porte.* Tanto cargador como porteador pueden exigir la firma de una carta de porte. Si la otra parte se niega injustificadamente, el porteador puede dejar de hacer el transporte y sin consecuencias para él, y el cargador, en su caso, puede buscar otro porteador.

- *Tiempo de carga.* Si a las 18 horas, o bien a la hora de cierre si es posterior a las 18 horas, no han pasado las dos horas exentas de paralización, la cuenta de dos horas se interrumpe hasta las 8 horas del día laborable siguiente u hora de apertura, si es antes de las 8 horas. A partir de las dos horas se puede cobrar paralización. La conclusión es que el porteador debe ir con tiempo suficiente, ya que si no lo hace podría, en ciertos casos, pasar la noche esperando y no poder cobrar ningún importe por paralizaciones.

- *Plazo de entrega.* El porteador entregará el envío en el lugar y plazo pactados y sino en un plazo razonable: velocidad media de 20 km/h más periodos de descanso obligatorios de conductor, el de las formalidades administrativas y operaciones complementarias solicitadas por el remitente.

El plazo empieza a correr cuando el porteador recibe el envío, se prorroga por el tiempo que esté detenido por causa no imputable al porteador y su cómputo se suspenderá los días festivos y los inhábiles para circular.

Si no consta la hora en que el porteador recibió el envío se comenzará a contar a las cero horas del día siguiente a la recepción por el porteador. Si el plazo acaba después de las 18 horas de un día, el envío se entregará a las 9 horas o a la hora de apertura del establecimiento, si es posterior a las 9 horas, del primer día laborable que siga al término del plazo.

En envíos de carga fraccionada o paquetería, este plazo se incrementará en 24 horas.

- *Imposibilidad de entrega.* Cuando se presenten dificultades en el lugar de entrega, el porteador debe pedir instrucciones al cargador. Si no pudiera pedirlas o si tras solicitarlas no le contestara el cargador pasadas dos horas, el porteador puede recabar el depósito de la mercancía ante la junta arbitral que corresponda al lugar.

- *Tiempo de carga en paquetería.* Cuando un vehículo tiene una ruta para hacer recogidas en varios puntos, quien diseña la ruta debe tener en cuenta diversos factores y restricciones hasta encontrar la ruta óptima. Si un determinado cargador hace esperar en exceso a ese vehículo, automáticamente toda la ruta se resiente, con la consecuencia de que el vehículo tal vez no pueda llegar a tiempo al último punto. Como ello puede provocar la pérdida de un cliente, para evitarlo, el porteador puede que tenga que enviar exclusiva y urgentemente un vehículo a ese último punto. En cualquier caso, esto supone un coste económico causado por quien genera la demora y, por tanto, es lógico que el porteador tenga derecho a trasladar dicho coste al causante o incluso desistir, sin consecuencias para él, de hacer el transporte pactado.

- *Reembolsos.* Por gestionar reembolsos el porteador puede cobrar una prima. El importe del reembolso no tiene por qué coincidir con el valor de la mercancía ni puede ser utilizado como prueba ni base para valorar mercancías en las reclamaciones. El porteador debe pagar al remitente el reembolso en los diez días laborables siguientes al cobro, salvo que se haya pactado otro mayor.

4 Juntas arbitrales de transporte

La LOTT, en sus artículos 37 y 38, así como su reglamento aprobado por RD 1.211/1990, en sus artículos 6 al 12, regulan la creación y los principios de funcionamiento de las juntas arbitrales de transporte (JJAA).

Cada comunidad autónoma donde se han constituido tiene también su normativa propia en la materia. Las funciones de depósito y enajenación de mercancías por parte de las juntas arbitrales están reguladas por la OM 7332 de 30 de marzo de 2001.[3]

La razón de su creación fue doble. Por una parte se sabía que determinados contenciosos o reclamaciones no atendidas en materia de transportes no se llevaban a los tribunales ordinarios cuando su cuantía no era elevada por el coste y las complicaciones propias del proceso. Se pretendía eliminar estas trabas y dificultades para facilitar su tramitación. Por otra parte, al derivar muchos de los asuntos a las juntas, quedarían así aliviados, al menos en parte, los tribunales ordinarios.

Las juntas arbitrales del transporte existen en todas las comunidades autónomas y en las ciudades autónomas de Ceuta y Melilla, y su cometido principal es resolver reclamaciones de carácter mercantil relacionadas con el cumplimiento de los contratos de transporte terrestre y de actividades auxiliares y complementarias del transporte.

Se componen de un presidente, que ha de ser licenciado en derecho, y de dos a cuatro vocales, que son designados por las comunidades autónomas respectivas. Debe estar representada la Administración, a la cual corresponde la presidencia, así como los empresarios de transporte y los cargadores y usuarios.

Si una controversia no supera los 15.000 € y ninguna de las partes que intervienen en el contrato manifiesta expresamente a la otra su voluntad de excluir la competencia de las juntas arbitrales del transporte antes de que se inicie la realización del servicio contratado, dichas juntas son las únicas competentes para resolver estas reclamaciones.

Si excede de 15.000 €, para que las juntas arbitrales sean competentes es necesario que las partes intervinientes, de común acuerdo, sometan a su conocimiento la controversia de que se trate. Las juntas resuelven reclamaciones e intervienen en conflictos de contenido económico, en relación con los transportes terrestres por carretera, por ferrocarril y por cable, que pueden ser:

- Interurbanos (autocar, taxi, ferrocarril, etc.).
- Urbanos (autobús, taxi, tranvía, funicular, etc.).
- De mercancías (carga completa, fraccionada, etc.).
- De viajeros (regular, discrecional, turístico, alquiler de vehículos, etc.).
- Se incluyen tanto los transportes nacionales como los internacionales y los intermodales, siempre que uno de los modos sea terrestre.

Las juntas no resuelven en ningún caso controversias de carácter laboral, penal ni de competencia desleal, aunque tengan relación directa o indirecta con el transporte.

Cualquier usuario, sea transportista, cargador o intermediario que actúe como parte contratante en un transporte, puede acudir a la junta arbitral, sin abogado ni procurador.

---

[3] OM 7332 de 30 de marzo de 2001, publicada en el BOE de 14 de abril de 2001.

La junta arbitral del transporte es el órgano institucional que sustituye a los juzgados y tribunales en las reclamaciones de su competencia. La intervención de las juntas es gratuita.

Un simple escrito y un único trámite de vista oral, rápido y no formalista, bastan para resolver las reclamaciones que se planteen. Las consejerías de transporte de muchas comunidades autónomas proporcionan modelos para facilitar la redacción de dichos escritos, incluso los tienen en sus sitios web en internet. La figura 5.2 corresponde al modelo de reclamación de la Junta de Extremadura.

En el escrito se tiene que identificar el reclamante, el reclamado, hacer una breve y concisa descripción de los hechos y la valoración económica de la reclamación.

La reclamación se presenta, a elección del reclamante, en la junta del lugar de origen o destino del transporte o de celebración del contrato, salvo que se hubiera pactado de forma expresa al suscribir el contrato la sumisión a una junta concreta. Cuando el reclamante es un particular, también puede optar por la junta arbitral de transporte de donde tenga su domicilio.

Si el reclamante no puede comparecer ante la junta, con un simple escrito puede autorizar a otra persona para que le represente en la vista oral. Esta vista será válida

---

A LA JUNTA ARBITRAL DEL TRANSPORTE DE EXTREMADURA

Don .... mayor de edad, provisto de
DNI n.º .... con domicilio en ....
calle .... n.º .... piso ...., en nombre
propio/en nombre y representación de ....
con DNI n.º ...., y domicilio en ....
calle .... n.º .... piso ...., ante esta junta arbitral
comparece, y dice:

Que por medio del presente escrito formula reclamación contra ....
con domicilio....................... en .... calle ....
n.º .... piso ...., en la cantidad de (en letra) ....
.... euros (..................................... €), según los siguientes

HECHOS Y FUNDAMENTOS LEGALES:

Por todo lo expuesto se solicita la intervención de esa Junta Arbitral en defensa de sus derechos lesionados y que sea dictado el correspondiente laudo, previo los trámites oportunos.

En .... a .... de .... de 20........
Firmado: ....

Figura 5.2. Modelo de carta de reclamación a la Junta Arbitral de Transporte de la Junta de Extremadura.

aunque falte algún componente de la junta o parte convocada, con la excepción del presidente.

El laudo o acuerdo que adopta la junta sustituye a la sentencia o decisión judicial y produce efectos idénticos en el asunto juzgado. Rigen los mismos plazos que para juzgados en cuanto a prescripciones. El laudo puede hacerse ejecutar por un juez, si fuese necesario. En asuntos de cuantía igual o inferior a 100 €, el presidente puede prescindir de la vista oral (RD 70/2019 de 5 de febrero).

Las otras funciones que desempeñan las juntas son las siguientes:

- Intervienen en el depósito, la valoración y la enajenación de mercancías cuyos portes no se paguen por el destinatario obligado a ello, si la reclamación se presenta en el plazo de ocho días naturales desde que se produjo la entrega.
- Realizan también el depósito y la enajenación de las mercancías transportadas cuando no sea posible ejecutar la entrega y aquéllas corran riesgo de perderse.
- Dictaminan e informan sobre las condiciones de cumplimiento de los contratos de transporte y sus cláusulas de ejecución.
- Actúan como depositarias de mercancías rehusadas o cuya entrega se ve imposibilitada al llegar a su destino, permitiendo así que el transportista quede liberado sin dejar de cumplir con su obligación de entrega, puesto que no puede abandonar la mercancía.
- Realizan depósitos y peritaciones cautelares previos al arbitraje cuando haya dudas o desacuerdos sobre el estado de las mercancías transportadas.

Desde su creación, las juntas arbitrales de transporte han funcionado y cubierto sobradamente las expectativas. El Ministerio de Fomento ofrece opciones en su web[4] para consultar estadísticas de asuntos resueltos, tanto de mercancías como de viajeros y según sea la temática. También dispone de una opción para poder consultar, por comunidades autónomas, las direcciones y datos de contacto de todas las juntas arbitrales de España.

5   El Convenio CMR

Regula las condiciones que rigen el contrato de transporte internacional de mercancías por carretera. Se firmó en Ginebra el 19 de mayo de 1956 y se aplica a todos los con-

---

[4] Estadística de asuntos resueltos: https://www.mitma.gob.es/transporte-terrestre/servicios-al-transportista/juntas-arbitrales/juntas-arbitrales-del-transporte-funcionamiento.
Direcciones y datos de contacto de las juntas de transporte: https://www.mitma.gob.es/el-ministerio/contacte-con-fomento/transporte-terrestre/juntas-arbitrales.

tratos de transporte de mercancías por carretera, a título oneroso, por medio de vehículos, siempre que el lugar de la toma de la carga de la mercancía y el lugar de descarga previsto estén situados en dos países diferentes, siendo al menos uno de estos un país contratante, independientemente del domicilio y la nacionalidad de las partes del contrato.

Se aplica igualmente en el caso de que los transportes sometidos al convenio sean realizados por Estados, instituciones u organismos gubernamentales. Pero no se aplica en los siguientes supuestos:

- Transportes efectuados bajo la regulación de convenios postales internacionales.
- Transportes funerarios.
- Transportes de mudanzas.
- Transportes gratuitos.

El contrato de transporte se define en el convenio, en términos simples, como aquel en virtud del cual una persona (transportista) se compromete respecto de otra (remitente) a trasladar una cosa de un punto a otro y llevarla a un destinatario o consignatario (puede ser el mismo cargador o un tercero). Observemos que la terminología se diferencia ligeramente de la empleada en transporte nacional.

La carta de porte es un elemento formal pero no obligatorio. Es un documento fehaciente de la existencia de un contrato de transporte. Su ausencia, irregularidad o pérdida no afectará ni a la existencia ni a la validez del contrato de transporte, que seguirá estando sometido a las disposiciones de este convenio.

La carta de porte (véase la figura 5.3) se expide en tres ejemplares originales, firmados por el remitente y el transportista. El primer ejemplar es para el remitente, el segundo debe acompañar a la mercancía y se entregará al destinatario, y el tercero será retenido por el transportista y quedará a disposición de quien tenga derecho sobre la mercancía en caso de litigio y controversia.

En el momento de hacerse cargo de la mercancía, el transportista está obligado a revisar la exactitud de los datos de la carta de porte relativos al número de bultos, marcas, números, estado aparente de la mercancía y su embalaje. La tabla 5.2 contiene un resumen de las verificaciones que debe realizar el transportista.

La carta de porte da fe, salvo prueba de lo contrario, de las condiciones del contrato y de la recepción de la mercancía por el transportista.

El remitente tiene derecho a disponer de la mercancía, a solicitar al transportista que detenga el transporte, a modificar el lugar previsto para la entrega o a entregar la mercancía a un destinatario diferente del indicado en la carta de porte, hasta que el segundo ejemplar de la carta de porte (el del destinatario) llegue al consignatario de la mercancía.

Cuando después de la llegada de la mercancía al lugar de destino se presenten impedimentos para la entrega, el transportista pedirá instrucciones al remitente. Si el des-

Exemplaire de l'expéditeur / Copy for sender

LETTRE DE VOITURE INTERNATIONALE (CMR) INTERNATIONAL CONSIGNMENT NOTE

Pays/Country   No

1 Expéditeur (nom, adresse, pays) / Sender (name, address, country)

6 Transporteur (nom, adresse, pays, autres références) / Carrier (name, address, country, other references)

2 Destinataire (nom, adresse, pays) / Consignee (name, address, country)

7 Transporteurs successifs / Successive carriers

Nom / Name

Adresse / Address

Pays / Country

Reçu et acceptation / Receipt and Acceptance   Date   Signature

3 Prise en charge de la marchandise / Taking over the goods:
Lieu / Place

Pays / Country

Date
Heure d'arrivée / Time of arrival   Heure de départ / Time of departure

8 Réserves et observations du transporteur lors de la prise en charge de la marchandise / Carrier's reservations and observations on taking over the goods

4 Livraison de la marchandise / Delivery of the goods:

Lieu / Place

Pays / Country

Heures d'ouverture du dépôt / Warehouse opening hours

5 Instructions de l'expéditeur / Sender's Instructions

9 Documents remis au transporteur par l'expéditeur / Documents handed to the carrier by the sender

10 Marques et numéros / Marks and Nos

11 Nombre de colis / Number of packages

12 Mode d'emballage / Method of packing

13 Nature de la marchandise / Nature of the goods

14 Poids brut, kg / Gross weight in kg

15 Cubage m3 / Volume in m3

Numéro ONU / UN Number

Nom voir **13** / Name see **13**

Numéro d'étiquette / Label Number

Groupe d'emballage / Packing Group: (ADR*) / (ADR*)

16 Conventions particulières entre l'expéditeur et le transporteur / Special agreements between the sender and the carrier

17 A payer par / To be paid by: Expéditeur / Sender   Destinataire / Consignee

Prix de transport / Carriage charges

Frais accessoires / Supplementary charges

Droits de douane / Customs duties

Autres frais / Other charges

18 Autres indications utiles / Other useful particulars

19 Remboursement / Cash on delivery

20 Ce transport est soumis, nonobstant toute clause contraire, à la Convention relative au contrat de transport international de marchandises par route (CMR)
This carriage is subject, notwithstanding any clause to the contrary, to the Convention on the Contract for the international Carriage of Goods by Road (CMR)

21 Etabli à / Established in   le / on   20..

24 Marchandises reçues / Goods received
Heure d'arrivée / Time of arrival   Heure de départ / Time of departure

22

23

Lieu / Place   le / on   20..   20..

Signature ou timbre de l'expéditeur / Signature or stamp of the sender

Signature ou timbre du transporteur / Signature or stamp of the carrier

Signature et timbre du destinataire / Signature and stamp of the consignee

Partie non contractuelle réservée au transporteur / Non-contractual part reserved for the carrier

No   Modèle IRU 2007

Figura 5.3. Carta de porte CMR.

LISTA DE COMPROBACIONES CMR PARA VERIFICAR POR EL CONDUCTOR AL EFECTUAR UN TRANSPORTE INTERNACIONAL

a) Lea atentamente cada casilla de la carta de porte CMR.

b) Si observa alguna de las circunstancias que a continuación se relacionan, hágala constar en la casilla 18 del CMR.

Sobre los vehículos

1	Vehículo abierto y sin cubrir con lona conforme a lo convenido con el expedidor o remitente

Sobre el embalaje

2	Sin embalaje
3	Embalaje defectuoso
4	Embalaje insuficiente

Sobre el número de bultos, marcas, número de cada bulto

5	Encontrado exacto después de la comprobación
6	Imposible de verificar por haber efectuado la carga el remitente o expedidor
7	Imposible de verificar por las condiciones atmosféricas
8	Imposible de verificar por tratarse de un gran número de bultos
9	Imposible de verificar por tratarse de un contenedor precintado

Sobre la mercancía

10	En aparente mal estado
11	Dañada
12	Mojada
13	Helada
14	No protegida de las inclemencias atmosféricas, transportada en estas condiciones a petición del remitente o expedidor

Sobre la manipulación, carga, estiba, descarga

15	Manipulación, carga y estiba efectuada por el expedidor o remitente
16	Manipulación, carga y estiba efectuada por el conductor, en condiciones atmosféricas desfavorables para la mercancía, a petición del expedidor
17	Descarga efectuada por el destinatario
18	Descarga efectuada por el conductor, en condiciones atmosféricas desfavorables para la mercancía, a petición del destinatario

c) No inicie el viaje sin que previamente el expedidor haya firmado la carta de porte CMR. De no ser así, pida instrucciones a su empresa o rechace la ejecución del transporte

Tabla 5.2. Verificaciones que debe realizar el transportista de acuerdo con el Convenio CMR.

tinatario rehusase la mercancía, el remitente tiene derecho a disponer de esta sin necesidad de utilizar el primer ejemplar de la carta de porte.

El transportista tiene derecho a exigir el pago de los gastos que le ocasione su petición de instrucciones o los que implique la ejecución de las instrucciones recibidas, a menos que estos gastos sean derivados de su propia responsabilidad.

También puede proceder a la venta de la mercancía si así lo justifican la naturaleza perecedera o el estado de la misma o si los gastos de custodia son excesivos en relación con su valor. El modo de proceder a la venta estará determinado por la ley o costumbre del lugar donde se encuentre la mercancía.

5.1   Responsabilidades

El Convenio CMR establece que el transportista responderá de los actos y omisiones de sus empleados y de todas las otras personas a cuyo servicio recurra para la ejecución del transporte, cuando tales empleados o personas realicen dichos actos y omisiones en el ejercicio de sus funciones. El transportista es responsable de la pérdida total o parcial o de las averías que se produzcan entre el momento de recepción de la mercancía y el de la entrega, así como del retraso de esta. Pero está eximido de esta responsabilidad si la pérdida, avería o retraso han sido ocasionados por quien tiene derecho a la mercancía, por una instrucción de este no derivada de una acción negligente del transportista, por vicio de la mercancía o por circunstancias que el transportista no pudo evitar y cuyas consecuencias no pudo impedir.

Igual que para el transporte nacional, en el ámbito del Convenio CMR el transportista no puede alegar, para eximirse de responsabilidad, ni defectos en los vehículos de que se sirve para realizar el transporte, ni responsabilidad de las personas a las que haya alquilado el vehículo o empleados de estas. En cambio está exonerado de responsabilidad cuando la pérdida o avería provengan de los riesgos particulares inherentes a uno de los hechos siguientes:

- Empleo de vehículos abiertos si se han pactado en la carta de porte.
- Ausencia o deficiencia de embalaje, siempre y cuando el transportista haya hecho constar la reserva oportuna en la carta de porte.
- Manipulación, carga o descarga de la mercancía por el remitente o el destinatario o por personas que obren por cuenta de uno u otro.
- Naturaleza de ciertas mercancías expuestas a pérdida o avería.
- Insuficiencia o imperfección de las marcas o números de los paquetes.
- Transporte de animales vivos.

La prueba de que la pérdida, la avería o el retraso han tenido por causa uno de los hechos mencionados con anterioridad incumbe al transportista.

5.2 Reclamaciones y acciones

El que tiene poder de disposición sobre la mercancía puede, sin necesidad de prueba, considerar la mercancía perdida cuando hayan transcurrido 30 días sin efectuarse la entrega después del plazo convenido para la misma o, si no se ha convenido plazo, a los 60 días después de que el transportista se hizo cargo de la mercancía. El consignatario de la mercancía deberá hacer constar en la carta de porte sus reservas por averías aparentes antes de firmar la misma. Dispondrá de 7 días hábiles para efectuar la reclamación siempre que las averías no sean aparentes. Si no se hiciese así, se presumirá que las mercancías han sido recibidas según la descripción de la carta de porte.

Se considerará retraso cuando se haya superado el plazo establecido en la carta de porte o, si no hubiera plazo, cuando el tiempo del transporte sea superior al que es razonable otorgar a un transportista diligente. Es una expresión un tanto imprecisa, pero es prácticamente imposible establecer un sistema, puesto que en muchos casos habrá dificultades de tipo aduanero u otras, independientemente de la distancia.

En los casos de reclamación por retraso, la indemnización no podrá ser superior al importe de los portes, debiéndose presentar en los 21 días siguientes a la entrega de la mercancía o puesta a disposición de esta.

En los casos de reclamación por pérdida o avería, si no hay pacto expreso o no se ha declarado el valor de la mercancía en la carta de porte, el máximo de la indemnización es de 8,33 unidades de cuenta [derecho especial de giro (DEG) del fondo monetario internacional] por kilogramo bruto. Si existe declaración de valor de la mercancía, la indemnización variará en función de esta. Si existe una declaración de interés en la entrega y es admitida por el transportista, responderá por esta cantidad, además del importe de la declaración de valor, si se produce.

Además del importe de 8,33 unidades de cuenta, cuando no se ejecuta una entrega (falta total o parcial) el transportista debe responder por los portes o la parte proporcional en supuestos de falta parcial de mercancía.

Cuando el transporte sea efectuado por varios transportistas sucesivos, cada uno de ellos asume la responsabilidad de la ejecución del transporte total, es decir, que el cargador o usuario del transporte podrá reclamar a cualquiera de los porteadores que han efectuado el transporte, sin que ello impida que el transportista requerido pueda repercutir en el responsable del daño o avería.

En el Convenio CMR las acciones prescriben en un año. Cuando exista dolo o responsabilidad equivalente, entonces el plazo es de tres años. Se cuenta como sigue:

- *Pérdida parcial, avería o retraso:* a partir del día en que se entregó la mercancía.

- *Pérdida total:* a partir de 30 días después del plazo convenido de entrega, o de 60 desde que el transportista se hizo cargo de la mercancía, en caso de no haber plazo de entrega acordado.

- *Otros casos:* a partir de que termine un plazo de tres meses desde que concluyó el contrato de transporte. El día en que el plazo de prescripción empieza a correr no está incluido en estos tres meses.

Las mercancías peligrosas que no hubieran sido conocidas como tales por el transportista pueden, en todo momento, ser descargadas, destruidas o convertidas en inofensivas por el transportista y sin que haya lugar a indemnización alguna.

El valor de las mercancías se establece de acuerdo con el que tenían en el tiempo y lugar en que el transportista se hizo cargo de ellas.

El que tiene derecho sobre la mercancía podrá reclamar los intereses de la indemnización, calculados a razón del 5 % anual, que corren a partir del día de la reclamación dirigida por escrito al transportista, o bien desde el día en que se interpuso demanda judicial.

5.3   Declaraciones de valor

- *Declaración de valor.* Es la valoración que el remitente hace de la mercancía, cuando el límite de indemnización de 8,33 DEG por kilogramo es insuficiente. Se aplicará en caso de pérdida, roturas, faltas parciales o totales, etc.

  Hay que tener claro que esto no constituye un seguro, porque habrá muchos casos en los que el transportista no indemnizará (fuerza mayor, causa fortuita, reservas, etc.) y en cambio el seguro sí que indemnizaría.

- *Declaración de interés en la entrega.* Es la valoración que hace el remitente de las consecuencias que una demora o pérdida puede tener (cancelación de pedidos futuros, pérdida de cliente, etc.) al margen del valor en sí de la mercancía. Se aplicará en cualquiera de los casos anteriores y además cuando exista un retraso. A veces se entiende mejor si pensamos que se trata de una «penalización».

  En caso de retraso, el límite de responsabilidad no sería el precio del transporte, sino el importe de la declaración de interés en la entrega. En caso de pérdida, se sumarían declaración de valor y declaración de interés en la entrega, caso de existir ambas, y también toda o la parte proporcional del porte o flete.

5.4   El derecho especial de giro

Se denomina también «unidad de cuenta» y son una forma de activos de reserva internacional definidos por el Fondo Monetario Internacional, que sirven como referente para establecer los límites de responsabilidad del transportista en los transportes internacionales. En principio su valor se definió por igualación a un dólar, pero desde 1981 se conoce el valor como una «canasta» de monedas.

Para establecer las monedas integrantes de dicha canasta, su porcentaje de participación y los cambios actualizados, se puede consultar el sitio web del Fondo Monetario Internacional (FMI, www.imf.org). Un DEG oscila entre 1,1 y 1,3 €. En la tabla 5.3 se muestra un ejemplo de los cambios que publica el FMI.

Su importe se convertirá a la moneda nacional del Estado del que depende el tribunal que conozca del litigio y se calculará según el método del FMI. Se trata de una especie de moneda artificial, cuyo contravalor en la moneda nacional de cada país firmante del Convenio CMR es fluctuante, aunque bastante estable.

Cuando el Estado no sea miembro del FMI, se podrá limitar la responsabilidad en su territorio a veinticinco unidades monetarias (Unidad monetaria = 10/31 g/oro de novecientas milésimas de fino) que se convierten a la moneda nacional.

UNIDADES MONETARIAS POR DEG PARA SEPTIEMBRE DE 2021						
Moneda	*Septiembre 1, 2021*	*Septiembre 7, 2021*	*Septiembre 8, 2021*	*Septiembre 9, 2021*	*Septiembre 10, 2021*	*Septiembre 13, 2021*	*Septiembre 14, 2021*
Chinese Yuan	9.200.390	9.209.540	9.198.110	9.199.210	9.181.560	9.179.200	9.175.070
Euro	1.204.400	1.202.350	1.203.460	1.203.500	1.203.990	1.207.560	1.205.440
Japanese Yen	156.927.000	156.573.000	156.951.000	157.003.000	156.507.000	156.419.000	156.751.000
U.K. Pound	1.034.260	1.033.960	1.034.020	1.031.500	1.027.670	1.028.680	1.026.830
U.S. Dollar	1.423.240	1.425.980	1.423.330	1.424.710	1.425.640	1.422.510	1.424.110
Algerian Dinar	193.011.000	194.202.000	194.077.000	194.291.000	194.322.000	NA	NA
Australian Dollar	1.942.990	1.921.290	1.927.590	1.938.640	1.931.240	NA	1.940.200
Botswana Pula	15.743.800	15.618.700	15.658.200	15.621.800	15.597.800	NA	NA
Brazilian Real	7.339.670	NA	7.475.070	7.525.130	NA	NA	NA
Brunei Dollar	1.914.120	1.913.100	1.915.660	1.917.510	1.910.790	NA	NA
Canadian Dollar	1.794.280	1.799.730	1.804.210	1.802.830	1.800.730	NA	NA
Chilean Peso	1,103.210.000	1,098.480.000	1,107.270.000	1,121.970.000	1,128.080.000	NA	1,116.870.000
Colombian Peso	5,371.320.000	5,404.530.000	5,426.820.000	5,436.880.000	5,459.800.000	NA	NA
Czech Koruna	30.588.300	30.564.500	30.560.400	30.569.900	30.448.800	NA	NA

Tabla 5.3. Ejemplo de cambio del DEG a las diferentes monedas publicado por www.imf.org. Esta tabla no incluye todas las monedas, sólo una parte de ellas.

5.5   *Las reglas Incoterms aplicables al transporte por carretera*[5]

En una compraventa local las condiciones de entrega son sencillas. En el supuesto primero de la figura 5.4, el comprador se desplaza con medios propios o contratados por él, pero bajo su responsabilidad, al establecimiento del vendedor. En el ejemplo, la mercancía tiene un coste de cien unidades monetarias y su transporte cuesta diez. De un modo u otro, el comprador se ocupa del transporte de la mercancía y la entrega se produce en el establecimiento del vendedor, que evidentemente no le factura el transporte, sino solo la mercancía vendida (100). Cualquier avería, pérdida o daño a la mercancía a partir de su entrega será por cuenta del comprador.

En el segundo caso, el vendedor acuerda llevar la mercancía al comprador. Debe hacer un transporte con medios propios o ajenos y repercutir su coste en la factura que presente al comprador (110). Mientras no llegue la mercancía al establecimiento del comprador no existe entrega, y es responsabilidad del vendedor cualquier eventual daño a la mercancía hasta ese punto y ese momento.

Ahora bien, cuando hablamos de operaciones internacionales, como la del tercer supuesto, los costes que se generan durante el recorrido se multiplican, así como las empresas y los organismos que intervienen, y la operación es más compleja. Por eso se planteó en su momento la necesidad de las reglas Incoterms, que la Cámara de Comercio Internacional (CCI) creó en 1936 y que ha ido adaptando y actualizando en diversos momentos, siendo la última versión la del año 2020.

Las reglas Incoterms de la CCI son once, muchas de los cuales son de uso exclusivo para el transporte marítimo y no se ofrecerán aquí. La tabla 5.4 contiene los aspectos más significativos de aquellas que son utilizables en transporte por carretera.

---

[5] Véanse:
   — *Las reglas Incoterms 2020,* de la International Chamber of Commerce (ICC).
   — *Guía práctica de las reglas Incoterms 2020. Derechos y obligaciones sobre las mercancías en el comercio internacional,* David Soler, Marge Books, Barcelona, 2021.

Caso 1

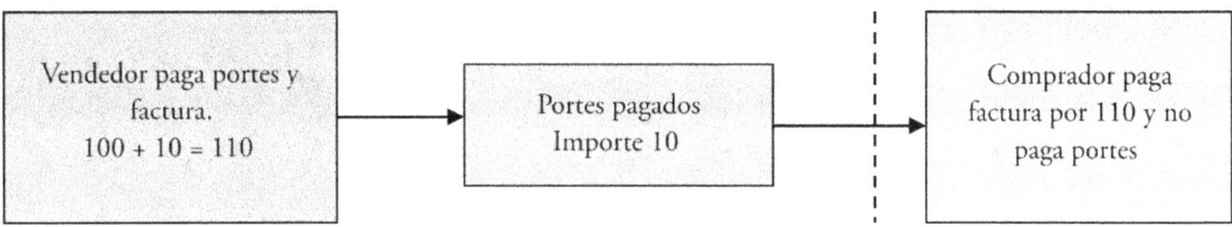

Caso 2

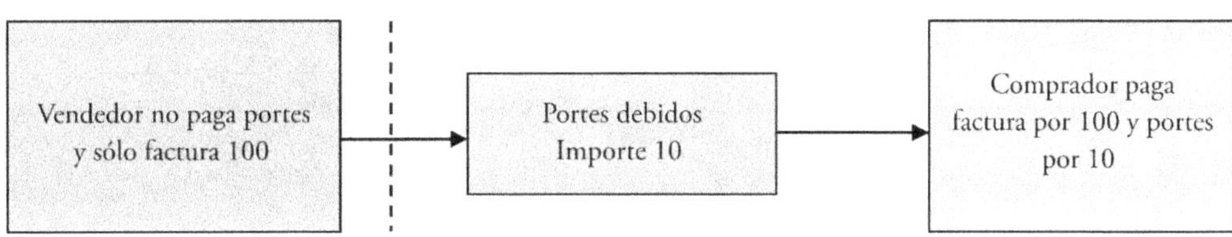

Caso 3

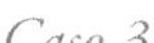

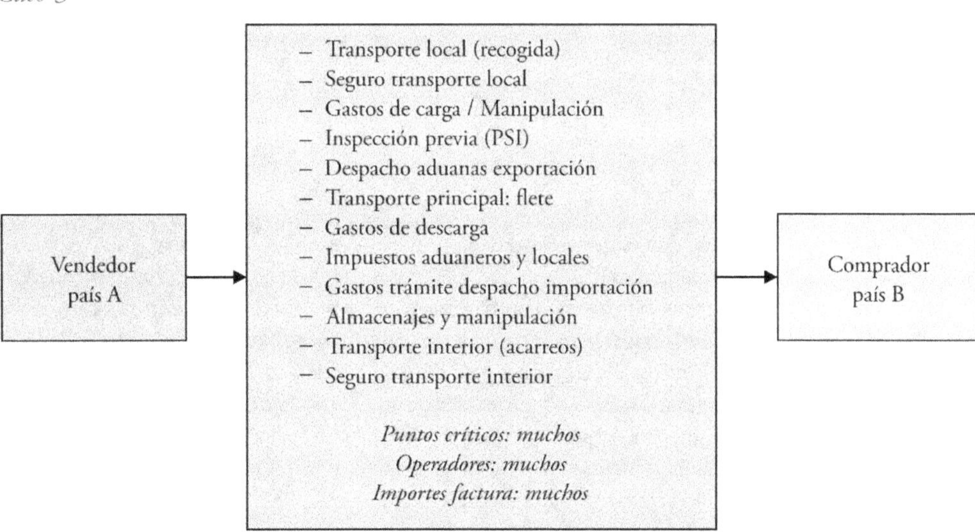

Figura 5.4.

Incoterm	Modo	Sigla	Obligaciones del vendedor	Obligaciones del comprador
Ex-Works	Todos	EXW	- Situar las mercancías a disposición del comprador en el punto designado - Correr con los riesgos del transporte hasta sus almacenes - Pagar los fletes hasta sus almacenes	- Obtener licencias de importación y exportación - Correr con los riesgos y los costes desde el momento en que las mercancías han sido situadas a su disposición en almacenes del vendedor
Free Carrier	Todos	FCA	- Entregar las mercancías al transportista designado en el contrato - Correr con los riesgos hasta el punto de entrega al transportista - Pagar los fletes hasta el punto de entrega al transportista - Obtener y asumir los gastos de las licencias de exportación u otra autorización oficial necesaria	- Contrata a su cargo el transporte de las mercancías desde el punto de entrega acordado - Correr con los riesgos, a partir de dicha entrega - Pagar los costes de entrega - Completar todas las formalidades para la importación o el tránsito hasta otro país
Carriage paid to	Todos	CPT	- Contratar el transporte de las mercancías y hacerse cargo de los gastos - Entregar las mercancías al primer transportista - Asumir todos los riesgos hasta que las mercancías sean entregadas al primer transportista - Pagar el flete hasta el punto de destino acordado - Llevar a cabo todos los trámites aduaneros para la exportación	- Asumir todos los riesgos desde que el primer transportista haya recepcionado la mercancía - Llevar a cabo todos los trámites necesarios para la importación de la mercancía - Pagar el flete desde el punto de destino acordado
Carriage and insurance paid to	Todos	CIP	- Entregar las mercancías al primer transportista - Asumir los gastos y la prima de seguro del transporte hasta el punto acordado de entrega al comprador - Asumir los riesgos hasta la entrega al primer transportista y pagar el flete hasta ese punto - Llevar a cabo todos los trámites aduaneros para la exportación	- Asumir todos los riesgos de la mercancía desde el momento en que haya sido entregada al primer transportista - Pagar el flete desde el punto de destino acordado - Llevar a cabo todos los trámites necesarios para la importación

			Vendedor	Comprador
DELIVERED AT PLACE	TODOS	DAP	- Contratar por su propia cuenta el transporte de las mercancías - Llevar a cabo los trámites aduaneros para la exportación - Asumir todos los riesgos hasta la entrega en lugar acordado, sin descargar - Pagar el transporte hasta la entrega de las mercancías	- Completar todas las formalidades aduaneras para la importación - Correr con todos los riesgos desde el punto de entrega - Pagar la descarga y los portes desde el punto de entrega
DELIVERED AT PLACE UNLOADED	TODOS	DPU	- Llevar a cabo los trámites aduaneros para la exportación - Contratar por su propia cuenta el transporte de las mercancías - Asumir todos los riesgos hasta que las mercancías sean entregadas en la terminal convenida, y descargadas del medio de transporte - Pagar el flete hasta el lugar convenido de entrega	- Llevar a cabo los trámites aduaneros para la importación - Correr con todos los riesgos desde el punto de entrega de las mercancías - Pagar los portes y otros gastos desde la terminal de entrega convenida - Pagar la descarga y los portes desde el punto de entrega
DELIVERED DUTY PAID	TODOS	DDP	- Contratar por su propia cuenta el transporte de las mercancías - Llevar a cabo los trámites aduaneros para la importación y exportación - Correr con todos los riesgos hasta la entrega de las mercancías en el lugar convenido	- Correr con todos los riesgos desde la entrega de las mercancías - Pagar el flete desde el punto de entrega de la mercancía - Realizar la descarga del camión, corriendo con los costes y riesgos de dicha operación

Tabla 5.4. Resumen de los derechos y las obligaciones de vendedor y comprador en las reglas Incoterms 2020 de la CCI.

Reglas Incoterms 2020

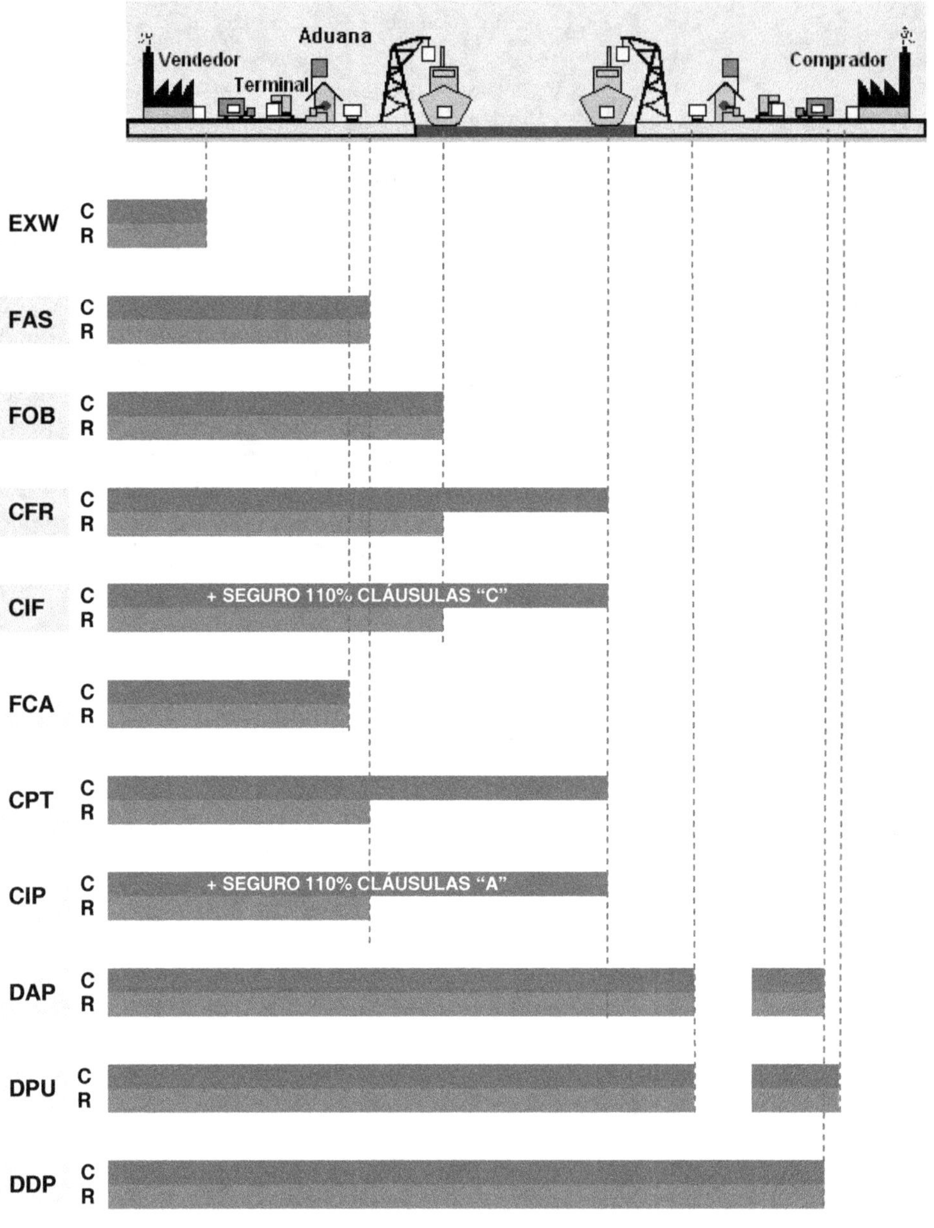

Tabla 5.5. Esquema de los derechos y obligaciones de vendedor y comprador en las reglas Incoterms 2020 de la CCI.

Capítulo 6

Transportes especiales

1 Por su peso o dimensiones

En ocasiones es necesario transportar por carretera bultos o mercancías que no se pueden desmontar en partes más pequeñas porque son indivisibles, y que tienen un peso o unas dimensiones superiores a lo usual, como por ejemplo vigas de hormigón para puentes, turbinas de una central eléctrica, un yate, etc. En la figura 6.1 se muestra un transporte de esta clase.

Cuando un vehículo transporta piezas de este tipo, excediendo las dimensiones máximas autorizadas según el anexo IX del RD 2822/98 de 23 de diciembre, o bien su propia MMA o carga por eje autorizada, hablamos de un transporte especial, porque no es suficiente con la tarjeta o autorización que posea el vehículo, sino que hay que solicitar una autorización especial, denominada «Autorización complementaria de circulación», según el artículo 14 del Reglamento general de vehículos.

Figura 6.1. Transporte especial de una pieza indivisible que excede las dimensiones máximas permitidas.

La autorización se solicita en los servicios centrales o periféricos de la Jefatura Central de Tráfico, del Ministerio del Interior. En la misma figurará el itinerario y horario que se ha de seguir, así como cualquier otra instrucción que deba ser observada. El plazo para la resolución de la solicitud es de tres meses.

Si el recorrido tiene lugar en Ibiza, Menorca, Lanzarote o La Palma las autorizaciones serán tramitadas en las jefaturas locales de tráfico. Si el transporte especial discurre íntegramente en Cataluña, se tramitarán ante el Servicio Catalán de Tráfico. Si lo hace en el País Vasco o Navarra, se solicitará en las respectivas diputaciones forales.

En la solicitud se debe describir la carga indivisible que se va a transportar (depósito, viga, pieza, excavadora, turbina, transformador, etc.). En caso de que la carga sea un conjunto y esté formada por varios elementos, se identificarán las dimensiones del mayor de ellos. Se deben indicar las dimensiones y la masa total de la carga.

Dado que en el anexo IX del RD 2822/98 referido se transpone la Directiva 96/53 CE en cuanto a pesos y dimensiones de vehículos, la legislación del resto de países de la UE es similar a la española. La masa máxima autorizada en España para los vehículos más grandes es de 44 t y en el resto de países de la UE es igual o inferior, con la excepción de Dinamarca, Holanda, Finlandia y Suecia, donde es ligeramente superior. En consecuencia cualquier vehículo que exceda los pesos o dimensiones de sus respectivos países deberá obtener igualmente una autorización especial.

2   Transporte de mercancías peligrosas por carretera

2.1   Necesidad de una normativa

El día 11 de julio de 1978, alrededor de las 14:30 horas, se produjo un accidente durante el transporte de mercancías peligrosas con una serie de incendios y explosiones que motivaron doscientos quince muertos, sesenta y siete heridos y la destrucción casi completa de un campamento situado en sus proximidades.

El *camping* Els Alfacs, situado en la localidad de Sant Carles de la Ràpita (Tarragona), era un espacio triangular de unos 10.000 m^2 situado entre el mar y la carretera. El día del accidente había unas ochocientas personas, pero no todas estaban en la zona afectada. Se estima que habría entre trescientas y cuatrocientas personas en ese área.

A las 12:05 se cargó un camión cisterna con propileno en la refinería de Enpetrol de Tarragona. La cisterna tenía una capacidad aproximada de 45 m^3 y la cantidad cargada era de 25 t, cuando la máxima cantidad permitida era de 19,35 t a una presión de 8 bar y a 4 ºC.

Dos horas y media después de cargar, el camión había recorrido 102 km en el momento de atravesar la zona del campamento se produjo una explosión que prácticamente desintegró la cisterna. Aparecieron partes importantes del camión cisterna a trescientos metros de distancia y casi en todas direcciones. Se produjeron unos cien muertos instantáneamente y al final la cifra alcanzó los doscientos quince.

La causa del accidente, según el tribunal de Tarragona, fue debida solamente al sobrellenado de la cisterna, lo que impidió la expansión del líquido contenido en su interior a causa del calor que en la época del año en que ocurrió el accidente era elevada.

El martes 9 de marzo de 2004 un camión que transportaba nitrato amónico colisionó con un turismo en un tramo recto de la Nacional 234 y estalló en Barracas (Castellón). En el accidente murieron dos personas aunque pudo haber provocado un mayor número de víctimas. La deflagración fue tan fuerte que abrió un enorme cráter y lanzó restos del camión a doscientos metros de distancia. La onda expansiva, ensordecedora según testigos del suceso, se escuchó a 15 km del lugar.

Casualmente unas semanas antes de este accidente, un convoy ferroviario cargado también de hidrocarburos y fertilizantes –el nitrato amónico se emplea en la elaboración de abonos–, explotó en Irán causando la muerte de más de trescientas personas.

Entre el accidente de Els Alfacs y el de Castellón transcurrieron veintiséis años en los que España y la Comunidad Europea desarrollaron una amplia legislación y establecieron una serie de convenios internacionales, como el Convenio Internacional sobre el Transporte de Mercancías Peligrosas por Carretera (ADR). Además de este acuerdo, la normativa vigente en España es el RD 97/2014, de 14 de febrero.

El Convenio ADR considera mercancía peligrosa a todo material dañino o perjudicial que durante su fabricación, manejo, almacenamiento o transporte genere o desprenda sustancias que pueden lesionar la salud de las personas o causar daños materiales a las cosas o al medio ambiente.

En España el transporte terrestre de mercancías peligrosas mueve unos dieciséis millones de toneladas al año, de las que el 25 % se transporta por ferrocarril y el 75 % por carretera. De este volumen, tres productos (fuel, gasolina y gasóleo) representan el 80 %.

2.2   El Convenio ADR

El Convenio ADR, que se renueva cada dos años, se estructura en dos anexos y nueve capítulos, como sigue:

- Anexo A
  Contiene disposiciones generales y disposiciones relativas a las materias y objetos peligrosos. Está formado por las partes 1 a la 7.

- Anexo B
  Contiene disposiciones relativas al material de transporte (vehículos) y al transporte. Comprende las partes 8 y 9.

El Convenio ADR agrupa las mercancías peligrosas en trece clases (véase la tabla 6.1), según el peligro que presentan. Esta clasificación está bastante estandarizada y es prác-

Clase	Descripción	Ejemplos
1	Materias y objetos explosivos *(limitativa)*	Pirotecnia, explosivos de voladuras
2	Gases comprimidos, licuados o disueltos a presión	Oxígeno, cloro, amoníaco
3	Líquidos inflamables	Gasolina, gasóleo, queroseno, etanol
4.1	Materias sólidas inflamables	Fósforo, azufre, desechos de caucho
4.2	Materias susceptibles de inflamación espontánea	Fósforo blanco, magnesio
4.3	Materias que, en contacto con el agua, desprenden gases inflamables	Clorosilano, sodio, potasio, carburo de calcio, carburo de aluminio
5.1	Materias comburentes u oxidantes	Peróxido de hidrógeno, tetranitrometano, clorato amónico, nitrito de amonio
5.2	Peróxidos orgánicos	Peróxido de benzoilo
6.1	Materias tóxicas	Cloroformo, fenol
6.2	Materias infecciosas	Productos biológicos
7	Materias radiactivas *(limitativa)*	Uranio, torio, cesio, estroncio, plutonio y derivados
8	Materias corrosivas	Acido sulfúrico, nítrico, clorhídrico, sosa cáustica
9	Materias y objetos peligrosos diversos	Amiantos, difenilos policlorados o PCB, pilas de litio

Tabla 6.1. Clasificación de las mercancías peligrosas en el transporte por carretera.

ticamente la misma en los convenios que regulan el transporte en otros modos. Cada clase se corresponde con una o varias etiquetas que deben ser colocadas en los bultos o en las cisternas. Las destinadas a los bultos tienen 10 cm de lado y las que se colocan en vehículos cisterna 25 cm de lado. En las figuras 6.2a y 6.2b se reproducen dichas etiquetas.

2.3   Exenciones

Consisten en hacer transporte de determinadas materias peligrosas en pequeñas cantidades, incumpliendo todo o parte de lo que el Convenio ADR estipula para esa clase de mercancía. La exención puede ser total, como es el caso de transporte en pequeña cantidad por un particular para su uso privado. Hay también exenciones parciales para el transporte en bultos, en cuyo caso deben cumplirse solamente parte de los requisitos del convenio. Las cantidades límite figuran en el capítulo 1.136 del Convenio ADR y, lógicamente, varían en función del producto. Dicho límite puede ser 0, 20, 333 o 1.000 litros o kilogra-

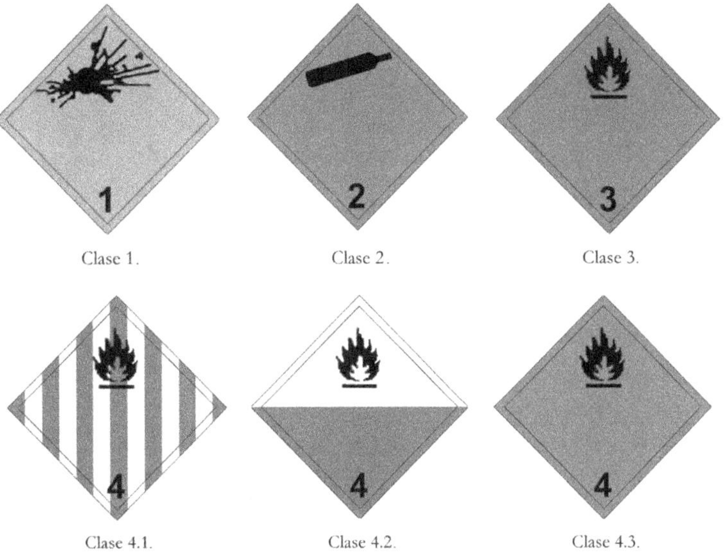

Figura 6.2a. Etiquetas de señalización ADR para el transporte de mercancías peligrosas por carretera.

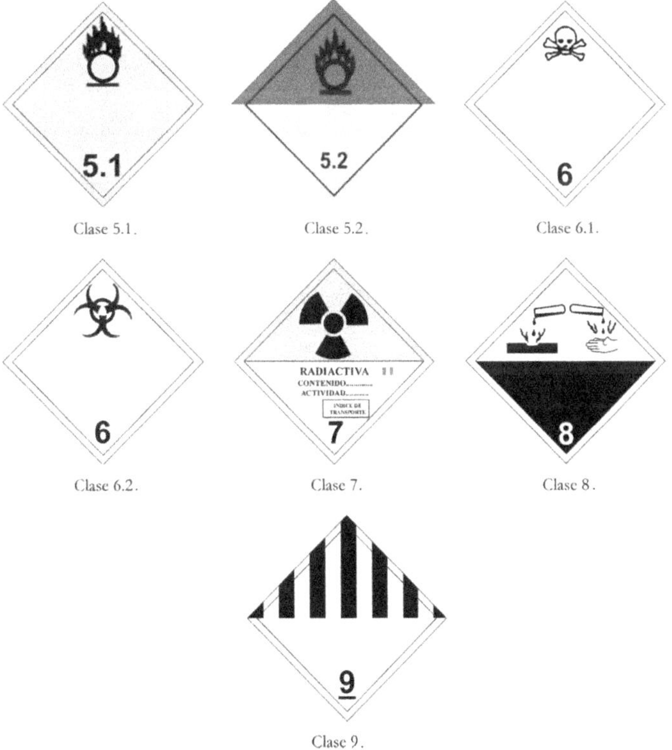

Figura 6.2b. Etiquetas de señalización ADR para el transporte de mercancías peligrosas.

mos. En determinados productos no existe límite. Cuando se transportan productos diferentes se aplica una sencilla fórmula para determinar el límite de la exención parcial. Esta circunstancia de la exención parcial debe ser indicada en la carta de porte.

2.4   *Documentación del conductor*

Un conductor que transporta mercancías peligrosas debe llevar la documentación usual de cualquier profesional del transporte: DNI y permiso de conducir. En determinados casos, además, debe tener expedido a su nombre por la Jefatura de Tráfico un carné especial, tras haber realizado una formación sobre transporte de mercancías peligrosas y superado un examen. Es del tamaño de una tarjeta de crédito y tiene una validez de cinco años. Para su renovación también debe superarse un examen.

El permiso o autorización especial es obligatorio para conductores de vehículos con MMA superior a 3.500 kg y para transporte en cisternas y vehículos batería de capacidad superior a 1.000 l o contenedores cisterna de capacidad superior a 3.000 l.

El permiso de conducir, al menos el de la clase B, debe tener una antigüedad mínima de un año. Hay un curso básico común y tres de especialización: cisternas, explosivos y radiactivos.

2.5   *Documentación del vehículo*

En estos transportes los documentos del vehículo son los normales con el añadido del certificado ADR en el caso de cisternas y ciertos vehículos para transporte de explosivos. Lo expide el Ministerio de Industria tras comprobar que el vehículo cumple lo estipulado en el anexo B del Convenio ADR y permite transportar ciertas mercancías, aunque no todas.

2.6   *Documentación de la carga*

En este tipo de transportes, tanto nacionales como internacionales, la carta de porte es obligatoria en todos los casos.

«Instrucciones escritas» es un documento donde se describe el producto que se va a transportar, se indican sus peligros y manera de actuar en caso de accidente y teléfonos de contacto en caso de emergencia. Debe ir redactada en idiomas que el conductor o conductores puedan comprender. Desde la edición 2009 del Convenio ADR, se establece un modelo único de instrucciones escritas.

Tanto la carta de porte como las instrucciones escritas deben ser entregadas por el remitente o expedidor. El conductor debe leer las instrucciones necesariamente antes de iniciar el transporte y si estos documentos no le son facilitados, debe negarse a efectuar el transporte.

2.7 Normas de conducción

Un conductor que transporta materias peligrosas no debe ingerir alcohol desde seis horas antes de iniciar el transporte y tampoco durante el mismo. El nivel máximo de alcoholemia es de 0,3 g por 1000 cm^3 de sangre o bien 0,15 mg/l de aire espirado. No debe fumar en las inmediaciones del vehículo durante las operaciones de carga y descarga. Los tiempos de descanso y conducción son los estipulados en el Reglamento CE 561/2006, que veremos con mayor detalle en el capítulo 7, dedicado a la seguridad en la conducción.

Se debe estacionar el vehículo en parques vallados y vigilados, no vigilados o bien explanadas alejadas de poblaciones y lugares de paso, por este orden.

En un vehículo que transporta mercancías peligrosas está prohibido llevar pasajeros o personas que no sean conductores de dicho vehículo. Existe la obligación de usar, siempre que sea posible, autopistas o autovías y cinturones de circunvalación en las ciudades.

En fechas donde se producen salidas o regresos masivos de turismos estos vehículos tienen prohibido circular y, con carácter general, los domingos y festivos de 8 a 24 horas. Están exentos de esta prohibición los vehículos que transporten gases licuados de uso doméstico, aprovisionamiento de estaciones de servicio y gasóleos de calefacción y gases para centros sanitarios.

2.8 Equipo

Toda unidad de transporte de mercancías peligrosas deberá llevar al menos un extintor de incendios portátil con una capacidad de 2 kg adecuada para combatir un incendio de motor o cabina. Son necesarios además, los aparatos suplementarios siguientes (capítulo 8.1.5 del Convenio ADR).

Las unidades de transporte de MMA superior a 7,5 t deberán llevar uno o varios extintores con una capacidad mínima total de 12 kg de polvo, de los que al menos un extintor deberá tener una capacidad de 6 kg.

Las unidades de transporte de MMA superior a 3,5 t e inferior o igual a 7,5 t deberán llevar uno o varios extintores con una capacidad mínima total de 8 kg de polvo, de los que al menos un extintor deberá tener una capacidad mínima de 6 kg.

En el caso de las unidades de transporte MMA igual o inferior a 3,5 t deberán llevar uno o varios extintores con una capacidad mínima total de 4 kg de polvo.

También constituyen parte del equipo necesario las lámparas y rueda de recambio y herramientas, un juego completo de correas y manguitos, un rollo de cinta aislante, una lámpara portátil y un calzo al menos, adecuado al peso del vehículo y el diámetro de sus ruedas.

En determinados tipos de vehículos es obligatorio disponer de sistema ABS y ralentizador. Los vehículos matriculados a partir del 1 de julio de 1995, con un MMA superior a 12 t, deberán llevar limitador de velocidad para que no superen los 85 km/h.

2.9   *Paneles naranja*

Un vehículo que transporta mercancías peligrosas no acogidas a exenciones parciales o totales, debe ir señalizado con unas placas de color naranja y dimensiones 40 × 30 cm, con bordes negros y una raya horizontal también negra. Los números que lleva escritos son, asimismo, de color negro, indelebles y deberán ser legibles después de un incendio de quince minutos. En la figura 6.3 se muestra un modelo de este tipo de placa.

En la parte superior se indica el tipo de peligro mediante dos o tres cifras, que señalan peligros principal y secundario. Si se repiten, el peligro es mayor. Si el segundo número es cero, no hay peligro secundario. Si delante del primer número figura una «X», significa prohibición de arrojar agua en caso de incendio.

En la parte inferior se refleja un número que siempre es de cuatro cifras, asignado por la ONU, que identifica al producto. Estas placas se colocan en la parte frontal y trasera del vehículo. Cuando se transportan explosivos o cuando un vehículo-caja lleve mercancías peligrosas, sean de una o de diferentes clases, los paneles delantero y trasero no llevarán numeración. Las etiquetas de peligro solo irán colocadas en los bultos que transporte.

Los vehículos cisterna con varios compartimentos, que transporten gasóleo (1202), gasolina (1203) y queroseno (1223) no es necesario que lleven paneles en los laterales

Figura 6.3. Placa naranja de señalización para el transporte de mercancías peligrosas en camión.

CÓDIGOS DE PELIGRO			
Números primera cifra		*Números segunda cifra*	
2	Gas	0	Carece de significado
3	Líquido inflamable	2	Emanación de gas
4	Sólido inflamable	3	Inflamación
5	Materia comburente	5	Comburencia
6	Materia tóxica o infecciosa	6	Toxicidad
7	Materia radiactiva	8	Corrosividad
8	Materia corrosiva	9	Peligro de reacción violenta
9	Otros peligros		

Tabla 6.2. Códigos que identifican el peligro en el transporte de mercancías peligrosas por carretera.

si los paneles delantero y trasero llevan números que identifican a la materia más peligrosa transportada.

Con el objetivo de aumentar la seguridad del transporte de mercancías peligrosas, la UE publicó la Directiva 96/35 CE del Consejo de 3 de junio de 1996 relativa a la designación y cualificación profesional de consejeros de seguridad para el transporte por carretera, ferrocarril o por vía navegable de mercancías peligrosas.

Se trata de que toda empresa que almacene y transporte mercancías peligrosas, exceptuados los casos de excepciones parciales o totales, debe disponer de una persona en su propia plantilla o bien un colaborador externo contratado que posea el título de «consejero de seguridad», que supervise y compruebe que el transporte y almacenaje de las mercancías cumplen lo estipulado en las normativas y acuerdos internacionales sobre la materia, siendo responsables en caso de incidencias tanto el consejero como la empresa.

España dio cumplimiento a dicha directiva mediante el RD 1566/1999 de 8 de octubre. Las pruebas para obtener el título de consejero consisten en responder cincuenta preguntas tipo test y resolver un supuesto práctico relacionado con el Convenio ADR o el RID. Cada cinco años los titulares deben renovar su certificado superando un nuevo examen.

Como otra de las funciones encomendadas al consejero es redactar un informe en determinados accidentes y en todo caso a final de año, mediante la OM de 11 de enero de 2001 se reguló el contenido mínimo del informe anual que se ha de elaborar.

3   Transporte de mercancías perecederas

Desde el punto de vista del transporte, es «perecedera» cualquier mercancía que debe estar en destino en una fecha y hora determinadas para poderse utilizar o comercializar con todo su valor. En esta definición lo más perecedero tal vez sería la prensa diaria.

Pero aquí nos referiremos a mercancía perecedera como un producto alimentario que durante su transporte podría deteriorarse y que requiere unas medidas especiales para evitarlo.

3.1 *La normativa aplicable*

La normativa más importante aplicable a escala nacional e internacional en estos transportes es la siguiente:

- Código Alimentario Español (RD 2484/67).
- RD 706/86 sobre Productos Secos (que no se conservan por frío: desecados, deshidratados, liofilizados, etc.).
- RD 2483/86 sobre Transporte de Productos a Temperatura Controlada (congelados, ultra-congelados y refrigerados).
- RD 237/2000 sobre Homologación de Vehículos de Temperatura Controlada.
- Reglamentaciones técnico-sanitarias (cada producto tiene las suyas).
- Convenio sobre Transportes Internacionales de Mercancías Perecederas (Convenio ATP).

El RD 237/2000 es prácticamente una versión española del Convenio ATP. Designa como estación oficial de ensayos el Túnel del Frío del Ministerio de Industria, en Getafe (Madrid), en la carretera de Andalucía, km 15,700. Una vez homologado un vehículo por el fabricante, todos los que fabrica de acuerdo con dicho modelo se consideran homologados. El titular lo debe notificar a los organismos de control para que se haga una inspección inicial del vehículo. Posteriormente, se deberán hacer revisiones periódicas y, tras una inspección, el plazo máximo de validez que se concede hasta la siguiente es de seis años. Corresponde a los gobiernos de las comunidades autónomas designar a los organismos de control, pudiendo ser estaciones de ITV entre otros centros.

El RD 2483/86 se refiere al transporte nacional a temperatura controlada. Esta normativa define «la autoventa y el reparto» como la efectuada en núcleos urbanos, con vehículos que retornan a su base en un máximo de 24 horas, que tienen una MMA igual o inferior a 8 toneladas y cuyo recorrido máximo diario es de 200 km. Los vehículos que cumplen esta múltiple condición no requieren el termógrafo y los que disponen de equipo de frío no autónomo pueden pararlo, aunque por períodos cortos de tiempo.

Esta norma permite otras cargas de mercancía normal en los retornos, siempre que no contaminen envíos posteriores ni al propio vehículo (artículo 13). Finalmente, para todo lo relacionado con el transporte internacional, en su artículo 14 remite al Convenio ATP. Todos los vehículos cuyo dispositivo de producir frío no sea autónomo, deben llevar una «X» después de las siglas que los identifican. Se trata de vehículos cuyo compresor u otras partes del equipo productor de frío funciona accionado por el motor del vehículo, y por tanto dependen de él. Sobre las cisternas este decreto establece que deben tener una boca hombre y una de vaciado por cada compartimento.

3.2   Transporte

Los vehículos que transporten productos alimenticios deben cumplir con carácter general los siguientes requisitos:

- Las cajas deben estar construidas con material que permita una limpieza eficaz.
- El material de que estén construidas las cajas no debe contaminar ni alterar el producto que contenga en su interior.
- El interior de la caja debe ser resistente a la corrosión, impermeable, fácil de lavar y de desinfectar, sin rincones ni grietas donde pueda acumularse suciedad.

Y por otra parte hay una serie de prohibiciones en este tipo de transporte, como son:

- Transportar alimentos y productos tóxicos o peligrosos a la vez o alternativamente.
- Transportar alimentos contaminados junto con otros aptos para el consumo.
- Usar instalaciones frigoríficas que no estén autorizadas.
- Transportar alimentos para venta directa sin etiquetar o envasar reglamentariamente.
- Transportar personas o animales en las cajas de los vehículos.
- Parar el equipo de frío durante el transporte (salvo excepción en la autoventa y el reparto).
- Depositar en el suelo del vehículo o almacén productos alimenticios no envasados.

Y otros aspectos para tener en cuenta cuando se transportan mercancías perecederas a temperatura controlada son los siguientes:

- La temperatura en el interior de la caja del vehículo al cargar debe ser la requerida. Es necesario preenfriamiento, pues de lo contrario se producirá condensación de agua sobre la mercancía.
- Varios alimentos juntos se pueden transportar en el mismo vehículo si las temperaturas que requieren son compatibles.
- La carga y descarga debe hacerse de forma rápida y procurando que la distancia entre almacén y vehículo sea lo más corta posible.
- La estiba de la mercancía dentro del vehículo debe hacerse de manera que exista buena circulación de aire.
- Mantener la temperatura requerida en el vehículo durante el viaje es responsabilidad del transportista, y la entrega a este de la mercancía a la temperatura exigida

es responsabilidad del fabricante, remitente o expedidor. La carga y la descarga son responsabilidad de quien las realice.

3.3   El Convenio ATP

El Convenio ATP es el Acuerdo sobre Transportes Internacionales de Mercancías Perecederas y sobre vehículos especiales utilizados en estos transportes. Se firmó en Ginebra el 1 de septiembre de 1970. España se adhirió al Convenio ATP el 22 de noviembre de 1976. Está redactado en inglés, ruso y francés.

En su primer artículo indica que solo podrán designarse como vehículos «isotermos», «refrigerantes», «frigoríficos» o «caloríficos» los que satisfagan las definiciones y normas que se exponen en el propio acuerdo.

3.3.1   El coeficiente K

Buena parte del convenio gira en torno a este coeficiente. Expresa la energía que las paredes de un vehículo permiten intercambiar con el exterior. Por tanto, un coeficiente K elevado indica un mal aislamiento, mientras que uno reducido es sinónimo de un buen aislamiento térmico.

Figura 6.4. Camiones rígidos frigoríficos adosados al muelle de un almacén para la realización de operaciones de carga-descarga.

El certificado de aceptación de un vehículo determinado puede consistir en un documento, en una placa fijada sobre el vehículo o en ambas cosas. En el caso de camiones, es obligatorio llevar a bordo dicho certificado o una fotocopia certificada del mismo. No será necesario si el vehículo lleva la placa citada. En cualquiera de sus versiones, el plazo máximo de validez de un certificado de aceptación es de seis años.

La placa debe estar fijada al vehículo de manera permanente y en lugar bien visible. Debe ser rectangular, de al menos 160/100 mm, resistente a la corrosión y al fuego. De la información que debe contener, la más importante es el tipo de vehículo y el límite de validez de su certificado de aceptación. Además debe figurar: el país del fabricante, el nombre del fabricante, el modelo y número de serie y el mes y año de fabricación.

Los vehículos deben llevar además unas siglas de color azul marino sobre fondo blanco, dentro de un cuadrado o rectángulo también azul. Las siglas deberán tener como mínimo 10 cm de altura. Indicarán la clase de vehículo que es y, debajo, el mes y año en que expira su certificado de aceptación. Esta información suele ir situada en la parte trasera de los vehículos y no se representa con ninguna placa, sino mediante pintura o adhesivos.

El Convenio ATP define cuatro tipos de vehículos: isotermos, refrigerantes, frigoríficos y caloríficos. Establece sus características y prestaciones y añade que ningún vehículo podrá denominarse con estos nombres si no cumple las condiciones indicadas:

- **Vehículo isotermo**
  Vehículo cuya caja está construida con paredes aislantes, con inclusión de puertas, piso y techo; esas paredes permiten limitar los intercambios de calor entre el interior y el exterior de la caja, de tal modo que el coeficiente K permita clasificar el vehículo dentro de una de las dos categorías siguientes:

  - *IN:* vehículo isotermo normal. Coeficiente K igual o inferior a 0,7 $W/m^2/°C$.
  - *IR:* vehículo isotermo reforzado. Coeficiente K igual o inferior a 0,4 $W/m^2/°C$.

- **Vehículo refrigerante**
  Vehículo isotermo que con ayuda de una fuente de frío (hielo hídrico; placas eutécticas; hielo carbónico, con o sin regulación de sublimación; gases licuados con o sin regulación de evaporación, etc.) distinta de un equipo mecánico, permite bajar la temperatura en el interior de la caja vacía y mantenerla después con una temperatura exterior media de +30 °C:

  - a +7 °C como máximo para la clase A.
  - a –10 °C como máximo para la clase B.
  - a –20 °C como máximo para la clase C.
  - a –0 °C como máximo para la clase D.

Este vehículo debe tener uno o varios compartimentos, recipientes o depósitos reservados para el agente frigorígeno. Estos equipos se deben poder cargar o recargar desde el exterior y tener una capacidad suficiente para que la fuente de frío pueda bajar la temperatura al nivel previsto para la clase considerada, y después mantener este nivel durante 12 horas por lo menos sin repostado de agente frigorígeno o de energía.

El coeficiente K de los vehículos de las clases B y C debe obligatoriamente ser igual o inferior a 0,4 W/m²/°C.

- **Vehículo frigorífico**
Vehículo isotermo provisto de un dispositivo de producción de frío individual o colectivo para varios vehículos de transporte (grupo mecánico de compresión, máquina de absorción, etc.) que permite, para una temperatura exterior media de +30 °C, bajar la temperatura en el interior de la caja vacía y mantenerla después de manera permanente de la forma siguiente:

  - *Para las clases A, B y C,* a todo valor prácticamente constante deseado t/1, mediante vehículos frigoríficos provistos de un dispositivo de producción de frío necesario para que t/1 pueda elegirse entre:

    - *Clase A,* +12 y 0 ° C incluidos.
    - *Clase B,* +12 y -10 ° C incluidos.
    - *Clase C,* +12 y -20 ° C incluidos.

  - *Para las clases D, E y F,* a un valor fijo prácticamente constante t/1, mediante vehículos frigoríficos provistos de un dispositivo de producción de frío necesario para que t/1 sea igual o inferior a:

    - *Clase D,* 0 °C.
    - *Clase E,* –10 °C.
    - *Clase F,* –20 °C.

El coeficiente K de los vehículos de las clases B, C, E y F debe ser obligatoriamente igual o inferior a 0,4 W/m²/°C.

- **Vehículo calorífico**
Vehículo isotermo provisto de un dispositivo de producción de calor que permite elevar la temperatura en el interior de la caja vacía y mantenerla después durante 12 horas por lo menos sin repostado, a un valor prácticamente constante y no inferior a +12 °C; la temperatura media exterior de la caja para las dos clases es de:

Figura 6.5. Vehículo isotermo normal con autorización ATP válida hasta septiembre de 2022.

- *Clase A.* Vehículo calorífico para una temperatura media exterior de menos de 10 ºC.
- *Clase B.* Vehículo calorífico para una temperatura media exterior de menos de 20 ºC.

El coeficiente K de los vehículos de la clase B debe ser obligatoriamente igual o inferior a 0,4 W/m²/ºC.

Para los RRC, FRC y FRF es obligatorio equipar con termógrafo, excepto para los de autoventa y reparto.

La edición del Convenio ATP de 2018 incluye los vehículos caloríficos-frigoríficos, que son unidades isotermas con dispositivo de producción de frío (por medio de un grupo mecánico de compresión, máquina de «absorción», etc.) y de calor (por medio de dispositivos eléctricos de calefacción, etc.), o de producción de frío y calor. Estos dispositivos permiten bajar o elevar la temperatura en el interior de la caja vacía y mantenerla después durante 12 h al menos sin repostado. Según las temperaturas exteriores o interiores, hay doce modalidades, cuyas siglas de identificación comienzan por BN o por BR.

3.3.2 *Siglas que deberán llevar los vehículos especiales*

Letras mayúsculas en caracteres latinos de color azul marino sobre fondo blanco. Altura mínima de 100 mm para marcas de clasificación y de 50 mm para las fechas de expiración. En vehículos con MMA no superior a 3,5 toneladas estas alturas podrán

Figura 6.6. Vehículo frigorífico reforzado de clase A, con dispositivo de frío no autónomo.

Tipo de vehículo	Siglas
Isotermo	IN
Isotermo reforzado	IR
Refrigerante normal de la clase A	RNA
Refrigerante reforzado de la clase A	RRA
Refrigerante reforzado de la clase B	RRB
Refrigerante reforzado de la clase C	RRC
Frigorífico normal de clase D	FND
Frigorífico reforzado de la clase D	FRD
Frigorífico normal de la clase A	FNA
Frigorífico reforzado de la clase A	FRA
Frigorífico normal de la clase B	FNB
Frigorífico reforzado de la clase B	FRB
Frigorífico normal de la clase C	FNC
Frigorífico reforzado de la clase C	FRC
Frigorífico normal de la clase D	FND
Frigorífico reforzado de la clase D	FRD
Frigorífico normal de la clase E	FNE
Frigorífico reforzado de la clase E	FRE
Frigorífico normal de la clase F	FNF
Frigorífico reforzado de la clase F	FRF
Calorífico normal de la clase A	CNA
Calorífico reforzado de la clase A	CRA
Calorífico reforzado de la clase B	CRB

Tabla 6.3. Siglas que deben llevar los vehículos especiales.

Alimentos	Temperatura
Lecha fresca o pasteurizada, mantequilla	+ 6
Helados (o cremas heladas)	– 22
Pescados y mariscos frescos (con hielo)	0 a +2
Congelados en general	–18 a –20
Quesos	+ 4 a + 7
Huevos (secos, de pie y cámara de aire arriba)	0 a +15
Frutas	0 a + 8
Carne congelada (igual o inferior a)	–14
Legumbres	+ 2 a + 8
Carne sin congelar	–1 a + 7
Aves y caza (máximo)	–1 a + 4

Tabla 6.4. Temperaturas indicativas para el transporte de determinados productos.

ser de como mínimo 50 y 25 mm, respectivamente.[1] La figura 6.5 corresponde a un vehículo con estas siglas.

En vehículos frigoríficos cuyo dispositivo de producir frío no sea autónomo y que, por tanto, dependa del funcionamiento del motor del vehículo, se añade una «X» a las siglas, como en el ejemplo de la figura 6.6.

El Convenio ATP indica finalmente algunas temperaturas para el transporte de ciertos productos, aunque no deja de ser una referencia, habida cuenta de que la temperatura para cada producto está establecida en la correspondiente norma técnico-sanitaria del mismo. Estas temperaturas son las que se resumen en la tabla 6.4.

4   Transporte de animales vivos

La normativa comunitaria y también la española sobre el transporte de animales vivos tienen un doble objetivo:

- Asegurar las condiciones veterinarias o sanitarias y tener un control de este tipo de transportes.
- Evitar que los animales sufran innecesariamente durante su transporte.

La normativa aplicable es el Reglamento (CE) 1/2005 del Consejo de 22 de diciembre de 2004 (DOUE de 5.1.2005) relativo a la protección de los animales durante el

---

[1] Enmiendas de anexos 1 y 3 del Convenio ATP, BOE de 14 de octubre de 2004.

transporte y las operaciones conexas, y también el Real Decreto 1041/97 en todo cuanto no se oponga al Reglamento. Están sujetos a esta normativa:

- Solípedos domésticos y animales domésticos de las especies bovina, ovina, caprina y porcina. (Capítulo I y VII del anexo y la mayor parte del Real Decreto.)
- Aves de corral, aves domésticas y conejos domésticos. (Capítulo II del anexo.)
- Perros y gatos domésticos. (Capítulo III del anexo.)
- Otros mamíferos y pájaros. (Capítulo IV del anexo.)
- Otros animales vertebrados y animales de sangre fría. (Capítulo V del anexo.)

Los transportes de animales en una distancia de 50 km como máximo desde origen a destino o realizados en trashumancia por sus propietarios, solo deben cumplir los artículos 3 y 27 del Reglamento, referidos a las condiciones generales del transporte y a las inspecciones de que pueden ser objeto.

4.1   Definiciones

- Viaje largo
  Viaje de más de ocho horas. Requiere inspección previa y aprobación del vehículo.

- Lugar de salida
  Lugar donde se carga el animal por primera vez, siempre que lleve allí al menos 48 horas.

- Lugar de destino
  Lugar donde se descarga un animal y se le alberga al menos 48 horas antes de la próxima salida o bien se le sacrifica.

Existen otras definiciones, como trasbordo, que no reproducimos por su obviedad.

4.2   Condiciones que se deben cumplir para realizar el transporte

Los animales deben encontrarse en condiciones de realizar el trayecto previsto. No se consideran aptos los animales enfermos o heridos, a no ser que la herida o enfermedad sea leve. Tampoco se consideran aptos los animales del grupo *a)* (véase la tabla 6.5) recién nacidos a los que no les haya cicatrizado el ombligo ni las hembras preñadas que hayan superado el 90 % del tiempo de gestación previsto o que hayan parido la semana anterior.

Se han de adoptar las medidas oportunas para su cuidado durante el traslado y a la llegada a destino. Cualquier animal que enferme o se hiera durante el transporte, recibirá

RESUMEN DEL CAPÍTULO VII DEL ANEXO	
Terneros, corderos, cabritos, lechones y potros no destetados	Se les dará un descanso suficiente, de 1 hora al menos, después de 9 horas de transporte para darles agua y alimento. Tras este período de descanso, podrá continuar su transporte durante 9 horas más
Cerdos	Podrán transportarse durante un tiempo máximo de viaje de 24 horas. Deberán disponer de agua continuamente durante el viaje
Solípedos domésticos	Se podrán transportar durante un tiempo máximo de viaje de 24 horas. Durante ese tiempo deberán ser abrevados y, en caso necesario, alimentados cada 8 horas
Resto de animales del grupo *a)*	Deberán tener un descanso suficiente, de 1 hora al menos, después de 14 horas de transporte, en especial para suministrarles agua y, si fuera necesario, alimento. Tras este período de descanso, podrá continuar su transporte durante 14 horas más

Tabla 6.5. Intervalos de suministro de agua y alimentos en el transporte de animales del grupo a).

los primeros auxilios lo antes posible. Se someterá a tratamiento veterinario y, en su caso, será sacrificado para evitarle sufrimientos innecesarios.

El espacio del que dispongan los animales debe ajustarse a las dimensiones estipuladas por la normativa, según el tipo de animal y el medio de transporte usado (capítulo VI del anexo del Real Decreto).

Los tiempos de transporte y descanso y los intervalos de alimentación y suministro de agua deberán ajustarse a los establecidos por la normativa para cada especie.

En general, el tiempo máximo de viaje será de ocho horas, pero se podrá ampliar si el vehículo de transporte reúne las condiciones adecuadas. Se entiende que las reúne cuando:

- Haya yacija suficiente en el suelo del mismo (lecho u otro elemento en el que los animales puedan estar acostados).
- Se tenga acceso directo a los animales.
- Tenga ventilación regulable y adecuada.
- Tenga paneles móviles para crear compartimentos separados.
- Tenga conexión a tomas de agua en las paradas.

En este caso, los tiempos de viaje y los intervalos de suministro de agua y alimentos serán los siguientes.

Al terminar el viaje, los animales serán descargados, se les suministrará agua y alimentos y descansarán durante al menos 24 horas.

Estas normas solo podrán incumplirse en el caso de traslado de animales para tratamiento veterinario o para un sacrificio de urgencia, siempre que no se incurra en malos tratos o en sufrimientos innecesarios.

Los animales de diferentes especies deberán ir separados y, dentro de una misma especie, deberán separarse machos adultos de hembras, así como los animales de distintas edades, excepto las madres y las crías.

4.3   Documentación o identificación

Durante todo el trayecto los animales deben ir identificados y registrados legalmente, con documentación en la que figure:

- Origen y propietario.
- Lugares de salida y destino.
- Fecha y hora de salida.
- Duración prevista del viaje.

Deberán ir acompañados de los certificados veterinarios correspondientes y de cualquier otro documento que exija la normativa. La finalidad es que las autoridades puedan controlar en todo momento el movimiento de animales vivos y las condiciones en que se realiza el transporte.

Para el transporte de animales descritos en el grupo *a)* entre Estados de la Unión Europea y los que tengan su origen o destino en terceros países, deberán llevar un «cuaderno de a bordo» u hoja de ruta (anexo II del Reglamento).

También para el transporte de animales del grupo *a)* los vehículos nuevos deben ir dotados de un sistema de navegación GPS. Los registros de los sistemas de navegación deben conservarse durante tres años.

Los costes de alimentación y suministro de agua y descanso de los animales corren a cargo de los transportistas, que deberán aportar la prueba de que se han tomado las medidas necesarias en este sentido. El transportista debe asegurarse de que los animales sean conducidos sin demora a su lugar de destino.

4.3.1   Interrupciones y retrasos

No debe interrumpirse el transporte salvo que sea imprescindible y necesario para el bienestar de los animales. Si se interrumpe más de dos horas, deberán adoptarse las medidas necesarias para el cuidado de los animales y, en caso necesario, para su descarga y alojamiento (artículo 7.2 del Real Decreto).

4.4   Autorizaciones

En su anexo III el Reglamento 1/2005 establece dos tipos de autorizaciones que el transportista debe poseer para hacer transporte de animales vivos. El solicitante debe acreditar una serie de requisitos referidos a la formación de los conductores en materia de transporte de animales vivos y a los vehículos empleados:

a) Autorización no válida para largos recorridos: validez para cinco años.

Autorización para los transportistas con arreglo al apartado 1 del artículo 11

1.	**Nº DE AUTORIZACIÓN DEL TRANSPORTISTA**

2.	**IDENTIFICACIÓN DEL TRANSPORTISTA**
2.1.	Nombre de la empresa

TIPO 2

VÁLIDA PARA TODOS LOS VIAJES INCLUIDOS LOS VIAJES LARGOS

2.2.	Dirección

2.3. Localidad	2.4. Código postal	2.5 Estado miembro

2.6. Teléfono	2.7 Fax	2.8. Correo electrónico

3. **ALCANCE DE LA AUTORIZACIÓN** limitada a determinados

Tipos de animales ☐   Modos de transporte ☐

Sírvase precisar:

Fecha de expiración...........

4. **AUTORIDAD QUE EXPIDE LA AUTORIZACIÓN**

4.1. Nombre y dirección de la autoridad

4.2. Teléfono	4.3. Fax	4.4. Correo electrónico

4.5. Fecha	4.6. Lugar	4.7. Sello oficial

4.8. Nombre y firma del funcionario

Figura 6.7. Modelo de autorización válida para todos los viajes, incluidos los largos.

b) Autorización para cualquier transporte: válida para todos los transportes, incluidos los viajes largos. Se exigen condiciones más estrictas para su otorgamiento. Misma validez de cinco años.

4.5   Inspección y control

Las autoridades competentes adoptarán las medidas necesarias para el establecimiento de los controles veterinarios y zootécnicos aplicables en los intercambios en la Unión Europea de animales vivos con el fin de supervisar el cumplimiento de los requisitos legales. Con este fin se podrá llevar a cabo la inspección de:

- Los medios de transporte y de los animales durante el transporte por carretera.
- Los medios de transporte y de los animales cuando lleguen al lugar de destino.
- Los medios de transporte y de los animales en los mercados, en los lugares de salida y en los puntos de parada y trasbordo.
- Las indicaciones que figuran en los documentos de acompañamiento.

4.6   Medidas cautelares

Si durante el transporte se comprueba que no se cumplen las normas establecidas, la autoridad competente solicitará a las personas responsables del medio de transporte que adopten las medidas que considere necesarias para garantizar el bienestar de los animales de que se trate. Según las circunstancias de cada caso, dichas medidas podrán comprender:

- La finalización del trayecto o la devolución de los animales a su lugar de salida por el itinerario más directo, siempre que esta medida no ocasione a los animales un sufrimiento innecesario.
- Alojamiento de los animales en un lugar adecuado, dispensándoles los cuidados necesarios hasta la resolución de la irregularidad.
- El sacrificio sin crueldad de los animales.

Capítulo 7

Seguridad en la conducción

Los vehículos están dotados de diferentes elementos cuya finalidad es conseguir que sean seguros. Unos constituyen la seguridad activa y son aquellos elementos sobre los que el conductor puede actuar: frenos, dirección, limpiaparabrisas, neumáticos... Nos referimos a los elementos que sirven para impedir o evitar el accidente.

Por su parte, la seguridad pasiva la forman aquellos otros elementos de la estructura del vehículo, como cinturón de seguridad, carrocería o bolsa de aire *(airbag)*. Son los elementos que, una vez producido un accidente, hacen que este sea lo menos lesivo posible para el conductor o terceros.

En la seguridad de la conducción inciden diversos factores, que se dividen en tres grupos:

a) *Psicofísicos.* Son los que dependen del conductor, como el sueño, el cansancio, el consumo de alcohol o el tiempo de percepción y reacción.
b) *Complementarios.* Son los que dependen del vehículo, como las averías, el mantenimiento, etc.
c) *Ambientales.* Son los que dependen de la vía, como el hielo, la lluvia, el calor, el estado de conservación de la misma, etc.

1 Tiempos de conducción y descanso. El tacógrafo

Los tiempos de conducción y descanso de los conductores, así como el aparato para su control, están regulados por los Reglamentos CE 561/2006 y 3821/85, respectivamente.

1.1   Tiempos de conducción

El tiempo de conducción diario no debe ser superior a 9 horas, pero se puede ampliar a 10 horas dos veces por semana. El tiempo máximo de conducción semanal no ha de superar las 56 horas. El tiempo total acumulado durante dos semanas consecutivas será de 90 horas. El tiempo máximo de conducción continuada o ininterrumpida será de 4,5 horas.

Tras cuatro horas y media de conducción se debe realizar una interrupción de al menos 45 minutos, a menos que se tome un período de descanso. Esta interrupción se puede sustituir por una pausa de al menos 15 minutos seguida de una pausa de al menos 30 minutos, intercaladas en el período de conducción. En el transcurso de las interrupciones el conductor no podrá efectuar otros trabajos. Las interrupciones no podrán ser consideradas como descansos diarios.

1.2   Tiempos de descanso

En cada período de 24 horas el conductor disfrutará de un tiempo de descanso diario de al menos 11 horas consecutivas. Este período se puede reducir a un mínimo de 9 horas consecutivas tres veces por semana como máximo. En cualquier caso, el tiempo de descanso debe ser compensado o recuperado antes del final de la semana siguiente. Si hay dos conductores, cada uno de ellos debe descansar durante 9 horas seguidas como mínimo dentro de un período de 30 horas.

Los días en que el descanso no sea reducido este se podrá disfrutar en dos períodos, el primero de ellos de al menos 3 horas consecutivas, y el segundo de al menos 9 horas consecutivas.

Después de un máximo de seis períodos de conducción diaria, el conductor deberá disfrutar de un descanso semanal. El descanso semanal será de 45 horas consecutivas. No obstante, excepcionalmente dicho plazo se puede reducir a un mínimo de 24 horas. Estas reducciones, en su caso, serán compensadas en bloque antes del final de la tercera semana siguiente a la semana en que hayan tenido lugar las reducciones.

Todo tiempo de descanso disfrutado como compensación de la reducción de los períodos de descanso diario y semanal, deberá ser incorporado a otro descanso de al menos 9 horas y realizado en el lugar de estacionamiento del vehículo o el de residencia del conductor.

- *Definición de semana:* período comprendido entre las cero horas del lunes y las veinticuatro horas del domingo.

- *Definición de descanso*: período ininterrumpido durante el cual el conductor puede disponer libremente de su tiempo.

1.3   El tacógrafo

El tacógrafo es un dispositivo que se instala en los vehículos de transporte por carretera para el registro automático de datos sobre la marcha. En los vehículos utilizados por dos conductores, el tacógrafo debe permitir el registro de manera simultánea y diferenciada de los datos de ambas personas.

Los datos que se registran son los siguientes:

* Distancia recorrida por el vehículo.
* Velocidad del vehículo.
* Tiempos de conducción, disponibilidad y otros trabajos.
* Tiempos de descanso e interrupciones.

Hasta el año 2006 los vehículos llevaban instalado un tacógrafo analógico, que con los años acabará desapareciendo. Este aparato estaba provisto de un mecanismo de relojería que hacía girar un disco de papel plastificado durante 24 horas, y de unos estiletes que marcaban en el disco las diferentes actividades y su duración. Desde esa fecha, todos los vehículos salen de la planta de fabricación con un tacógrafo digital instalado.

Deben llevar instalado un tacógrafo los vehículos de transporte público y privado de mercancías que circulen con carga o en vacío y tengan una MMA superior a 3.500 kg, incluido cualquier remolque o semirremolque.

La instalación y reparación de estos aparatos solo pueden realizarla profesionales o talleres autorizados.

Ante cualquier requerimiento de los agentes de control, el personal conductor deberá presentar los registros, hojas o impresiones del día en curso y de los 28 días anteriores.

Si no puede acreditar los 28 días porque ha estado de baja por enfermedad, de vacaciones o bien conduciendo un vehículo que no requiere tacógrafo, deberá llevar un certificado de la empresa que lo acredite, como el que se muestra en la figura 7.1.

En caso de avería del tacógrafo en ruta, la empresa transportista debe hacerlo reparar tan pronto como sea posible, salvo que la avería se produzca durante un viaje, en cuyo caso, mientras dure la avería, el personal conductor anotará los tiempos en una hoja aparte. Pero si el regreso a la sede se dilatará más de una semana desde la avería, la reparación deberá efectuarse en ruta.

Cada dos años se controlará en un taller autorizado el funcionamiento correcto del aparato, la presencia de la marca de homologación y de la placa de instalación, la integridad de los precintos y la circunferencia efectiva de los neumáticos. Y cada seis años se debe controlar el cumplimiento de los errores máximos tolerados. Este control incluye obligatoriamente la sustitución de la placa de instalación.

En determinados vehículos, que por su MMA o número de plazas de viajeros deberían estar dotados de tacógrafo, la norma permite su circulación sin él, habida cuenta de que por el tipo de actividad que desarrolla el personal conductor se hace innecesario.

CERTIFICACIÓN DE ACTIVIDADES CON ARREGLO AL REGLAMENTO (CE) N.º 561/2006
O AL ACUERDO EUROPEO SOBRE TRABAJO DE TRIPULACIONES DE VEHICULOS QUE EFECTÚEN
TRANSPORTES INTERNACIONALES POR CARRETERA (AETR) (*)

Deberá rellenarse a máquina y firmarse antes del viaje.
Deberá conservarse junto con los datos originales registrados por el tacógrafo, donde corresponda.
Las certificaciones falsas constituyen una infracción.

1. Nombre de la empresa: ....
2. Dirección, código postal, ciudad, país: ...., ..., ..., ...
3. Número de teléfono (incluido el prefijo internacional): ....
4. Correo electrónico: ....

El abajo firmante
5. Apellidos y nombre: ....
6. Cargo en la empresa: ....

declara que el conductor
7. Apellidos y nombre: ....
8. Fecha de nacimiento: ....
9. Número de permiso de conducción, de documento de identidad o de pasaporte: ....

durante el período
10. desde (hora-día-mes-año) ..........-..........-..........-..........
11. hasta (hora-día-mes-año) ..........-..........-..........-..........

12. ☐ estuvo de baja por enfermedad (**)
13. ☐ estuvo de vacaciones (**)
14. ☐ condujo un vehículo excluido del ámbito de aplicación del Reglamento (CE) n.º 561/2006
    o del AETR (**)

15. Por la empresa, lugar .... fecha .... firma ....

16. El abajo firmante, conductor, confirma que no ha conducido un vehículo incluido en el ámbito
de aplicación del Reglamento (CE) n.º 561/2006 o del AETR durante el período antes mencionado.

17. Lugar .... fecha .... Firma del conductor ....

(*) El presente impreso está disponible en versión electrónica e imprimible en internet en la dirección:
ec.europa.eu.
(**) Táchese solo una de las casillas 13, 14 o 15.

Figura 7.1.

Según el RD 640/2007,[1] en España están exceptuados del uso del tacógrafo los siguientes tipos de transportes:

a) Transportes oficiales.

b) Transportes que tengan por objeto la recogida y entrega de envíos postales por empresas proveedoras de dicho servicio, siempre que la MMA del vehículo utilizado, incluida en su caso la de los remolques y semirremolques, no sea superior a 7,5 toneladas, el transporte se desarrolle íntegramente dentro de un radio de 50 km alrededor del centro de explotación de la empresa titular o arrendataria del vehículo, y la conducción de vehículos no constituya la actividad principal del personal conductor, cuya categoría profesional habrá de ser la correspondiente a quienes se encargan de la recogida y el reparto de la correspondencia postal.

c) Transportes realizados en vehículos exclusivamente dedicados a la prestación de los servicios de alcantarillado, protección contra las inundaciones, abastecimiento de agua, mantenimiento de las redes de gas y electricidad, mantenimiento y conservación de carreteras, recogida de basura a domicilio, telégrafos y teléfonos, teledifusión y radiodifusión, y detección de receptores y transmisores de radio y televisión.

d) Transportes realizados para la eliminación de residuos de carácter urbano íntegramente comprendidos en un radio de 50 km alrededor del centro de explotación de la empresa titular o arrendataria del vehículo.

e) Transportes de mercancías de carácter privado complementario realizados en el marco de su propia actividad empresarial por empresas agrícolas, hortícolas, forestales, ganaderas o pesqueras, que se desarrollen íntegramente en un radio de 50 km alrededor del centro de explotación de la empresa.

f) Transportes de carácter privado complementario realizados mediante la utilización de tractores agrícolas o forestales en el desarrollo de una actividad agrícola o forestal, siempre que se desarrollen íntegramente en un radio de 100 km alrededor del centro de explotación de la empresa titular o arrendataria del vehículo.

g) Transportes de recogida de leche en las granjas o que tengan por objeto llevar a estas recipientes de leche o productos lácteos destinados a la alimentación del ga-

---

[1] RD 640/2007, de 18 de mayo, BOE de 26 mayo 2007.

nado, siempre que se desarrollen íntegramente en un radio de 100 km alrededor del centro de explotación de la empresa titular o arrendataria del vehículo.

h) Transporte de animales vivos entre granjas y mercados locales, entre mercados y mataderos locales o entre granjas y mataderos locales, siempre que la distancia en línea recta entre el origen y destino del transporte no sea superior a 50 km.

i) Transportes de carácter privado complementario de material de circo y atracciones de feria realizados en vehículos especialmente acondicionados para ello.

j) Traslado de exposiciones móviles instaladas a bordo de vehículos especialmente acondicionados y equipados para ello y cuya finalidad principal sea su utilización con fines educativos cuando el vehículo se encuentre estacionado.

k) Transportes de fondos u objetos de valor en vehículos especialmente acondicionados y equipados para ello.

l) Transportes realizados en el desarrollo de cursos destinados al aprendizaje de la conducción, la obtención del permiso de conducir o del certificado de aptitud profesional de los conductores mediante la utilización de vehículos especialmente equipados para ello.

m) Transportes de mercancías realizados mediante vehículos propulsados por electricidad o gas natural o licuado, cuya MMA, incluida en su caso la de los remolques o semirremolques, no sea superior a 7,5 toneladas, siempre que se desarrollen íntegramente en un radio de 50 km alrededor del centro de explotación de la empresa titular o arrendataria del vehículo.

n) Transportes de carácter privado complementario cuyo objeto sea el traslado del material, equipo o maquinaria utilizado por el personal conductor en el ejercicio de su profesión, siempre que la MMA del vehículo utilizado, incluida en su caso la de los remolques y semirremolques, no sea superior a 7,5 t toneladas, el transporte se desarrolle íntegramente dentro de un radio de 50 km alrededor del centro de explotación de la empresa titular o arrendataria del vehículo y la conducción de vehículos no constituya la actividad principal del personal conductor.

o) Transportes realizados por vehículos exclusivamente dedicados a la prestación de servicios que se desarrollen íntegramente en recintos cerrados dedicados a actividades distintas del transporte por carretera, tales como puertos, aeropuertos y estaciones ferroviarias.

p) Transportes íntegramente desarrollados en islas cuya superficie no supere los 250 km², siempre que estas no se encuentren unidas al territorio peninsular por ningún puente, vado o túnel cuyo uso esté abierto a los vehículos de motor. (Este apartado fue modificado por Real Decreto 1163/2009.)

Las excepciones contempladas en este artículo se extenderán a los recorridos en vacío que los vehículos hayan de realizar necesariamente como antecedente o consecuencia de la realización de uno de los transportes a los que dichas excepciones se encuentran referidas.

1.4   El tacógrafo digital

El tacógrafo digital dispone de componentes electrónicos para impedir o dificultar los fraudes. En él se utiliza una tarjeta personal del conductor que registra y guarda en su memoria las actividades que haya llevado a cabo los 28 días anteriores y que es expedida por la Administración (véase la figura 7.2).

El tacógrafo se coloca en el salpicadero del vehículo y cuenta con una memoria que registra todos los movimientos del vehículo durante un año, con una pequeña pantalla y una impresora. Registra el tiempo, la velocidad y la distancia recorrida por el vehículo y dispone de un menú que permite seleccionar las diversas actividades, tales como la conducción, el trabajo, el descanso o la disponibilidad.

A través de su uso, las autoridades de la Unión Europea controlan de una manera fiable el cumplimiento de la normativa sobre los tiempos de conducción y los períodos de descanso de los conductores profesionales que se dedican al transporte por carretera.

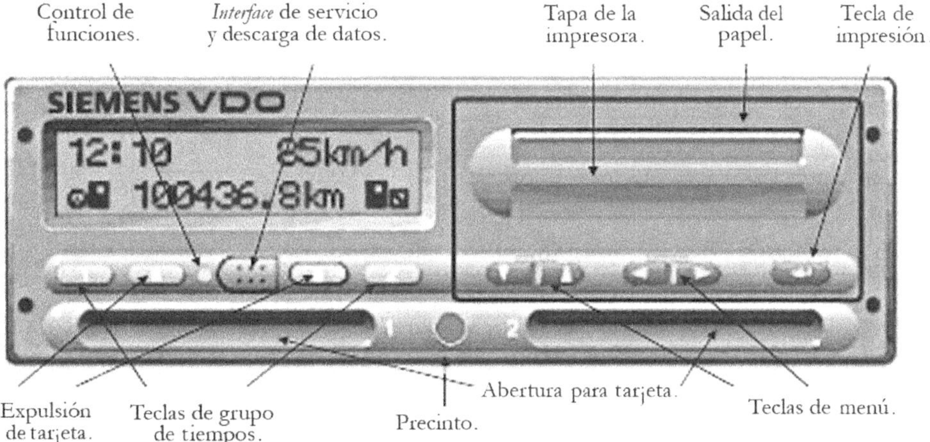

Figura 7.2. Un modelo de tacógrafo digital.

La principal norma comunitaria que regula el tacógrafo digital es el Reglamento (CE) 1360/2002 de la Comisión, de 13 de junio de 2002, por el que se adapta por séptima vez al progreso técnico el Reglamento (CEE) número 3821/85 del Consejo. La norma española es la OM 1190/2005,[2] por la que se regula la implantación del tacógrafo digital.

La implantación del tacógrafo digital en los vehículos nuevos de fábrica estaba prevista para el 5 de agosto de 2005 en la UE, pero las autoridades comunitarias permitieron un aplazamiento hasta el 1 de enero de 2006, dado que algunos Estados miembros tenían dificultades técnicas en su aplicación.

La tarjeta de conductor es personal e intransferible, solo se puede ser titular de una tarjeta y su validez es de cinco años, debiéndose solicitar su renovación en un plazo de quince días hábiles como máximo antes de su caducidad. Debe solicitarse al órgano de la administración de transportes por carretera que le corresponda al conductor por su domicilio o residencia normal. En la figura 7.3 se muestra un modelo de tarjeta de conductor.

La tarjeta de empresa permite leer y hacer volcados de los datos del tacógrafo. Debe solicitarse al órgano de la Administración de transportes por carretera que le corresponda por su domicilio fiscal. Se pueden solicitar cuantas tarjetas de empresa se deseen, hasta un máximo de sesenta y dos, y tienen también una validez de cinco años. Si la empresa deja de ser titular o arrendataria de vehículos dotados de tacógrafo, deberá devolver a la Administración las tarjetas de empresa de las que sea titular.

Figura 7.3. Tarjeta de conductor de un tacógrafo digital.

---

[2] OM 1190/2005 de 25 de abril, BOE de 3 de mayo de 2005.

Las tarjetas para centros de ensayo son para uso de fabricantes de tacógrafos digitales, instaladores y fabricantes de vehículos, así como para estaciones ITV. Tienen una validez de un año y permiten acceder al tacógrafo para activar o verificar su funcionamiento.

Las tarjetas para control son utilizadas por los órganos de la inspección de transporte y por las fuerzas y cuerpos de seguridad encargados de la vigilancia y el control del transporte por carretera. La administración de transportes proporciona dichas tarjetas a estos servicios de inspección, y se cuida también de su renovación. La validez de estas tarjetas es de cinco años.

La norma indica una serie de supuestos en que debe hacerse un volcado de datos a cualquier medio de almacenamiento externo. Para el aparato tacógrafo, este volcado debe llevarse a cabo al menos cada tres meses, sin que suponga en ningún caso el borrado de los datos de la memoria del aparato. De la tarjeta de conductor debe hacerse un volcado al menos cada treinta y un días, para evitar la pérdida de datos por sobreescritura. La empresa debe guardar datos del tacógrafo digital durante al menos un año desde su registro.

La misma OM 1190/2005 tiene como anexos modelos para la solicitud de tarjetas para conductor, empresa y centro de ensayos.

2 Normas de circulación

2.1 *Límites de velocidad máxima y mínima*

Los límites de velocidad máximos en España, en función del vehículo y del tipo de vía, son lo que resumen en la tabla 7.1.

Tipo de vía	Autobuses	Turismos y motos	Transporte escolar	Camiones
Autopistas y autovías	100	120[3]	90	90
Vías rápidas y carreteras con arcén de 1,5 m o más	90	100	80	80
Resto vías fuera de población	80	90	70	70
Vías urbanas	50	50	50	50

Tabla 7.1. Límites de velocidad máximos en función del vehículo y del tipo de vía.

---

[3] En el momento de editar este libro existe en España una limitación transitoria de 110 km/hora, con el fin de reducir el consumo de combustibles y, en consecuencia, su coste global para la economía del país.

Cód.	País	Velocidad máxima en km/h.		Nivel alcoholemia	
		Carretera	Autopista	g/l sangre	ml/l de aire
DE	Alemania	100	(130)	0.5	0.25
AT	Austria	100	130	0.5	0.25
BE	Bélgica	90	120	0.5	0.25
BG	Bulgaria	80	120	0.0	0.00
CY	Chipre	80	100	0.5	0.25
DK	Dinamarca	80	130	0.5	0.25
SI	Eslovenia	80/100	120	0.5	0.25
ES	España	90	120	0.5	0.25
EE	Estonia	90	0	0.2	0.10
FI	Finlandia	80	120	0.5	0.25
FR	Francia	80-90	110-130	0.5	0.25
GR	Grecia	90	120	0.5	0.25
NL	Holanda	80	100	0.5	0.25
HU	Hungría	90	130	0.0	0.00
IE	Irlanda	80/100	120	0.5	0.25
IT	Italia	90	130	0.5	0.25
LV	Letonia	90/110	0	0.0	0.00
LT	Lituania	90/110	0	0.4	0.20
LU	Luxemburgo	90	130	0.5	0.25
MT	Malta	60	0	0.8	0.40
PL	Polonia	100	120/140	0.2	0.10
PT	Portugal	90-100	120	0.5	0.25
CZ	República Checa	90	130	0.0	0.00
SK	República Eslovaca	90	130	0.0	0.00
RO	Rumanía	90/100	130	0.0	0.00
SE	Suecia	70/90	120	0.2	0.10

Fuentes: Dirección General de Transportes, Unión Europea.

Tabla 7.2. Límites genéricos de velocidad y alcoholemia en los países de la Unión Europea .

La velocidad mínima no debe ser inferior a 60 km/hora en autopistas y autovías. En el resto de vías debe ser como mínimo la mitad de la genérica. No está de más recordar que en una autopista no pueden circular vehículos de tracción animal, bicicletas, ciclomotores ni vehículos de minusválidos.

Los siguientes vehículos, excepto los de policía, protección civil, emergencias, etc., deben llevar instalado un limitador de velocidad:

- Los vehículos para transporte de personas de más de nueve plazas y MMA superior a 10 toneladas tendrán limitada la velocidad a 100 km/hora.
- Los vehículos de transporte de mercancías con MMA superior a 3,5 toneladas tendrán limitada la velocidad a 90 km/hora.

2.2   Alcohol

Cualquier usuario de la vía pública (incluidos los ciclistas) puede ser sometido a la prueba de alcoholemia.

Esta se considera positiva cuando el nivel es superior a 0,5 g de alcohol por litro de sangre o bien 0,25 miligramos por litro de aire espirado, como normal general. O bien 0,3 g de alcohol por litro de sangre o 0,15 miligramos por litro de aire espirado, en vehículos de mercancías de más de 3.500 kg de MMA y cuando se transporten mercancías peligrosas.

Se tiene derecho a solicitar un contraanálisis. Si el conductor no tiene razón pagará él los gastos, y si resulta negativo lo abonará la Jefatura de Tráfico.

En la tabla 7.3 se detallan los efectos que producen determinadas tasas de alcoholemia sobre un conductor, así como las cantidades de bebidas usuales con que se alcanzan dichas concentraciones.

2.3   Prioridades de paso

Cuando existan obras o estrechamientos tiene prioridad de paso el vehículo que haya entrado primero y, en caso de duda, el que tenga más dificultad para maniobrar. En las pendientes tiene prioridad de paso el que circula en sentido ascendente. En las glorietas tiene preferencia el vehículo que circula dentro, sobre el que pretende incorporarse.

2.4   Cargas indivisibles

Si estas sobresalen más de lo permitido, el transporte se realizará con una autorización especial (itinerarios, horarios, señalización, etc., se indicarán en la propia autorización).

Tasa de alcoholemia	Consumo con que se alcanzan estos niveles	Efectos que produce en el conductor
0,2 - 0,4	Dos vasos de vino o bien tres cañas de cerveza	Euforia y dificultades al procesar la información ante situaciones inesperadas
0,4 - 0,6	Un copa de *whisky*	Incremento del tiempo de reacción y aparición de la somnolencia o fatiga
0,6 - 1	Dos copas de *whisky*	Conducción temeraria, alteración visual o visión borrosa que impide un procesamiento correcto de la información
1 - 1,5	Una copa de *brandy* y dos copas de *whisky*	Conducción anómala, error en las maniobras, rectificación de trayectoria o pegarse y separarse del vehículo que precede
Más de 1,5	Cinco copas de *whisky*	Se van incrementando las dificultades anteriores y surgen problemas de consciencia. Por encima de 4 g/l se llega al coma etílico
Los efectos de las distintas tasas de alcohol en sangre (gramos por litro), la equivalencia en bebidas comunes y el riesgo de accidente están calculados para un varón sano, no bebedor, de 70 kg de peso y en ayunas. En mujeres y en individuos de menor peso, las mismas concentraciones se alcanzan con menor cantidad bebida		

Tabla 7.3. Efectos que las distintas tasas de alcoholemia producen en un conductor.

Se debe utilizar, de día y de noche, una señal luminosa rotativa, color amarillo auto, visible a 100 m.

La carga que sobresalga, sin exceder los máximos permitidos, debe ir señalizada con paneles de 50 × 50 cm con franjas diagonales rojas y blancas.

2.5   Distancia entre vehículos

Los vehículos de más de 3,5 toneladas de MMA y los que tengan más de 10 m de largo, deben dejar un espacio de 50 m respecto al vehículo que les precede, para facilitar los adelantamientos. Cuando haya varios carriles de circulación o no sea posible adelantar por saturación u otras causas, no será necesario. Durante un adelantamiento la distancia entre el vehículo que adelanta y el adelantado esto no será inferior a 1,5 m.

2.6   Alumbrado

Entre la puesta y la salida del sol deben encenderse las luces de posición. Si la vía está insuficientemente iluminada deberán encenderse las luces cortas o de cruce. Si el vehículo circula a más de 40 km/h se deberán encender luces largas, teniendo en cuenta las reglas de su uso.

Se entiende por vía insuficientemente iluminada aquella en que no puede leerse la placa de matrícula a 10 m o no se distingue un vehículo pintado de oscuro a 50 m. En carriles reversibles se usarán, tanto de día como de noche, las luces de cruce o cortas.

2.7   Vehículos largos

Los vehículos de más de 12 m de largo deben llevar en la parte trasera una placa rectangular amarilla con bordes rojos, o bien dos placas rectangulares en sus extremos traseros.

2.8   Triángulos de preseñalización

Deben colocarse a 50 m del vehículo y ser visibles a 100 m. Se colocan delante y detrás o solo detrás en vías de un solo sentido. Cuando se esté repostando combustible, es obligatorio parar el motor del vehículo.

Está prohibida la circulación de vehículos con silenciadores incompletos, inadecuados o deteriorados, que contaminen y hagan excesivo ruido.

2.9   Otras normas aplicables

- No se permite el uso de teléfonos móviles, salvo los de manos libres sin auriculares.
- No se permite el uso de pantallas con imágenes, salvo GPS y similares.
- Tanto la radio como el teléfono móvil deben estar apagados al repostar.
- Se prohíbe el uso de detectores de radar, así como hacer señales luminosas a otros usuarios advirtiendo la presencia de agentes de tráfico.
- Uso obligatorio de luces de avería cuando haya peligro de alcance entre vehículos.
- Los autobuses con viajeros de pie no deben exceder la velocidad de 80 km/h.
- El chaleco reflectante es obligatorio.
- No se permite a los peatones y «autoestopistas» circular por autopista ni tampoco por autovías.

2.10   Cinturones de seguridad

El uso de los cinturones de seguridad está regulado por el Reglamento General de Circulación,[4] diferenciando sus prescripciones para personas adultas y para menores.

2.10.1   Adultos

Se utilizarán cinturones de seguridad u otros sistemas de retención homologados, correctamente abrochados, tanto en la circulación por vías urbanas como interurbanas:

a) Por el conductor y los pasajeros:

1. De los turismos.
2. De aquellos vehículos con masa máxima autorizada de hasta 3.500 kg que, conservando las características esenciales de los turismos, estén dispuestos para el transporte, simultáneo o no, de personas y mercancías.
3. De las motocicletas y motocicletas con sidecar, ciclomotores, vehículos de tres ruedas y cuadriciclos, cuando estén dotados de estructura de protección y cinturones de seguridad y así conste en la correspondiente tarjeta de inspección técnica.

b) Por el conductor y los pasajeros de los asientos equipados con cinturones de seguridad u otros sistemas de retención homologados de los vehículos destinados al transporte de mercancías y de los vehículos mixtos.

c) Por el conductor y los pasajeros de más de tres años de edad de los asientos equipados con cinturones de seguridad u otros sistemas de retención homologados de los vehículos destinados al transporte de personas de más de nueve plazas, incluido el conductor.

De esta obligación se deberá informar a los pasajeros por el conductor del vehículo, por el guía o por la persona encargada del grupo, a través de medios audiovisuales o mediante letreros o pictogramas colocados en lugares bien visibles de cada asiento.

---

[4] Aprobado en España mediante el RD 1428/2003, que fue modificado por el RD 965/2006 (BOE de 5 septiembre de 2006).

2.10.2 Menores

La utilización de los cinturones de seguridad y otros sistemas de retención homologados por determinadas personas en función de su talla y edad, excepto en los vehículos de más de nueve plazas, incluido el conductor, se ajustará a las siguientes prescripciones:

a) *Respecto de los asientos delanteros del vehículo,* queda prohibido circular con menores de doce años situados en los asientos delanteros del vehículo, salvo que utilicen dispositivos homologados al efecto. Excepcionalmente, cuando su estatura sea igual o superior a 135 cm, los menores de doce años podrán utilizar como tal dispositivo el propio cinturón de seguridad para adultos de que estén dotados los asientos delanteros.

b) *Respecto de los asientos traseros del vehículo:*

   1. Las personas cuya estatura no alcance los 135 cm, deberán utilizar obligatoriamente un dispositivo de retención homologado adaptado a su talla y a su peso.
   2. Las personas cuya estatura sea igual o superior a 135 cm y no supere los 150 cm, centímetros, podrán utilizar indistintamente un dispositivo de retención homologado adaptado a su talla y a su peso o el cinturón de seguridad para adultos.

c) Los niños no podrán utilizar un dispositivo de retención orientado hacia atrás instalado en un asiento del pasajero protegido con una bolsa de *aire (airbag)* frontal, a menos que haya sido desactivada, condición que se cumplirá también en el caso de que dicha bolsa se haya desactivado adecuadamente de forma automática.

Los pasajeros de más de tres años de edad cuya estatura no alcance los 135 cm, deberán utilizar los cinturones de seguridad u otros sistemas de retención homologados instalados en los vehículos de más de nueve plazas, incluido el conductor, siempre que sean adecuados a su talla y peso.

En los vehículos que no estén provistos de dispositivos de seguridad no podrán viajar niños menores de tres años de edad. Además, los mayores de tres años que no alcancen los 135 cm de estatura deberán ocupar un asiento trasero.

Capítulo 8

Carga y descarga

Las operaciones previas a cualquier transporte son las de carga y estiba de las mercancías. Y una vez concluido dicho transporte siempre son necesarias las operaciones inversas, es decir, la desestiba y descarga de las mercancías.

Cargar es simplemente recoger y depositar las mercancías sobre un medio cualquiera de transporte. Estibar consiste en manipular, distribuir y colocar de forma adecuada estas mercancías para conseguir minimizar posibles daños, facilitar descargas parciales y proteger a las personas o cosas.

1 Carga

En el momento de cargar mercancías en un vehículo de transporte por carretera hay ciertas normas que se han de tener en cuenta, y aunque algunas puedan estar reguladas por una determinada normativa, la mayoría son fruto de aplicar el sentido común, es decir, de actuar con lógica. La primera norma es evitar que la persona que realiza la carga o descarga sufra lesiones, sobre todo de tipo dorso-lumbares, para lo que deben seguirse unos principios básicos como los mostrados en la figura 8.1. Además, debe tenerse en cuenta lo siguiente:

- La carga no debe caer del vehículo ni perjudicar o molestar a otros usuarios de la vía pública.
- Si se cargan mercancías diferentes, las mercancías más ligeras deben colocarse sobre las más pesadas y nunca al revés. Si hay mercancías que despiden olores, polvo, agua o humedad, no hay que mezclarlas con otras a las que puedan perjudicar. Tampoco deben mezclarse generalmente mercancías peligrosas con las no peligrosas.
- Se debe tener presente y respetar la masa máxima autorizada (MMA) del vehículo, su carga útil y el peso máximo por eje, pues de lo contrario se compromete la seguridad y se corre el riesgo de ser sancionado.

Figura 8.1. Posición correcta del cuerpo para elevar un bulto o caja sin sufrir lesiones.

- La carga no debe poner en peligro al conductor ni a terceros. No debe causar daños a la infraestructura vial, no debe bascular dentro del vehículo, caer a la calzada ni ser arrastrada.
- La carga no debe desbordar los contornos del vehículo, salvo cuando se trate de masas indivisibles y con señalización especial.
- La carga tampoco debe obstruir el campo de visión del conductor, ni ocultar luces, catadióptricos ni placas.
- La mercancía debe estar repartida en el vehículo de manera uniforme. La carga se apoyará contra la pared delantera de batea, cuando no ocupe todo el espacio del vehículo, para evitar que sea proyectada hacia delante en caso de un frenazo brusco.
- Cuando se haga una descarga parcial se debe redistribuir la carga para que el peso quede nuevamente repartido por igual y no peligre la estabilidad en supuestos de curvas o aceleraciones.
- En las cisternas compartimentadas, las descargas deben hacerse de manera que no se altere el equilibrio, para lo cual la carga se realizará teniendo en cuenta el orden de descarga. Lo ideal es dejar la descarga de los compartimentos centrales para el final.
- En caso de cargas pequeñas y muy pesadas se debe repartir el peso con aspas o travesaños de madera debajo.
- Cuando se descargue en un almacén nunca debe depositarse la mercancía en salidas de incendios o donde se pueda impedir el acceso a extintores o cuadros eléctricos (véase la figura 8.2).

Figura 8.2. Nunca se deben obstruir con la carga las salidas de emergencia, los extintores ni los cuadros eléctricos.

2   Estiba

Para realizar una correcta estiba también hay unas reglas que se han de seguir. Se ha de considerar el tipo de mercancía, el comportamiento del vehículo durante la marcha en función de la estiba, el orden en que se producirán las descargas parciales, en su caso, y también las señales o indicaciones que puedan llevar los bultos, y que se recogen en la tabla 8.1. Algunos principios que se han de tener en cuenta al hacer la estiba son los siguientes:

- Las mercancías muy pesadas deben quedar sólida y directamente unidas al chasis. Para ello, se pueden usar cuerdas, cables, correas, cadenas, tensores, calzos o cuñas. Estos elementos han de estar tensos y enganchados a puntos adecuados del vehículo. Algunas personas tienen la creencia equivocada de que las mercancías muy pesadas «ya se aguantan» solas y que casi no es necesario sujetarlas o trincarlas. Con el vehículo en marcha actúan una serie de fuerzas sobre este y sobre la carga, que se combinan entre sí. En una curva actúa la fuerza centrífuga, que puede ejercer sobre una mercancía pesada una fuerza lateral de hasta el 50 % de su peso. En una aceleración actúa una fuerza de inercia sobre la mercancía que la empuja hacia atrás y que también puede ser del 50 % de su peso. Y ante un frenazo brusco, la inercia de la mercancía puede empujarla hacia delante con una fuerza de hasta el

Símbolo	Leyenda	Función
	Hacia arriba	Indica que el embalaje de expedición debe mantenerse en posición vertical
	Manejar con cuidado	Indica que es necesario manipular con cuidado, por tratarse de mercancía vulnerable a golpes
	Protéjase del agua o la humedad	Indica que el embalaje de expedición debe mantenerse en un ambiente seco
	No use garfios	Los garfios están prohibidos para la elevación del embalaje de expedición
	Frágil	Indica que el contenido del embalaje es frágil y que por tanto es preciso manipular con precaución
	Protéjase del calor	Indica que el embalaje de expedición debe mantenerse alejado del calor
	Eslingas aquí	Indica el emplazamiento en que deben encontrarse las eslingas para la elevación del embalaje

		Ejemplo de presentación en un embalaje del símbolo «Eslingas aquí»
	Centro de gravedad	Indica el centro de gravedad del embalaje. El centro de gravedad de un embalaje se sitúa en el punto de intersección de tres ejes determinados por el emplazamiento de los símbolos
	No debe rodar	El embalaje no debe rodar durante su manipulación
	No manipular con las horquillas en esta cara	Indica las caras del embalaje en las que no deben colocarse las horquillas de las carretillas
	Apilamiento limitado	Indica las posibilidades de apilamiento limitado del embalaje
	Colocar mordazas aquí	Informa del emplazamiento de las mordazas para la manipulación del embalaje de expedición
	Límite de temperatura	Indica los límites de temperatura en los que debe conservarse y manipularse el embalaje
	Mercancía peligrosa	Indica que la mercancía contenida en el embalaje es peligrosa, en este caso corrosiva. Hay muchas marcas o etiquetas diferentes, según el peligro

Tabla 8.1. Señales de protección y manipulación de bultos.

80 % de su peso. Por tanto, cuanto más pesada es una pieza mejor sujeta debe ir al chasis del vehículo.

- Las lonas han de estar tensas y bien atadas. Si deben plegarse, los pliegues se harán hacia atrás y si hay varias, las de delante deben montar sobre las de atrás, para evitar que se inflen con el aire al circular.

- Los troncos, las maderas o los tablones que vayan cargados en sentido longitudinal y cuya altura supere las protecciones laterales del camión, deben asegurarse con largueros y cadenas en su parte superior. Si se cargan en sentido transversal deben agruparse en pilas de un máximo de 2 m. Entre cada una de estas pilas se pondrán tabiques y al menos dos largueros. Con esto se evita que la carga se pueda deslizar o rodar en casos de aceleraciones o frenadas.

- Las cargas de gran longitud no deben resbalar ni a lo largo ni hacia los lados. Los tubos y las barras metálicas deben ir atados formando fajos. Las vigas de hormigón o acero han de ir sólidamente sujetas en sentido longitudinal. El panel delantero de los vehículos para este tipo de cargas debe resistir 800 kg por tonelada de carga útil.

- Cuando lo que se transportan son otros vehículos, como turismos, deben estar inmovilizados y anclados por cables, cadenas o correas, siendo este último sistema el más utilizado.

- Las chapas y los paneles de aglomerado de madera deben ir unidas en pilas y atadas para que no resbalen, ya que es una mercancía de un peso considerable.

- Las grandes bobinas de alambre, chapa o cable que puedan rodar, así como los tubos grandes de hormigón, deben ir situadas unas contra otras. La primera y la última se asegurarán con calzos o cuñas de una altura de al menos 1/8 del diámetro de la bobina o tubo. Y todas ellas deben asegurarse con cadenas o cables que pasen por su centro.

- Las cargas de piedras, grava, arena o chatarra que pueden ser desplazadas por el viento, deben ir cubiertas con una red, lona o toldo.

- Los bloques pesados de mármol, granito o similares, deben estibarse distribuyendo su peso con travesaños para evitar desplazamientos. Estas cargas deben centrarse y no ponerse en los extremos de la batea.

- Entre los distintos bultos o palés deben evitarse los espacios vacíos. En caso de no poder evitarlos, es conveniente rellenarlos con algún material.

Si la carga tiene que sobresalir es necesario respetar los siguientes aspectos:

- En vehículos de más de cinco metros la carga puede sobresalir por delante dos metros y por detrás tres como máximo; en los de cinco o menos metros puede sobresalir un tercio por delante y por detrás (artículo 15 del Reglamento General de Circulación). Hay que tener presente que el vehículo más la carga que sobresalga no puede exceder la longitud máxima permitida. Por ejemplo, un vehículo rígido de nueve metros solo puede llevar una carga que sobresalga en total tres metros. En caso contrario excedería de los doce metros y debería tener autorización especial.

- Por los lados puede sobresalir hasta 0,40 m por cada lado si no excede en total los 2,55 m.
- La carga indivisible que deba sobresalir se señalizará con un panel de 50 × 50 cm de lado y franjas diagonales rojas y blancas. De noche llevará, además, una luz roja.
- En vehículos distintos a los de transporte de mercancías, la carga podrá sobresalir solo por detrás un 10 % y cuando sea indivisible un 15 % de la longitud del vehículo, señalizándola.
- Si la carga o descarga deben hacerse en una vía pública interurbana se realizará sin dificultar el tráfico ni la seguridad vial. No se debe depositar la carga en el pavimento de la carretera. En vías urbanas la carga y descarga se debe hacer de acuerdo con las normativas municipales.
- El vehículo no debe dificultar la circulación en aceras ni entradas a vados, de modo que se colocará paralelo a la acera, contra su borde, en el sentido de la circulación. Debe haber personal suficiente para hacer la carga o descarga de forma rápida.
- Todo incumplimiento que afecte a la seguridad de las personas por entrañar peligro grave y directo para las mismas está tipificado como infracción muy grave.

2.1   La ficha de estiba

Desde el 20 de mayo de 2018 está vigente el RD 563/2017, que establece los sistemas de inspección de vehículos en ruta que se han de llevar a cabo de manera sistemática y contiene una tabla con todas las irregularidades posibles en la estiba de las mercancías, así como su tipificación y sanción. En toda la UE los estados han promulgado normas similares y han capacitado a sus cuerpos de seguridad para llevar a cabo dichas inspecciones, con la finalidad de garantizar una estiba segura de la carga.

Esta norma regula las inspecciones técnicas en carretera de vehículos comerciales que circulan en territorio español, estén o no matriculados en España, con el objeto de comprobar el estado técnico del vehículo y si está bien estibada y sujeta la mercancía; por esta razón se le conoce como «el decreto de la estiba».

Se estima que el 45 % de accidentes en el transporte por carretera se deben a una mala sujeción de las cargas. La ITV móvil aleatoria en camiones comerciales tiene como doble objetivo evitar la competencia desleal dentro del transporte por carretera, sancionando a quien no cumple la normativa, y la reducción de riesgos y accidentes durante el transporte.

De acuerdo con la normativa, las inspecciones podrán realizarse:

- Sobre las técnicas de fijación de la carga, comprobando que las cargas están fijadas de acuerdo con las normas técnicas exigidas.
- Sobre los útiles empleados, para ver si cumplen la normativa técnica correspondiente y están en buen estado.
- Sobre los vehículos que transportan la carga, verificando si estos son aptos para el transporte, con puntos de anclaje para las unidades de carga suficientes y adecuados.

Para facilitar el cumplimiento de esta normativa y facilitar la transmisión de instrucciones de manera resumida y gráfica, se han creado las llamadas «fichas de estiba». Se trata de fichas, editadas en soporte físico o digital, donde se establecen las normas de estiba para cada transporte específico, según el tipo de vehículo, y el peso, volumen y características de la mercancía. Su uso no es obligatorio, aunque podría llegar a serlo en un futuro cercano. Son muy prácticas, contribuyen a agilizar los trabajos de estiba y desestiba de la mercancía, y son una herramienta para garantizar la seguridad del personal conductor y la de la carga. En figuras 8.3 y 8.4 aparecen dos ejemplos de estas fichas.

Se debe tener en cuenta que la empresa transportista y, por tanto, el personal conductor a su cargo o subcontratado, nunca tiene la obligación de realizar las tareas de estiba y desestiba de la mercancía. Dichas tareas son responsabilidad de la empresa cargadora, si bien esta puede contratar a la transportista para que sea ella quien las realice, transmitiendo así dicha responsabilidad.

Algunos de los principales usos de la ficha de estiba son:

- Como documento mediante el que una empresa cargadora contractual indica a la transportista, como obligación o como recomendación, cómo debe sujetar o fijar una carga a un vehículo, de acuerdo con la normativa.
- Como certificado de estiba que sirva de apoyo a las inspecciones en carretera, a fin de facilitar la labor de verificación de la carga y de realizar anotaciones sobre la responsabilidad que de ella se deriva, gracias al reverso legal de la ficha de estiba, donde se detallan los compromisos entre la empresa cargadora contractual y la transportista que haya realizado la estiba de la mercancía.
- Demostrar diligencia en las empresas, sirviendo de apoyo en procesos de seguridad.
- Ayudar a planificar la carga en el vehículo de transporte, gracias a disponer de la ficha de estiba antes de la realización de la misma
- Entender los pasos de carga y sujeción, incluso para transportistas extranjeros que no entiendan el idioma que se hable en el punto de carga de la mercancía.
- Aportar mayor calidad de servicio, fomentando la cooperación entre las empresas transportistas y las cargadoras.

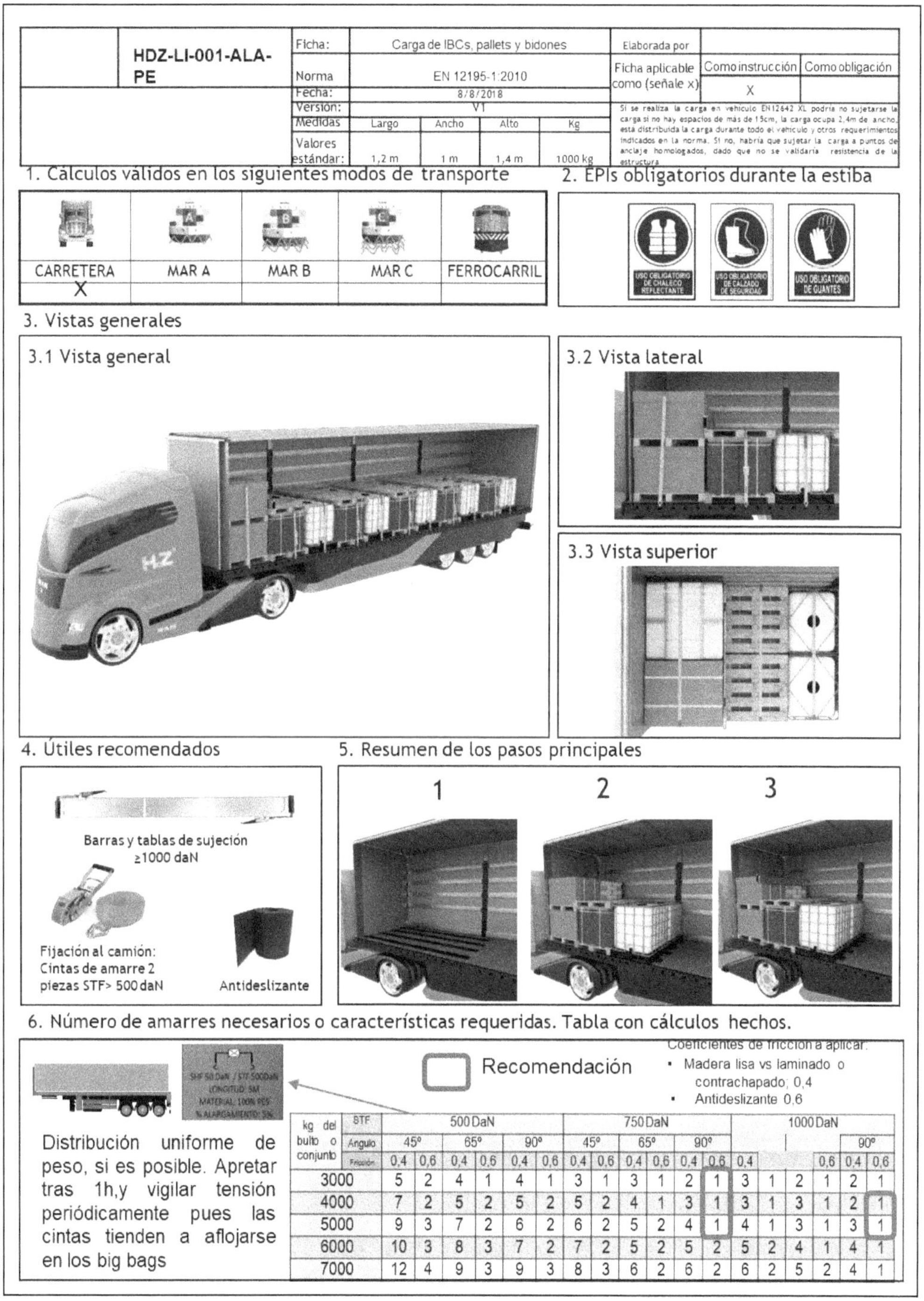

HDZ-LI-001-ALA-PE

Ficha:	Carga de IBCs, pallets y bidones	Elaborada por	
Norma	EN 12195-1:2010	Ficha aplicable como (señale x)	Como instrucción / Como obligación
Fecha:	8/8/2018		X
Versión:	V1		
Medidas	Largo / Ancho / Alto / Kg		
Valores estándar:	1,2 m / 1 m / 1,4 m / 1000 kg		

Si se realiza la carga en vehículo EN12642 XL podría no sujetarse la carga si no hay espacios de más de 15cm, la carga ocupa 2,4m de ancho, está distribuida la carga durante todo el vehículo y otros requerimientos indicados en la norma. Si no, habría que sujetar la carga a puntos de anclaje homologados, dado que no se validaría resistencia de la estructura

1. Cálculos válidos en los siguientes modos de transporte

CARRETERA	MAR A	MAR B	MAR C	FERROCARRIL
X				

2. EPIs obligatorios durante la estiba

3. Vistas generales

3.1 Vista general

3.2 Vista lateral

3.3 Vista superior

4. Útiles recomendados

5. Resumen de los pasos principales

6. Número de amarres necesarios o características requeridas. Tabla con cálculos hechos.

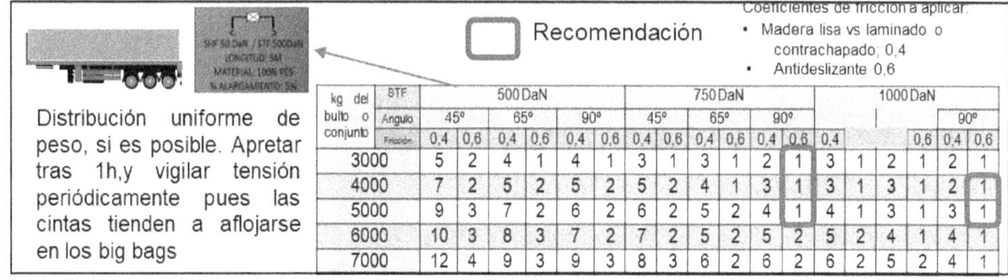

Distribución uniforme de peso, si es posible. Apretar tras 1h, y vigilar tensión periódicamente pues las cintas tienden a aflojarse en los big bags

Coeficientes de fricción a aplicar:
- Madera lisa vs laminado o contrachapado: 0,4
- Antideslizante 0,6

kg del bulto o conjunto	500 DaN 45° 0,4	500 DaN 45° 0,6	500 DaN 65° 0,4	500 DaN 65° 0,6	500 DaN 90° 0,4	500 DaN 90° 0,6	750 DaN 45° 0,4	750 DaN 45° 0,6	750 DaN 65° 0,4	750 DaN 65° 0,6	750 DaN 90° 0,4	750 DaN 90° 0,6	1000 DaN 0,4	1000 DaN	1000 DaN	1000 DaN 0,6	1000 DaN 90° 0,4	1000 DaN 90° 0,6
3000	5	2	4	1	4	1	3	1	3	1	2	1	3	1	2	1	2	1
4000	7	2	5	2	5	2	5	2	4	1	3	1	3	1	3	1	2	1
5000	9	3	7	2	6	2	6	2	5	2	4	1	4	1	3	1	3	1
6000	10	3	8	3	7	2	7	2	5	2	5	2	5	2	4	1	4	1
7000	12	4	9	3	9	3	8	3	6	2	6	2	6	2	5	2	4	1

Figura 8.3. Ejemplo de ficha de estiba.
(Fuente: *Normativa de estiba en carretera,* Eva María Hernández Ramos.)

Figura 8.4. Ejemplo de ficha de estiba.
(Fuente: *Normativa de estiba en carretera*, Eva María Hernández Ramos.)

3   Envases y embalajes

El envase es el recipiente donde se conserva una mercancía, es decir, donde se encuentra al hacer la compra en un supermercado. Todos los productos que no se sirven a granel disponen de su envase.

El embalaje es una cobertura exterior que se coloca sobre la mercancía para protegerla y facilitar su manipulación, transporte, almacenaje e identificación. Los palés se consideran parte del embalaje. Los materiales utilizados en la fabricación de embalajes son, entre otros:

- Madera, para fabricar cajas, cestos y jaulas.
- Textiles, con los que se hacen sacos y bolsas.
- Papel y cartón, empleado en cajas y en sacos para cemento y similares.
- Vidrio, para botellas destinadas a contener líquidos.
- Plásticos, para diversos usos, según la clase de plástico (relleno, botellas, bolsas...).
- Aluminio y acero, para la construcción de bidones.

4   Palés y contenedores

4.1   Palés

Los palés son elementos que facilitan la manipulación de las mercancías mediante carretillas elevadoras y otros dispositivos. Pueden estar fabricados con diversos materiales, como fibra de vidrio, hierro, aluminio, plástico o madera, aunque el más común es la madera. También pueden tener diferentes medidas y se pueden fabricar por encargo, pero los más utilizados son los que tienen medidas estándar, porque permiten el aprovechamiento óptimo del espacio interior de un camión, ya que sus dimensiones son submúltiplos de las de los camiones.

El europalé tiene unas dimensiones de 80 × 120 cm, como se observa en la figura 8.5. La figura 8.6 muestra las dimensiones del *isopallet*, que son 100 × 120 cm.

Los palés de «fondo perdido», son aquellos que solamente permiten un uso, mientras que los más utilizados son los «de servicio», que permiten un uso repetido. El palé consiste en una plataforma ligeramente elevada sobre el suelo, en la que se colocan las cajas, sacos, etc., de mercancía y que permite introducir bajo ella las horquillas de las carretillas elevadoras.

Por su construcción pueden ser accesibles solamente por dos lados, en cuyo caso hablamos de palés de dos entradas, como el mostrado en la figura 8.7, y también pueden permitir el acceso por sus cuatro caras, como el de la figura 8.8, llamándose entonces palés de cuatro entradas. En la figura 8.9 se muestra un transpalé de tipo manual.

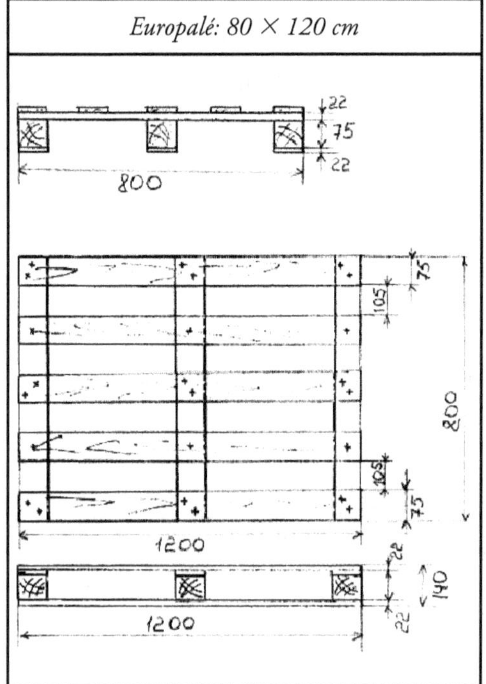

Figura 8.5. Dimensiones de un europalé.

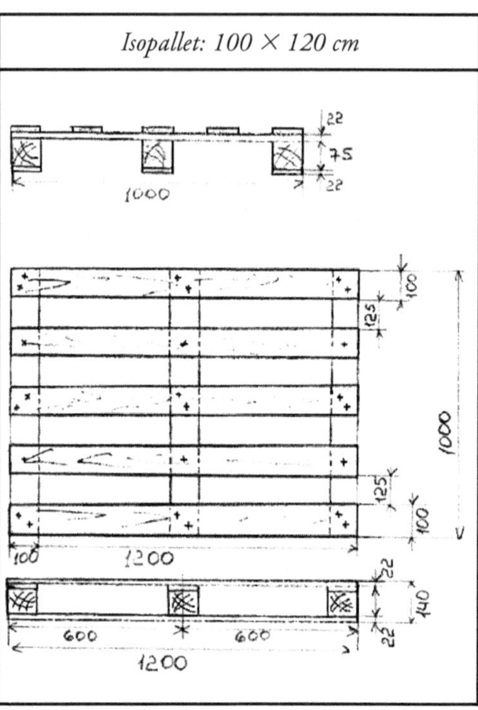

Figura 8.6. Dimensiones de un isopallet.

Cuando la mercancía se coloca sobre el palé se puede fijar al mismo mediante flejes, que serán metálicos o de plástico. También se puede cubrir con una película de plástico retráctil para darle mayor solidez y evitar mojaduras.

4.2   Contenedores

Un contenedor se define como una caja o cajón para transportar mercancías, que permite un uso repetido y que tiene un volumen superior a un metro cúbico. Existes mu-

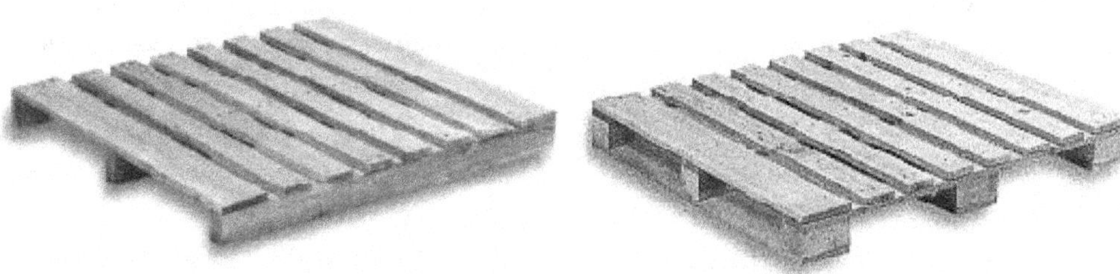

Figura 8.7. Palé de dos entradas.

Figura 8.8. Palé de cuatro entradas.

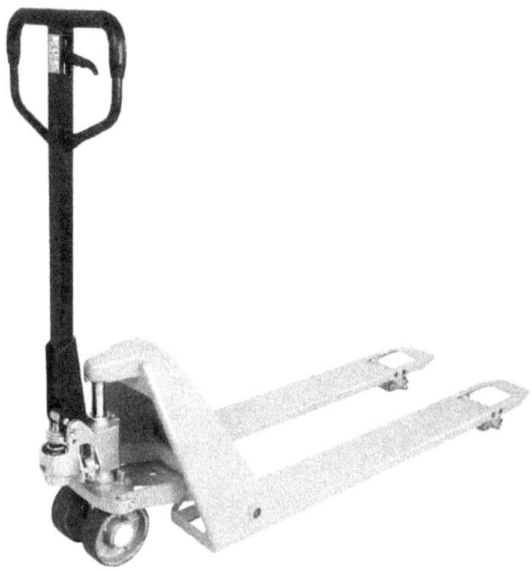

Figura 8.9. Transpalé de uso manual.

chos tipos de contenedores y se fabrican de materiales muy diversos. Por ejemplo, los utilizados en transporte aéreo suelen fabricarse de aluminio y fibra de vidrio y sus formas se adaptan a la configuración de las bodegas de carga de los aviones. Pero en transporte multimodal se utilizan contenedores de dimensiones estándar, construidos en hierro y acero y forrados interiormente de planchas de madera, siendo los más utilizados los de 20 y 40 pies (véase la figura 8.10).

Figura 8.10. Contenedores de carga general (dry box) de 20 pies apilados en una terminal.

Dentro de estos dos tamaños, los tipos de contenedores de uso más frecuente son:

- **Cerrado o de carga general** *(dry box)*
  Es un contenedor que se abre por la parte trasera, teniendo que entrar en él para hacer la estiba o desestiba de las mercancías.

- **De techo abierto** *(open top)*
  Se abre por la parte superior, pudiendo ser cargado mediante una grúa.

- **De costado abierto** *(open side)*
  Se accede a la superficie de carga por un lateral, facilitándose así mucho la estiba o desestiba de las mercancías.

- **Contenedor de media altura** *(half height)*
  Es un tipo de contenedor de techo abierto de 1,29 m de altura, adecuado para mercancías planas y muy pesadas, como planchas, barras, raíles, etc. Para este tipo de mercancías, en un contenedor normal, se alcanzaría el peso máximo admisible en la mitad o antes de su altura, quedando inutilizada la mitad de su volumen o espacio. Con estos contenedores se evita ese derroche de espacio.

- **Cisterna** *(tank)*
  En una jaula o estructura con las dimensiones estándar de cualquier contenedor, va encerrada una cisterna o depósito para el transporte de gases o líquidos.

- **Frigoríficos, isotermos, caloríficos** *(reefer, insulated, heated)*
  Son contenedores para el transporte de mercancías perecederas, que cumplen todas las estipulaciones del Acuerdo ATP. Los frigoríficos suelen funcionar con energía eléctrica en las terminales portuarias y durante su transporte marítimo, y de forma autónoma con un motor diésel propio cuando se desplazan por carretera o ferrocarril.

El uso del contenedor proporciona mayor seguridad, más rapidez y minimiza la posibilidad de que la mercancía sufra daños. Desde su invención y uso sistemático ha reducido fuerza de trabajo y costes de seguro de una manera considerable. Su utilización masiva indujo la aparición de un nuevo tipo de carga y maquinaria de construcción, diques y muelles de reparación de buques. Ha cambiado la manera en la que se transportan las mercancías alrededor del mundo y ha favorecido su intercambio a escala global, así como la multimodalidad, permitiendo abrir nuevos mercados para la exportación y la importación.

El contenedor es un invento relativamente reciente. Un camionero de EEUU, llamado Malcolm P. Mclean, allá por 1955 consiguió, tras superar diversas dificultades,

Figura 8.11. Manipulación de un contenedor cisterna mediante una grúa pórtico.

Figura 8.12. Contenedores frigoríficos depositados en una instalación especial en una terminal de contenedores.

hacer un primer viaje por mar transportando contenedores. En la tabla 8.2 se muestran los pesos y las dimensiones de los contenedores más utilizados. Dado su origen, casi todos los elementos de los contenedores y los nombres de los diferentes tipos se expresan en idioma inglés. Cuando hablamos de 40 o 20 pies nos referimos a la longitud del contenedor, lo que traducido a metros sería unos 12 y 6 respectivamente. Una primera consecuencia que se extrae de la tabla 8.2 es que ni los europalés ni los *isopallets* están concebidos para su uso en contenedores, sino en camiones. No obstante es habitual usar palés en el interior de los contenedores, pero de otras dimensiones.

Además de las ventajas ya indicadas que reporta el contenedor, su estiba a bordo de cualquier medio de transporte es sumamente sencilla y segura. En las ocho esquinas de un contenedor hay unas piezas de hierro con forma de cubo denominadas cantoneras o córners con unos orificios de forma ovalada. En las figuras 8.13 y 8.14 se puede apreciar en detalle la forma de dichas esquinas. Los orificios se corresponden con la parte inferior del contenedor y con sus dos laterales.

Tipo de contenedor	Dimensiones interiores (m)	Dimensiones de la puerta (m)	Capacidad (m³)	Tara (kg)	Peso admisible (kg)
20 pies cerrado o de carga general *(dry box)*	Largo: 5,89		33	2.260	21.240
	Ancho: 2,34	2,34			
	Alto: 2,33	2,26			
20 pies frigorífico *(reefer)*	Largo: 5,50		28,06	3.068	20.320
	Ancho: 2,26	2,28			
	Alto: 2,25	2,21			
40 pies cerrado o de carga general *(dry box)*	Largo: 12,01		67,5	3.790	22.780
	Ancho: 2,34	2,28			
	Alto: 2,36	2,27			
40 pies de gran cubicación *(high cube)*	Largo: 12,01		76,1	3.960	21.070
	Ancho: 2,34	2,28			
	Alto: 2,66	2,59			
40 pies frigorífico *(reefer)*	Largo: 11,64		59,81	4.510	22.530
	Ancho: 2,28	2,29			
	Alto: 2,25	2,27			
20 pies de techo abierto *(open top)*	Largo: 5,81		33	2.260	21.240
	Ancho: 2,34	2,33			
	Alto: 2,34	2,26			
40 pies de techo abierto *(open top)*	Largo: 5,81		67,5	3.800	22.780
	Ancho: 2,34	2,34			
	Alto: 243	2,26			

Tabla 8.2. Pesos y dimensiones de los principales tipos de contenedores.

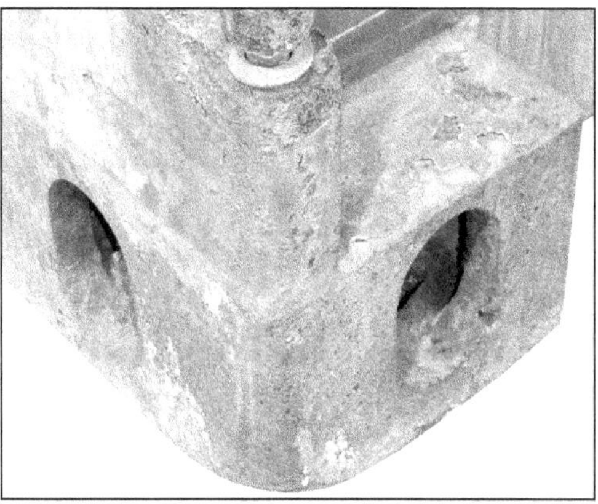

Figura 8.13. Esquina reforzada de un contenedor.   *Figura 8.14. Detalle de una esquina de un contenedor.*

Mediante unos dispositivos conocidos como conos o pestillos de anclaje *(twist lock)* los contenedores se pueden fijar sólidamente unos con otros, tanto lateralmente como apilados y también sobre cualquier superficie o plataforma del vehículo que los haya de transportar, sin necesidad de ningún cable, correa ni dispositivo de trincaje. En la figura 8.15 se aprecia un pestillo de anclaje y en la 8.16 un dibujo esquemático de su funcionamiento.

Cuando se carga un contenedor con bultos sueltos, las normas de estiba son las mismas que si lo hacemos en un vehículo, cuidando de que el peso quede bien repartido y la carga no se desplace dentro del contenedor. En muchos casos, las compañías navieras

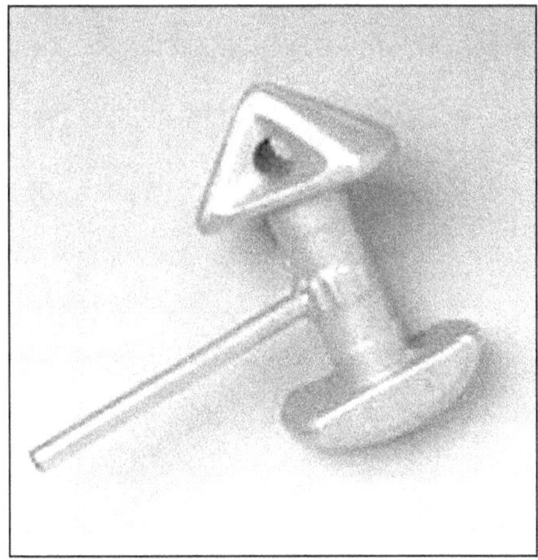

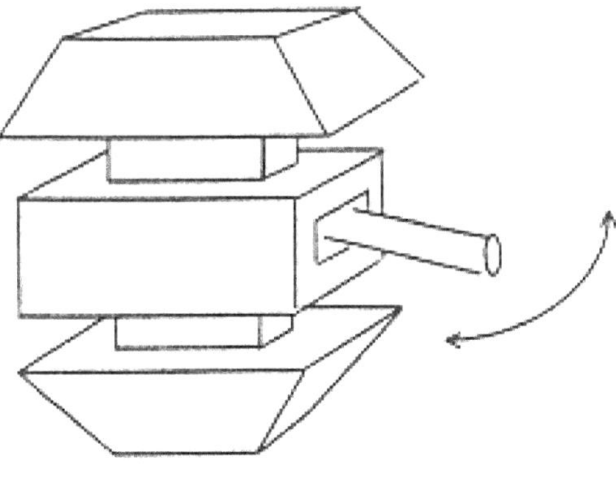

Figura 8.15. El pestillos de anclaje permite
la fijación de los contenedores por las esquinas.

Figura 8.16. Principio de funcionamiento de
los pestillos de anclaje.

exigen un certificado de arrumazón, donde quien ha realizado la estiba se responsabiliza por escrito de haberlo hecho siguiendo las normas.

Si un contenedor se deber llenar con mercancía paletizada y la carga se hace con carretillas elevadoras, hay que asegurarse de que en el fondo del contenedor, sobre todo si es de 40 pies y del tipo contenedor cerrado, no haya ninguna persona manipulando bultos. El paso brusco del exterior al interior, hace que mientras la pupila del ojo se adapta a estas condiciones de menor iluminación, la visibilidad no sea buena. Son breves momentos, pero suficientes para provocar un accidente. Si a causa de la lluvia o de cualquier otra circunstancia la carretilla tiene que cruzar alguna explanada mojada antes de entrar en el contenedor, la eficacia de los frenos dentro de este se verá muy disminuida.

La normativa vigente obliga a que las personas que realizan la manipulación o manutención de mercancías en almacenes mediante carretillas elevadoras tengan una formación específica. No obstante, conviene recordar que nunca se debe estacionar una carretilla sin retirar las llaves de contacto, y que las horquillas no deben dejarse jamás a la altura de los ojos de una persona ni tampoco a pocos centímetros del suelo, sino apoyadas totalmente en el suelo.

Capítulo 9

Los contratos de seguro

1 Elementos del contrato de seguro

1.1 *El seguro*

Tiene como finalidad esencial reparar por medio de la correspondiente indemnización el daño sufrido por el asegurado. Todo riesgo crea una preocupación y un deseo de seguridad que vendrán representados por un valor económico que compense el perjuicio causado por la materialización del riesgo; de esta forma, con el seguro se pretende dar seguridad contra el riesgo.

El seguro traduce en la realidad la idea de previsión, facilitando al hombre los medios para satisfacer el deseo de seguridad presente y futura frente a la incertidumbre del azar, cuyas consecuencias ha sufrido desde antiguo. Sin embargo, este medio de orden general se manifiesta de formas muy diversas, que corresponden en cada caso a las distintas necesidades o a las diferentes clases de riesgos contra los cuales intenta prevenirse.

En principio, la institución del seguro, sus fundamentos técnicos y su finalidad, se desglosan en dos grandes ramas, constituidas por los seguros sociales y los seguros privados.

Por seguros sociales se entiende aquellos obligatorios establecidos por el poder público para proteger a los estamentos productores de la sociedad, económicamente peor dotados, contra los riesgos que les amenazan.

Mediante los seguros sociales se procura realizar una redistribución de la riqueza, haciendo que una parte de la misma vaya a aquellas capas de la sociedad que más apoyo necesitan, ya que sus ingresos no son suficientes para poder afrontar por sí solas las consecuencias económicas de las contingencias de la vida humana.

Estos seguros se proyectan al área de lo social y, por lo general, revisten carácter obligatorio para los ciudadanos a los que pueden beneficiar. Pueden cubrir los riesgos consecuentes a accidentes de trabajo, enfermedad, viudedad, vejez, etc., ya sea de forma separada o bien de forma global en el contexto de la Seguridad Social. Se refieren además a riesgos personales.

Los seguros privados son, salvo excepciones, producto del libre ejercicio de la voluntad del contratante. Nadie le obliga a que firme el contrato de seguro, ni le marca límites en cuanto a cifras que debe asegurar, número de contratos o entidad, tiempo y forma en que debe efectuarlo.

1.2   Elementos esenciales del seguro

Los elementos integrantes y fundamentales del seguro son el interés, el daño y el riesgo.

1.2.1   El interés

El objeto del seguro está constituido por el interés que tiene el asegurado en el bien expuesto al riesgo. Se asegura ese interés y no el bien en sí. Por interés a efectos del seguro hay que entender aquella especial situación del asegurado respecto de un determinado bien que le hace susceptible de sufrir un daño al producirse un evento. Esa situación proviene de que el asegurado se encuentre en relación económica con el bien en cuestión. La relación económica tendrá su base en una relación jurídica (de propiedad, de depósito, etc.).

Por tanto, interés es la relación de contenido económico entre un sujeto, que siempre ha de existir, y un bien (mueble, inmueble, material, inmaterial).

1.2.2   El daño

Es la lesión total o parcial del interés existente (daño emergente, lo que se pierde) o previsto (lucro cesante, lo que se deja de ganar). Pueden considerarse equivalentes los términos daño y necesidad pecuniaria, porque cuando un hecho provoca una necesidad económica existe un daño, bien porque disminuye el patrimonio existente mediante la destrucción de alguno de sus elementos o por la aparición de un gasto (daño emergente), o bien porque desaparece un aumento del patrimonio previsto o esperado (lucro cesante o beneficio esperado).

1.2.3   El riesgo

El seguro se estipula para que una parte indemnice a la otra las consecuencias de un suceso que causa daño. De ahí que el riesgo, como posibilidad de que un evento se produzca, constituya un presupuesto de la causa contractual y sea un elemento esencial del contrato de seguro. Sin riesgo no puede haber seguro, porque si no existe la posibilidad de que se produzca un siniestro no podrá existir daño para indemnizar y el contrato carecería de causa.

Los riesgos, para ser asegurables, deben cumplir determinadas condiciones, como son:

- *Incierto.* En cuanto a su realización y en cuanto a la fecha en que pueda producirse.
- *Posible.* Los riesgos imposibles no son susceptibles de seguro.
- *Fortuito.* Porque el azar constituye el factor determinante y esencial del riesgo.
- *Lícito.* Los hechos ilícitos no pueden ser causa lícita de ningún contrato. El riesgo es la causa lícita del contrato de seguro.
- *Susceptible de causar una necesidad económica,* es decir, de tener consecuencias económicas.

Es frecuente confundir «riesgo» con «siniestro», pero lo cierto es que son términos que expresan aspectos diferentes, y para evitar la confusión entre ambos, conviene precisar:

- *Siniestro* es la realización del hecho que causa el daño.
- *Riesgo* es la posibilidad de que se produzca ese hecho.

Cada contrato solo cubre determinados riesgos. Por eso es tan importante su determinación en el contrato, donde el riesgo ha de ser individualizado y delimitado.

2   Contrato de seguro

2.1   Concepto de contrato de seguro

«El contrato de seguro es aquel por el que el asegurador se obliga, mediante el cobro de una prima y para el caso de que se produzca el evento cuyo riesgo es objeto de cobertura a indemnizar, dentro de los límites pactados, el daño producido al asegurado o a satisfacer un capital, una renta u otras prestaciones convenidas.» (Artículo primero de la Ley 50/1980 de Contrato de Seguro.)

Es un contrato que tiene las siguientes características:

- *Bilateral,* ya que conlleva obligaciones recíprocas para las partes. Pago de prima para una y pago de la indemnización del daño para la otra.
- *Aleatorio,* ya que sus efectos están condicionados por el azar.
- *De adhesión,* ya que el asegurado debe aceptar las condiciones que le impone el asegurador, en caso de que desee concertar el seguro.
- *Formal,* puesto que debe establecerse por escrito. Para poder considerar como contrato de seguro un convenio que cubra riesgos aleatorios, será preciso que la per-

sona que acepte tal cobertura tenga el carácter de un ente jurídico-económico y dedicado a este fin, en armonía con las disposiciones legales que rijan sobre la materia. Queda por tanto descartada la figura del asegurador individual.

2.2   Elementos personales

En toda relación de seguro intervienen las siguientes personas:

2.2.1   Asegurador

Es la persona que asume la obligación del pago de la indemnización cuando se produzca el evento asegurado y, por tanto, quien asume el riesgo. El ejercicio de la actividad aseguradora está sometido a la necesidad de obtener la autorización administrativa oportuna. Se limita la posibilidad de este ejercicio a las sociedades anónimas y a las mutuas de seguros.

Entre sus elementos característicos debe citarse la prohibición legal de que tales entidades ejerzan otra industria distinta de la que constituye su objeto social.

2.2.2   Asegurado

Es la persona física o jurídica titular del interés asegurado y tiene derecho al cobro de la indemnización, caso de producirse el siniestro. Es quien está expuesto al riesgo.

2.2.3   Tomador del seguro o contratante

Es la persona que contrata al asegurador y firma con él la póliza del contrato. Por lo general, el tomador contrata el seguro por cuenta propia, asumiendo también la posición jurídica de asegurado (como persona que quiere ponerse a cubierto de un riesgo a cambio del pago de la prima). Pero también puede ocurrir que contrate el seguro por cuenta ajena, en cuyo caso, esas dos posiciones jurídicas (tomador y asegurado) son personas diferentes. Unas veces el tomador del seguro conoce al asegurado, aunque oculte su nombre al contratar, pero otras veces no, asegurando entonces «por cuenta de quien corresponda».

En todos estos supuestos, la figura del tomador del seguro cobra especial relieve, por ser quien queda obligado directamente con la entidad aseguradora, respondiendo de las obligaciones nacidas del contrato e incluso del pago de la prima, porque el asegurador no conoce más contratante que él e ignora quién pueda ser el asegurado, verdadero interesado en el seguro. En cambio, el tomador del seguro no puede pretender ejercitar los derechos contractuales al carecer de la condición de asegurado.

2.2.4   Beneficiario

En determinados seguros sobre la vida humana, aparece esta figura. Es la persona a favor de la cual se hace el seguro y que ha de percibir en su día del asegurador el capital o renta asegurados. Es muy habitual la presencia de un beneficiario distinto del tomador en compraventas internacionales en términos CIF o CIP de las reglas Incoterms®, donde el riesgo durante el transporte lo corre el comprador, si bien la propia cláusula obliga al vendedor a contratar un seguro para tal transporte. En este caso, el tomador es el vendedor, mientras que el beneficiario es el comprador.

2.3   Documentos del contrato

2.3.1   La póliza

Podemos definirla como documento que prueba (da fe) de la existencia del contrato. Así, este documento es la constancia formal y escrita de todo lo que se pacta y donde se reflejan todos los derechos y las obligaciones que vincularán a las partes. La ley indica que no basta con el mero consentimiento para su plena validez, sino que es preciso que conste por escrito en un documento adecuado.

Las condiciones generales y, en general, los modelos utilizados por los aseguradores están sometidos a la vigilancia de la Administración pública para impedir el empleo de cláusulas ilegales o lesivas para los asegurados.

Lo normal es que se extienda una póliza para cada operación concreta de seguro, pero en ciertos ramos, especialmente en el transporte y en algunos seguros de personas, la necesidad de los asegurados de acudir constantemente al seguro, con el peligro de no llegar a tiempo de cubrir los riesgos, hizo conveniente la adopción de un contrato general, que rigiendo por un tiempo determinado pueda cubrir anticipada y preventivamente todos los intereses asegurables a medida que vayan quedando expuestos a los riesgos. Así fue como nacieron las llamadas pólizas flotantes o de abono.

2.3.2   Otros documentos

La póliza puede completarse por un apéndice o suplemento, que tiene el mismo régimen de documento probatorio del contrato. Además, en el contrato de seguro se incluyen otros documentos:

- *Solicitud del seguro*
  No vincula al solicitante, de forma que es un documento que no recoge una verdadera oferta de contrato, sino una simple declaración de querer conocer las condiciones de ese contrato, después de que el potencial tomador del seguro aporte

los datos precisos para la delimitación del riesgo. En el seguro obligatorio de automóviles aparece un régimen especial de la propuesta del tomador del seguro, que tiene una forma predeterminada por la ley y puede servir durante el plazo de veinte días como cobertura provisional.

- *Proposición de seguro*
  Es la oferta que el asegurador realiza por escrito al posible tomador del seguro, precisando la cobertura que se le ofrece y el precio de la prima. La proposición vincula al asegurador durante el plazo de quince días para su aceptación por el tomador del seguro.

- *Nota o documento de cobertura provisional*
  Sirve para documentar un contrato de seguro durante el tiempo que duran los tratos entre el asegurador y el tomador del seguro antes de perfeccionarlo, y recoge un acuerdo de duración limitada para la cobertura de riesgos. También puede referirse al contrato de seguro definitivo, en tanto el asegurado recibe la póliza.

- *Certificado de seguro*
  Es un documento expedido por el asegurador que atestigua la vigencia de un contrato de seguro, y en el cual se hace constar, entre otros requisitos, el nombre del contratante, el valor y la naturaleza de los bienes asegurados, así como las condiciones de cobertura. Sirve para probar la existencia de un contrato de seguro que esté documentado en una póliza diferente.

2.4   Duración, prescripción y renovación

La póliza fijará la duración del contrato que, salvo en los casos del seguro de vida, no podrá fijar un plazo superior a diez años. Sin embargo, podrá establecerse que se prorrogue una o más veces por un período no superior al año cada vez. Las partes pueden oponerse a la prórroga del contrato mediante una notificación escrita a la otra parte, efectuada con un plazo de dos meses de anticipación del período del seguro. Las acciones que se derivan del contrato de seguro prescribirán en el término de dos años si se trata de seguro de daños, y de cinco años si se trata del seguro de personas.

2.5   Obligaciones de las partes

2.5.1   Obligaciones del asegurador

La primera obligación consiste en la garantía que ofrece al asegurado de que en el caso de producirse el siniestro pagará una indemnización dentro de los límites pactados. La obligación de pagar la indemnización nace cuando se produce el siniestro. El asegurador únicamente estará obligado al pago si además de producirse el siniestro existe un contrato válido. Si el siniestro es causado por dolo o mala fe del asegurado, el asegurador queda liberado del pago de la indemnización. La cuantía de la prestación debida por el asegurador depende del daño sufrido por el asegurado y de cuáles sean los límites que el contrato haya fijado para el resarcimiento de este daño. La indemnización, en principio, ha de ser pagada mediante una prestación en dinero.

El asegurador está obligado a satisfacer la indemnización al término de las investigaciones y peritaciones necesarias para establecer la existencia del siniestro y, en su caso, el importe de los daños que resulten del mismo. Deberá efectuar, dentro de los cuarenta días a partir de la recepción de la declaración del siniestro, el pago del importe mínimo de lo que el asegurador pueda deber. Se establecen unos intereses moratorios del interés legal incrementado en un 50 % anual sobre el importe de la indemnización, si el asegurador no hubiese realizado la reparación del daño o indemnizado su importe en metálico por causa no justificada.

2.5.2 *Obligaciones y deberes del contratante*

La obligación fundamental del contratante es el pago de la prima. La prima consiste en una suma de dinero, que constituye el objeto de la obligación del contratante que se corresponde con la del asegurador. La prima es un elemento esencial del contrato de seguro.

Los efectos del incumplimiento de la obligación de pago de la prima están determinados en la ley, que distingue entre el impago de la primera prima o de la prima única, del de las sucesivas. En el primer supuesto, si se produce el siniestro el asegurador queda liberado de su obligación, salvo pacto en contrario. En el segundo caso, es decir, si el impago se refiere a las primas siguientes, la cobertura del asegurador queda suspendida un mes después del día del vencimiento de la obligación de pago. Si el asegurador no exige su cumplimiento en el plazo de seis meses siguientes al vencimiento de esa obligación, se entiende que el contrato queda extinguido. Si se paga la prima, la cobertura del asegurador vuelve a tener efecto a las 24 horas siguientes.

En cuanto a deberes, el tomador del seguro debe declarar las circunstancias que conozca con relación al riesgo cuando se formaliza el contrato. Además, tiene otros deberes:

- El tomador o el asegurado tienen el deber de comunicar al asegurador durante el curso del contrato, tan pronto como les sea posible, las circunstancias que agravan el riesgo. El incumplimiento de este deber no tiene como efecto la liberación del asegurador, sino la reducción del importe de la indemnización. Efectuada la comunicación de aceptación del riesgo, las partes tienen la facultad de modificar el contrato o, si no interesa, de rescindirlo. También se puede comunicar la disminución del riesgo y solicitar una modificación con disminución de la prima.

- Cuando se produce el siniestro, el tomador, el asegurado o el beneficiario, en su caso, deberán comunicarlo al asegurador dentro del plazo máximo de siete días de haberlo conocido, salvo que en la póliza se establezca un plazo mayor. Si no se cumple este deber, el asegurador puede reclamar los daños y perjuicios causados por la falta de comunicación. También se le informará sobre las circunstancias y consecuencias del siniestro. Si no se hace así, esto puede conllevar la liberación del asegurador de su obligación de pagar la indemnización, si ha existido dolo o culpa grave.

El tomador o el asegurado deberán emplear los medios a su alcance para aminorar las consecuencias del siniestro, es decir, deberán actuar como lo harían si no estuviesen asegurados. Si no lo hacen así, el asegurador podrá reducir la indemnización. Los gastos que ocasione el cumplimiento de esta obligación corren por cuenta del asegurador.

2.6   *La prima del seguro*

En todo contrato de seguro, el tomador debe satisfacer una determinada cantidad en concepto de prima o cuota, que representa la contraprestación del riesgo asumido por el asegurador. La prima constituye un elemento esencial del seguro. El carácter esencial de la prima surge porque sin ella, la empresa aseguradora no podría formar el fondo necesario para el pago de los siniestros que se produzcan y esté obligada a indemnizar. La prima puede ser:

- *Prima única*
  Aquella en la que se fija unitariamente el importe para toda la duración del seguro y se satisface o paga de una sola vez.

- *Prima periódica*
  Aquella en la que se fija el importe de la prima con arreglo a períodos regulares de tiempo, efectuándose el pago de modo sucesivo y periódico.

En todo caso, las primas se determinan con arreglo a tarifas, oficialmente aprobadas.

La prima se paga anticipadamente y es indivisible, en el sentido de que una vez pagada el asegurador la hace suya íntegramente, aunque por cualquier causa cese la cobertura del seguro y el contrato no pueda continuar produciendo sus efectos. El asegurador no está obligado a devolver la parte proporcional.

De igual modo, rige el principio de permanencia, al suponer que la cifra de la prima permanece invariable a lo largo de cada período en que se divida la duración del contrato.

2.7 La suma asegurada

Representa la medida o cuantía en que queda cubierto por el seguro el interés asegurado. Esa suma, libremente establecida en la póliza por el asegurado, no solo sirve de base para el cálculo de la prima (a mayor suma, mayor prima) sino que representa además el límite máximo de la prestación del asegurador. En los seguros de vida, el asegurador está siempre obligado a pagar la totalidad de la suma asegurada, pero en los de daños a las cosas no. De ahí su importancia y trascendencia en todo seguro:

- *Sobreseguro*
  Se da esta situación cuando el importe asegurado es mayor que el valor del bien. No se aconseja establecer este tipo de seguro, ya que la legislación indica que el asegurador solo indemnizará al asegurado por el valor del bien o su parte proporcional, según el alcance del daño.

- *Infraseguro*
  Existe infraseguro cuando el importe asegurado es menor que el valor del bien. Esta situación es bastante frecuente. Si se produce un siniestro el asegurador indemnizará al asegurado por el importe asegurado o por su parte proporcional, según el alcance del mismo.

2.8 Indemnización

El asegurador deberá cumplir su obligación en el modo y la forma previstos en la póliza. Normalmente la prestación se hará efectiva en dinero, pero en algún seguro cabe que el asegurador se reserve la facultad de optar por la indemnización en especie, reparando o reemplazando los bienes dañados por el siniestro.

El asegurador únicamente estará obligado al pago si además de producirse el siniestro existe un contrato válido. Si el siniestro se ha causado por dolo o mala fe del asegurado, el asegurador queda liberado del pago de la indemnización.

El pago de la indemnización por el asegurador está determinado por dos principios que delimitan el alcance y los efectos que rigen la indemnización y su pago:

- *Principio indemnizatorio.* El seguro no puede ser objeto de enriquecimiento injusto para el asegurado. Téngase en cuenta que para la determinación del daño se atenderá al valor del interés asegurado en el momento inmediatamente anterior a que se produzca el siniestro. Nadie puede pretender indemnizaciones superiores al daño sufrido.
- *El seguro no puede constituir causa de lucro o beneficio para el asegurado.* La indemnización que deba recibir el asegurado no debe colocarle en una situación más ventajosa que si el siniestro no hubiese ocurrido. Con la indemnización se pretende

«dejar indemne», es decir, el resarcimiento completo del daño que efectivamente ha sufrido el asegurado.

Además, se ha de considerar que:

- Como efecto del pago de la indemnización al asegurado se produce la subrogación del asegurador (ponerse en el lugar de) en los derechos que aquél tenía frente al tercero causante del daño.
- La subrogación es una manifestación del principio indemnizatorio, pues si el asegurado pudiera resarcirse del daño del asegurador (por existir contrato de seguro) y del tercero causante del daño, se produciría un enriquecimiento del asegurado, que se encontraría en mejor situación económica que en el supuesto de que el siniestro no se hubiera producido.
- El asegurador no podrá ejercitar los derechos en que se haya subrogado en perjuicio del propio asegurado, ni contra las personas por las que este responda, como sucedería por ejemplo en un seguro de responsabilidad civil.

La Ley del Contrato de Seguro limita la subrogación al campo de los seguros contra daños en sentido estricto, negando la existencia de subrogación con relación a los seguros de personas.

3   La regla proporcional

Es una norma aplicable en los seguros de daños para la liquidación de los siniestros parciales. Por medio de ella el asegurador, cuando la suma asegurada es inferior al valor real, responde del daño en la misma proporción que la suma asegurada guarda con dicho valor real. Los condicionantes para la aplicación de la regla proporcional son:

- Que exista infraseguro, es decir, que la suma asegurada sea inferior al valor real.
- Que el siniestro sea parcial.

Este es uno de los principios básicos del seguro. Se aplica en todos los países y queda reflejado en las condiciones de todas las pólizas de seguro.

La razón de esta regla consiste en considerar al asegurado como propio asegurador en aquella parte de los daños que el seguro no alcance a cubrir. Establecida la diferencia entre el valor real y la suma asegurada, así como fijado el importe de los daños, se considera que entre el importe real de estos y la indemnización que cabe satisfacer debe existir proporcionalmente la misma diferencia. Se trata de una simple regla de tres, establecida de la forma siguiente:

Indemnización = (Importe real de los daños × Suma asegurada) / Valor real del bien.

4   Clasificación del contrato de seguro

4.1   Criterios de clasificación

Aunque todo seguro sea un contrato indemnizatorio, el modo de determinar la indemnización en unos y otros permite distinguir dos categorías:

- *Seguros de indemnización objetiva.* En los que el importe de la indemnización se fija o determina *a posteriori* del siniestro, en presencia de un daño ya realizado cuya existencia y cuantía se prueban y valoran objetivamente. Por ejemplo, seguros de incendio, de transporte, de automóvil, etc.
- *Seguros de indemnización subjetiva.* En los que la suma indemnizatoria se fija *a priori* del siniestro, al mismo tiempo de formalizarse el contrato. Esta categoría abarca exclusivamente los seguros sobre la vida de las personas.

4.2   Clasificación

4.2.1   Seguros de daños o contra daños

También se denominan seguros de indemnización efectiva o de daños en sentido estricto. Todos estos seguros tienen en común que tienden al resarcimiento completo del daño que efectivamente ha sufrido el asegurado. El objetivo ideal de estos seguros es llegar a una total indemnización, aunque en la práctica se procura que esa cobertura no sea completa (para evitar la provocación dolosa del daño por el asegurado), sino que parte de las consecuencias del daño sean sostenidas directamente por el asegurado. Esta parte se conoce como franquicia.

Otra característica importante es que no deben suscribirse varios contratos relativos al mismo interés, contra los mismos riesgos y por el mismo tiempo, pues si así fuese y dado el principio indemnizatorio, los distintos aseguradores solo vendrían obligados a satisfacer la parte proporcional de la indemnización efectiva por el daño real causado, y nunca la suma asegurada que el contratante o asegurado haya concertado en cada uno de ellos.

4.2.2   Seguro de personas o de sumas

Estos seguros tienen como finalidad la cobertura de riesgos relativos a la persona. Unas veces el riesgo consiste en la posibilidad de un suceso que afecte a la existencia misma del asegurado (seguro de vida); otras, en la posibilidad de que el asegurado sufra lesiones corporales debidas a causa violenta y externa (seguro de accidentes), y otras en el peligro de enfermedad que amenaza a todos los seres humanos.

En estos seguros, la indemnización efectiva no se puede conseguir, no ya solo por la dificultad de precisar el valor del daño, sino también por la imposibilidad práctica de llegar a un resarcimiento completo de él.

En el contrato se fija una suma que resarce parcialmente del daño, por ello es posible que se realicen diversos contratos sobre el mismo interés, contra los mismos riesgos y por el mismo tiempo.

En estos seguros no se produce la subrogación del asegurador en los derechos del asegurado, una vez que este ha recibido el importe de la indemnización.

5 El seguro de transportes

El seguro de transportes está comprendido en los seguros denominados de cosas, o sobre cosas. El elemento determinante de esta modalidad de aseguramiento es el transporte entendido como movimiento o desplazamiento de las cosas aseguradas. Su finalidad es la de cubrirlas contra los riesgos que puedan afectarlas durante su transporte de un lugar a otro (robo, incendio, etc.) y todo lo relacionado con el hecho del transporte (estancias, carga o descarga, etc.).

Tradicionalmente y con la denominación genérica de seguro de transportes, se consideran así aquellos contratos que tienen por objeto tanto la cobertura del material o medio empleado para el transporte como los bienes transportados.

Si se tiene en cuenta la variedad de elementos que pueden configurar las diversas modalidades de seguro de transporte existentes, se hace difícil dar una definición que comprenda todos los aspectos de este contrato.

5.1 *Antecedentes históricos*

El seguro marítimo es la más antigua y primera de las formas de aseguramiento que todavía se practican. Los grandes peligros implícitos a la navegación y el considerable valor del buque y de la carga que se daban en el desarrollo del comercio marítimo en los países mediterráneos a fines de la Edad Media, originaron instituciones jurídicas que evolucionaron rápidamente para dar lugar a la aparición de los primeros contratos de prima fija contra los riesgos del mar.

En el siglo XV se instauraron las primeras normas reguladoras del seguro marítimo, entre las que cabe destacar las ordenanzas de Barcelona del año 1435 y en el siglo XVI las de Sevilla y Bilbao.

Ante la importancia de las sumas en riesgo, anteriores a la aparición de las modernas sociedades, los aseguradores individuales tomaron la decisión de colaborar en una misma operación, repartiéndose entre varios las responsabilidades asumidas.

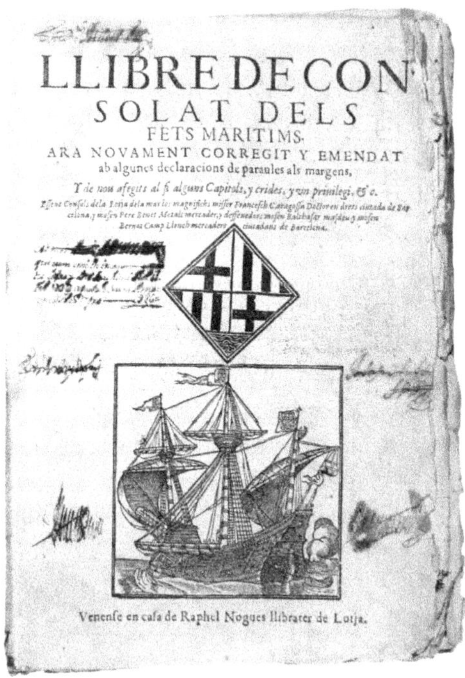

Figura 9.1. El Llibre del Consolat de Mar *fue una de las compilaciones de derecho marítimo más importantes del Mediterráneo durante la Baja Edad Media y los siglos modernos. En la imagen, portada de una edición barcelonesa del año 1645.*

Los comerciantes, los navieros y las gentes de mar se reunían en la cafetería de Edward Lloyd, en Londres, facilitándose información sobre asuntos de común interés relacionados con la navegación. De esta forma nació la famosa institución Lloyd's inglesa, que tan decisiva influencia ha tenido en la evolución del seguro marítimo hasta la actualidad.

Durante el siglo XVII se produjo un importante auge en la práctica del seguro marítimo. En Inglaterra se establecieron las primeras compañías de seguros, en competencia con la institución Lloyd's.

En España, siguiendo la corriente de lo que sucedía en otros países europeos, a mediados del siglo XIX se abandonó la práctica del seguro efectuado de forma individualizada a través de centros o alianzas, estableciéndose compañías de seguros que realizaban con carácter único, o entre otros, el seguro de transporte.

6   El seguro de transporte terrestre

Este seguro está configurado como contrato que protege contra los riesgos que amenacen a los intereses asegurados, tanto durante la locomoción terrestre como en la fase preparatoria de la misma e incluso en los momentos estáticos que en dependencia directa con ella la precedan, interrumpan o subsigan. El artículo 54 de la vigente ley comienza diciendo que el seguro cubre «los daños materiales que puedan sufrir, con ocasión o consecuencia del transporte, las mercancías porteadas, el medio utilizado u otros objetos asegurados».

La finalidad de este seguro es reparar los daños materiales que tengan su causa en el transporte de mercancías, sean estos daños producidos en el medio utilizado para el transporte, es decir, el vehículo, o sean otros objetos asegurados. Pero este seguro no cubre solamente los daños producidos durante el transporte, sino también aquellos que preceden inmediatamente al transporte (el almacenamiento, la carga, el depósito...) o que siguen al transporte después de haber llegado al punto de destino (como son la descarga, el almacenamiento o la entrega al destinatario).

El concepto del transporte y, por tanto, del seguro de transportes no coincide con el principio y el término del viaje, sino que se extiende a momentos posteriores al viaje mismo. Así se desprende del artículo 57 de la ley, cuando dice: «El asegurador indemnizará los daños que sean consecuencia de siniestros acaecidos durante el plazo de vigencia del contrato, aunque sus efectos se manifiesten con posterioridad, pero siempre dentro de los 6 meses siguientes a la fecha de expiración».

La ley prevé la posibilidad de que el viaje se efectúe utilizando diversos medios de transporte, decidiendo que en este caso se aplicarán las normas del seguro de transporte terrestre si el viaje por este medio constituye la parte más importante del mismo. Si el transporte terrestre es accesorio de otro marítimo o aéreo, se aplicarán a todo el transporte las reglas de estos seguros.

6.1 Características especiales

El seguro de transporte terrestre ofrece las siguientes características singulares:

- La póliza es, por lo general, póliza flotante o de abono. En ninguna otra rama del seguro tienen aplicación tan clara esas pólizas, que permiten cubrir anticipadamente hasta el límite de la suma asegurada los riesgos que corran todas las mercancías que el asegurador expida o reciba por vía terrestre durante un período de tiempo determinado. Las primas se devengan por cada viaje o expedición con arreglo al porcentaje fijado en el cuerpo de la póliza o en la tarifa aneja a la misma.

- Este seguro se suele contratar «por cuenta propia o de quien corresponda», para traspasar de ese modo la seguridad a cualquier adquirente de las mercancías durante el transporte.

6.2   El pago de la indemnización

La ley dicta reglas especiales en orden a la indemnización del siniestro. En primer lugar, declara que el asegurado no perderá su derecho a la indemnización cuando se haya alterado el medio de transporte, el itinerario o los plazos del viaje o este se haya realizado en tiempo distinto al previsto, en tanto la modificación no sea imputable al asegurado.

Las reglas que deben regir la indemnización de los siniestros son:

- Se considerarán comprendidos en los gastos de salvamento los que fueron necesarios o convenientes realizar para reexpedir los objetos transportados asegurados.
- En caso de pérdida total del vehículo, el asegurado podrá abandonarlo al asegurador, si así se hubiera pactado.
- En defecto de estimación, la indemnización cubrirá, en caso de pérdida total, el precio que tuvieran las mercancías en el lugar y en el momento en que se cargaran y, además, todos los gastos realizados para entregarlas al transportista y el precio del seguro si recayera sobre el asegurado.
- Cuando el seguro cubra los riesgos de mercancías que se destinen a la venta, la indemnización se regulará por el valor que las mercancías tuvieran en el lugar de destino previsto.

6.3   Modalidades del seguro de transporte

Las distintas modalidades quedarán determinadas por los criterios que se consideren, según el medio por el cual se realiza el transporte, marítimo, terrestre o aéreo:

- *Según el interés expuesto al riesgo*
  Seguro de mercancías de los medios de transporte.

- *Seguro de responsabilidades*
  Su objeto es amparar las responsabilidades por daños causados a los bienes de terceros que sean imputables a la propiedad o explotación del medio de transporte asegurado.

- *Según la duración del contrato:*

  - *Seguro temporal o a término.* Comprende aquellas operaciones para las cuales se establece un período determinado de cobertura (meses, años). Es la forma normalmente utilizada para el seguro de los medios de transporte.
  - *Seguro por viaje.* En este, la cobertura no se establece en función de un período de tiempo, sino en relación a un determinado viaje o viajes. Suele utilizarse en el aseguramiento de las mercancías.

6.4   El interés que se asegura

Lo más usual es que la persona física o jurídica que asegura sea el propietario del vehículo o de las mercancías transportadas. Pero cabe la posibilidad de que sean también otros los que tengan interés en que el siniestro no se produzca y que si se produce sean indemnizados.

El interés puede ser del propietario cargador de la mercancía o del simple cargador, sin ser propietario, o el del consignatario de la misma. En cualesquiera de estos casos, el contrato pactado será un verdadero contrato de seguro de transporte terrestre. Pero también tiene interés la empresa porteadora en liberarse de responsabilidades frente al cargador o el destinatario. Sin embargo, la empresa porteadora, aun estando interesada en la conservación de las mercancías, si contrata un seguro de esta clase, más que un verdadero contrato de seguro de transporte terrestre se tratará de un seguro no contra los riesgos del transporte propiamente dicho sino contra el riesgo de la responsabilidad derivada del transporte, que va a cargo de la empresa porteadora. Las pólizas en uso dicen que el seguro se pacta «por cuenta de quien pertenezca», dando a entender así que el acreedor de la indemnización puede ser el destinatario o cualquier otro que tenga interés en la conservación de la mercancía.

En las pólizas usadas en España, la garantía del asegurador va más allá de la responsabilidad del porteador, puesto que incluye los daños y las pérdidas sufridos por las mercancías a consecuencia de fuerza mayor (por ejemplo, rayo, inundación, desbordamiento de río, lluvia y nieve tempestuosas, hundimiento de puente, alud, etc.); daños estos de los que nunca responde el porteador. Pero si los daños y las pérdidas mencionados fueran consecuencia de terremotos, volcanes, guerras, revoluciones, etc., la compañía deja de responder por ellos. Tampoco responde cuando el daño no lo ocasiona alguno de los casos mencionados de fuerza mayor, sino que se trate de roturas de mercancías demasiado frágiles, derrames de líquidos o vicios propios de la mercancía asegurada. En estos casos, cualificados de fortuitos, la empresa porteadora es la responsable.

Se puede resumir el interés y el alcance del riesgo en los diferentes supuestos de contratación del seguro de transporte:

- *El contratado por el propietario de la mercancía (cargador, remitente o destinatario)*
  El interés asegurado es el daño producido en las mercancías con ocasión o consecuencia del transporte, independientemente del riesgo que lo cause. Es un seguro de daños en sentido estricto y que cubre los siguientes riesgos:

  - Los derivados de la responsabilidad contractual del porteador, estipulados en el contrato de transporte y referidos a la pérdida, avería o retraso.
  - Los derivados de la responsabilidad extracontractual del porteador, surgida por una actitud negligente o culposa del mismo.
  - Los derivados de fuerza mayor o caso fortuito (no responde el porteador).

Quedan excluidos los riesgos que se derivan de la responsabilidad del propio asegurado.

* *El contratado por el propietario del vehículo (porteador o transportista)*
  El interés asegurado es la responsabilidad contractual que puede exigírsele al porteador, derivada del contrato de transporte. Es un seguro de responsabilidad, no de daños, y el alcance de su cobertura corresponde a lo que el contrato de transporte impone al asegurado, ya sea por estipulación expresa del contrato o por responsabilidad presumible.

  El resultado de la responsabilidad es asegurable, no así el del dolo (intención de causar daño). Nunca responde (ni nadie) de los supuestos de fuerza mayor o fortuitos. De ahí que no necesite asegurarse contra los riesgos que de ellos puedan derivarse.

* *El contratado por la agencia de transporte*
  Puede asumir una u otra fórmula, derivada de la función mediadora que entre el porteador efectivo y el usuario del servicio desempeña la agencia de transporte, asumiendo frente al usuario los derechos y las obligaciones del porteador, y frente a este los de aquél.

6.5 *Acciones de recobro, repetición o subrogación*

La acción de recobro que el asegurador puede ejercer frente al causante del daño subrogándose en la posición del asegurado, en virtud del principio indemnizatorio, tendrá distinto alcance según se encuentre ante una u otra de las modalidades del seguro de transporte señaladas. Según los mismos supuestos, el alcance de la acción y de recobro será el siguiente:

* *El contratado por el usuario (seguro de cosas)*
  El asegurador paga la indemnización al usuario perjudicado. Cumplida la obligación de indemnizar, el asegurador intenta resarcirse contra el eventual responsable: el porteador. Esto permite establecer una prima más barata.

* *El contratado por el porteador (seguro de responsabilidad)*
  El asegurador paga al porteador asegurado y, naturalmente, no tiene derecho de recobro contra el mismo, pues aunque haya sido responsable, el porteador se asegura contra al surgimiento de esa responsabilidad. La compañía no tiene derecho de recobro contra él ni contra ninguna otra persona por las que este responda. Esto conlleva una prima más cara.

- *El contratado por las agencias de transporte*
  La subrogación dependerá del modelo de seguro de transporte por el que haya optado la agencia.

6.6   Consorcio de compensación de seguros

Hay riesgos que no son asegurables. Desde el punto de vista jurídico, se excluye la posibilidad de asegurar riesgos ilícitos, opuestos a las leyes o a la moral. La ley declara que el asegurador queda liberado del pago de la prestación si hubiese mediado dolo o responsabilidad grave del tomador del seguro, o si el siniestro hubiese sido causado por mala fe del asegurado.

Desde el punto de vista técnico, la dificultad reside en el carácter excepcional o esporádico de algunos riesgos. Por ello se excluye la cobertura de riesgos catastróficos (guerras, revoluciones, volcanes, terremotos, etc.).

Existe en España un organismo denominado Consorcio de Compensación de Seguros al que se le encomienda la cobertura en régimen de compensación, en los ramos no personales, de los siniestros que afectando a riesgos asegurados no sean susceptibles de garantía mediante póliza de seguro privado ordinario, por obedecer a causas de naturaleza extraordinaria. Este organismo tiene el monopolio del seguro de riesgos extraordinarios. Aunque la amplitud con que está concebida la cobertura de los mismos es grande, no se cubren los riesgos de guerras en los seguros de intereses sobre las cosas.

Respecto al seguro obligatorio de vehículos se asume la cobertura de los siguientes siniestros:

- Siniestros en los que el vehículo causante sea desconocido, sea robado o no esté asegurado.
- Supuestos en los que asegurador se hubiera declarado en quiebra, haya iniciado concurso de acreedores o se haya disuelto.
- Responsabilidad civil de vehículos propiedad de Estado o de sus comunidades autónomas si no tienen contratado otro seguro.
- Cuando el tomador no encuentra asegurador que lo acepte.

7   Declaración de accidente, atestado y pruebas

7.1   Declaración de accidente

El tomador del seguro, el asegurado o el beneficiario deberán comunicar al asegurador el acaecimiento del siniestro dentro del plazo máximo de siete días tras haberlo conocido, salvo que se haya fijado en la póliza un plazo más amplio. En caso de incumplimiento, el asegurador podrá reclamar los daños y perjuicios causados por la falta de declaración. Este efecto no se producirá si se prueba que el asegurador ha tenido conocimiento del siniestro por otro medio.

El asegurado, el tomador o el conductor en su caso, deberán emplear los medios a su alcance para aminorar las consecuencias del siniestro. O como decíamos anteriormente, «actuar como si no estuviese asegurado». El incumplimiento de este deber dará derecho al asegurador a reducir su prestación en la proporción oportuna.

Si este incumplimiento se produjera con la manifiesta intención de perjudicar o engañar al asegurador, este quedará liberado de toda prestación derivada del siniestro.

El asegurado, el tomador o el conductor deberán aportar cuantos documentos sean necesarios, tanto judiciales como extrajudiciales, para constatar la existencia del siniestro y ejecutar la valoración de los daños.

El asegurador podrá considerar que en un siniestro existe pérdida total cuando el importe presupuestado de la reparación del vehículo siniestrado exceda del 75 % de su valor venal (el que tiene en ese momento).

7.2   Atestado

Es la constatación del siniestro por la autoridad local del lugar donde se produjo. Se realiza a instancia del conductor del vehículo siniestrado o del representante de la empresa porteadora.

Constituye la prueba fundamental para determinar que el siniestro tuvo su origen en un accidente debido a caso fortuito o fuerza mayor.

Deben hacerse constar las causas directas o presuntas que hubiesen ocasionado el accidente, fecha, hora y lugar donde hubiese ocurrido y sus consecuencias, expresando además el alcance aproximado de los daños.

7.3   Comisario de averías

Es la persona, física o jurídica, designada por el asegurador de transporte para constatar la realidad de las averías sufridas por los bienes asegurados y las circunstancias en que las mismas se han producido.

La actuación del comisario de averías se refleja en un documento denominado certificado de averías. Este documento lo extiende el comisario, y en él constan las circunstancias relativas a las mercancías aseguradas, así como las comprobaciones efectuadas respecto a la naturaleza e importancia de los daños producidos con ocasión de un siniestro. La figura 9.2 es un modelo de carta mediante la cual un destinatario reclama al transportista unas averías y le convoca a un peritaje que llevará a cabo el comisario de averías.

MODELO DE CARTA DE RECLAMACIÓN DE DESTINATARIO A TRANSPORTISTA

.... de .... de 20....

Señores,

Ponemos en su conocimiento que, consignados a nuestro nombre, han sido descargados de
.... *(identificar el medio de transporte)*, *n* bultos señalados con las marcas ....
y conteniendo .... *(indicar la mercancía)* que presentan las siguientes
anomalías:

a) El(los) bulto(s) ....…..... aparece(n) forzado(s), lo que nos hace suponer que se ha producido
un robo durante el transporte.

b) El(los) bulto(s) .... presenta(n) manchas y desgarres que se pueden haber producido
como consecuencia de una mala estiba o de una manipulación incorrecta.

c) El(los) bulto(s) .... incluido(s) en la relación contenida en la carta de porte no nos ha(n)
sido entregado(s), tal como ya se ha hecho constar oportunamente.

En consecuencia, al hacerles responsables de los perjuicios sufridos por las mercancías más arriba
indicadas, hacemos formal reserva de nuestros derechos y al propio tiempo les comunicamos que
la constatación de los daños se efectuará por el Sr./a .... *(indicar el
nombre del comisario de averías)*, el día .... a las .... horas en ...., a cuyo acto
agradeceremos su asistencia.

Sin otro particular, les saludamos atentamente,

*Figura 9.2. Modelo de carta de reclamación por averías de un destinatario a un transportista
y de convocatoria a un peritaje.*

8   Los seguros del vehículo

El seguro está creado para la protección de la víctima y no del responsable del daño.
Por ello se busca a ultranza el resarcimiento inmediato de los daños y perjuicios sufridos.
La utilización o explotación de un vehículo implica, para el propietario del mismo, la
asunción de varios riesgos, tales como:

- Los daños que el vehículo pueda causar a las personas y bienes ajenos.
- Los daños que sufra el propio vehículo, su conductor y acompañantes.

8.1   *Modalidades de seguros de vehículos*

8.1.1   *Seguro de responsabilidad civil (de deudas)*

El asegurador se compromete a mantener indemne al asegurado, dentro de los límites del contrato, cuando el patrimonio de este se vea agravado por el nacimiento de una deuda de la que es responsable. La deuda puede proceder de una responsabilidad extracontractual (por ejemplo, un automovilista que atropella a un peatón) o contractual (por ejemplo, la que asume el porteador por los daños que ocasiona a las cosas que transporta).

- *De contratación o suscripción obligatoria*
  El asegurador asume, hasta los límites cuantitativos reglamentariamente vigentes, la obligación de indemnizar, derivada para el conductor del vehículo, de hechos de la circulación en los que intervenga dicho vehículo y de los que resulten daños materiales y corporales.

  En el caso de daños corporales, el asegurador quedará exento de esta obligación si se comprueba que los mismos fueron debidos únicamente a la responsabilidad o negligencia del perjudicado, a fuerza mayor externa a la conducción o al funcionamiento del vehículo.

  En el caso de daños materiales, el asegurador garantiza, dentro de los límites antes mencionados, el importe de los mismos a que el conductor haya de responder frente a terceros cuando resulte civilmente responsable. Quedan excluidos de esta modalidad:

  - Los daños corporales o materiales producidos al tomador del seguro, al propietario del vehículo identificado en la póliza o al asegurado o conductor del mismo.
  - Los daños que se produzcan a terceros cuando el vehículo haya sido robado o hurtado, sin perjuicio de su indemnización, que corresponde efectuar al Consorcio de Compensación de Seguros.
  - Los daños causados a las personas que ocupen voluntariamente el vehículo robado o hurtado si el asegurador comprobase que aquéllas conocían tales circunstancias.
  - Los daños materiales sufridos por dicho el vehículo, por las cosas transportadas en él o por los bienes de las personas antes mencionadas, sus cónyuges o sus respectivos familiares hasta el tercer grado de consanguinidad o afinidad.

– Y los daños que se produzcan conduciendo el vehículo en estado de embriaguez o bajo influencia de drogas, tóxicos o estupefacientes, con exceso de carga o número de personas transportadas.

Dado el carácter de obligatoriedad de este seguro, la conducción sin él conlleva una sanción de 600 a 3.005 € y el depósito del vehículo hasta que se efectúe el seguro.

Mediante el RD 1507/2008 de 12 de septiembre, se aprobó el Reglamento del seguro obligatorio de responsabilidad civil en la circulación de vehículos a motor. Esta normativa creó el Fichero informativo de vehículos asegurados, conocido como FIVA, que permite a los agentes de tráfico verificar si un vehículo está o no asegurado, mediante la consulta a dicho fichero. Esto puede llevar a algunas personas a la falsa creencia de que ya no es obligatorio conservar el recibo o comprobante del seguro a bordo.

El artículo 14 indica en su apartado 1 que todo vehículo a motor debe ir provisto de la documentación acreditativa de la vigencia del seguro obligatorio. Y sobre la vigencia dice que se constatará por los agentes de la autoridad mediante la consulta al FIVA. En su defecto, quedará acreditada la vigencia del seguro mediante el justificante de pago de la prima del periodo de seguro en curso, siempre que contenga, al menos, la identificación de la entidad aseguradora, la matrícula, placa de seguro o signo distintivo del vehículo, el periodo de cobertura y la indicación de la cobertura del seguro obligatorio. Es decir, si el agente tuviese algún problema de conexión con el FIVA, el asegurado ha de probar la vigencia de su seguro obligatorio.

- *De contratación o suscripción voluntaria*
  El asegurador garantiza, en el ámbito y hasta el límite pactados, el pago de las indemnizaciones que el asegurado o el conductor autorizado y legalmente habilitado sean condenados a satisfacer como consecuencia de la responsabilidad civil derivada de los daños causados a terceros con motivo de la circulación con el vehículo, diferentes de los daños a las mercancías objeto del contrato de transporte.

  Esta garantía cubrirá las indemnizaciones dentro del límite pactado que excedan de la cobertura de responsabilidades civiles de suscripción obligatoria fijada.

  Quedan excluidas de las garantías de esta modalidad:

  - La responsabilidad por daños causados a las cosas transportadas en el vehículo, es decir, la responsabilidad civil contractual.
  - La responsabilidad derivada de daños o lesiones causadas a personas transportadas, cuando se trate de un vehículo no autorizado oficialmente para el transporte de personas.
  - Pago de multas o sanciones impuestas por los tribunales o las autoridades competentes.

– Gastos derivados de la defensa penal del asegurado o conductor, salvo pacto.

En ningún caso tendrán la consideración de terceros a efectos de esta cobertura:

– Aquellos cuya responsabilidad civil resulte cubierta por el seguro.
– El cónyuge, los ascendientes o descendientes legítimos, naturales o adoptivos de los anteriormente mencionados.
– Representantes legítimos del asegurado, cuando este sea una persona jurídica.
– Empleados o asalariados de las personas cuya responsabilidad se cubra por el seguro.

8.1.2 *Seguro sobre el vehículo*

Cubre los daños sufridos por el vehículo asegurado y quedan expresamente comprendidos en las garantías del seguro los daños debidos a:

- Vuelco o caída del vehículo, o choque del mismo con otros vehículos o con cualquier otro objeto móvil o inmóvil.
- Hundimientos de terrenos, puentes o carreteras.
- Incendio o explosión.
- Accidentes producidos por vicio del material, defecto de construcción o mala conservación.
- Falta o hecho malintencionado de terceros sin que tenga carácter político o social.
- Gastos de transporte del vehículo al taller más cercano.

Quedan, sin embargo, excluidos los siguientes:

- Los daños que se causen al vehículo por los objetos transportados o con motivo de la carga o descarga de los mismos.
- Los daños ocasionados por fenómenos sísmicos, atmosféricos o térmicos, incluso los debidos a la congelación del líquido refrigerante del radiador.
- Los que afecten a neumáticos, salvo la pérdida total, incendio o explosión del vehículo.

Respecto al robo del vehículo el asegurador garantiza el riesgo de sustracción ilegítima por parte de terceros del vehículo asegurado con arreglo a las siguientes normas:

- Si se trata de la sustracción del vehículo completo o de sus neumáticos, se indemnizará con el 100 % del valor venal.

- Si lo sustraído fueron piezas que constituyan partes fijas del vehículo, se indemnizará con el 80 % mínimo del valor nuevo.
- También garantiza el 100 % de los daños que se produzcan en el vehículo durante el tiempo que se halle en poder de personas ajenas.

Pero quedan excluidos de las garantías cubiertas:

- La sustracción que tenga origen en negligencia grave del asegurado o del tomador.
- Las sustracciones de que fueran autores, cómplices o encubridores los familiares del asegurado o del tomador.

Si el vehículo sustraído se recuperase dentro del plazo señalado (un mes, por lo general) el asegurado queda obligado a admitir su devolución.

Si la recuperación tiene lugar después del plazo establecido, el vehículo quedará en poder del asegurador, comprometiéndose el asegurado a suscribir cuantos documentos fuesen necesarios para su transferencia a favor del asegurador, salvo que desee recuperar su vehículo, reintegrando la indemnización percibida.

8.1.3   *Seguro de ocupantes*

El asegurador garantiza, dentro de los límites establecidos, el pago de las indemnizaciones previstas por los accidentes que pudieran sufrir los ocupantes (conductor y personas gratuitamente transportadas, incluidos los familiares del tomador) del vehículo.

También se garantizan los accidentes que sufran los ocupantes al subir o descender del vehículo, o como consecuencia de avería del mismo.

Quedan excluidos los siguientes riesgos:

- Los que se deriven de la participación del asegurado en apuestas o desafíos.
- Los accidentes que tengan su origen en un acto de mala fe del asegurado.

- *Limitaciones al seguro de ocupantes*

  - En los camiones, únicamente se garantizan los accidentes que sufran las personas que ocupen la cabina del mismo.
  - Si en un accidente el número de ocupantes del vehículo excediera del número asegurado, las indemnizaciones correspondientes a cada pasajero se reducirán en la proporción que exista entre los asientos declarados y el efectivo de sus ocupantes.
  - El conductor asalariado solamente está garantizado contra los riesgos de muerte e incapacidad permanente.

- En la especialidad de mercancías los conductores y ayudantes de estos van amparados por el seguro obligatorio de accidentes de trabajo, propio de la Seguridad Social.
- En los vehículos de transporte de mercancías está prohibido que viajen personas distintas a tales conductores (salvo «mozos» de carga y descarga o cuidadores de la mercancía, que necesitan un permiso especial).

8.1.4   *Seguro de defensa penal y reclamación de daños*

Esta modalidad solo podrá contratarse conjuntamente con la de responsabilidad civil, y podrá cubrir, según se haya pactado, los riesgos siguientes:

- Defensa penal y constitución de fianzas en causa criminal.
- Reclamación de daños.

El asegurador asegura al asegurado y al conductor del vehículo, en las causas penales que se le pudieran seguir:

- Su defensa personal por los abogados y procuradores designados por el asegurador.
- El pago íntegro de todos los gastos judiciales que, sin constituir sanción personal, le fueran impuestos.

9   Seguros de crédito y de caución

El seguro de crédito tiene por objeto garantizar al asegurado el pago de la indemnización que corresponda por las pérdidas netas definitivas que experimente a consecuencia de la insolvencia de sus clientes. No garantiza el impago, pero sí el perjuicio de las consecuencias, es decir, la insolvencia.

Los seguros de caución, en cambio, garantizan el afianzamiento de obligaciones ante terceros que el asegurado pueda tener. Este seguro es habitual en lo que concierne a garantizar las obligaciones que el asegurado pueda tener frente a las autoridades aduaneras.

10   Coaseguro y reaseguro

El coaseguro existe cuando los aseguradores se reparten el riesgo y la suma total. Se funda en la participación de más de un asegurador en un mismo riesgo. El coaseguro supone la existencia de varios contratos establecidos entre un mismo asegurado y diversas entidades aseguradoras (denominadas, en tal caso, coaseguradoras). Pueden formalizarse en contratos o pólizas distintas y separadas, en cuyo caso serán aplicables las condiciones tanto generales como particulares contenidas en cada texto contractual. O por el contrario, a través de un solo documento o póliza, en el cual se hace constar la parte de riesgo o responsabilidad asumidos por cada compañía aseguradora.

Cuando el coaseguro se formaliza por medio de un solo documento, se debe suscribir que todas las incidencias que surjan o se produzcan por razón del contrato de seguro se lleven a efecto por una sola entidad. Dicha entidad, que se denomina abridora, actúa en representación de las restantes coaseguradoras en la tramitación de las modificaciones de riesgos y arreglo y liquidaciones de siniestros.

El reaseguro puede definirse, en líneas generales, como aquel procedimiento técnico de limitación de los riesgos que permite a una empresa aseguradora limitar o eliminar su responsabilidad sobre los riesgos suscritos, mediante la transferencia de una parte o de la totalidad de tal responsabilidad a otra empresa. Es decir, cubre el riesgo que asumen los aseguradores por los contratos de seguro directo con sus clientes, o sea, asegura al asegurador.

Pese a que en España el reaseguro total es legalmente factible, esta modalidad no suele practicarse, pues al quedar desvinculada la empresa aseguradora de toda responsabilidad en los riesgos así reasegurados, es evidente que se desvirtúan sus funciones aseguradoras, quedando convertida en mera intermediaria.

El reaseguro se define como aquel contrato mediante el cual un asegurador se garantiza contra el riesgo de que su patrimonio se vea afectado por una siniestralidad superior a la prevista o a la que técnicamente pueda soportar.

Capítulo 10

Los costes en el transporte por carretera

1 Conceptos y clasificación de costes

Al tratar los costes de una empresa de transporte, con frecuencia se confunden términos que aparentemente son sinónimos pero que tienen un significado muy diferente, sobre todo porque se hace desde una óptica de economía doméstica o personal de consumidores finales y no desde un punto de vista empresarial. A continuación se definen algunos de estos términos:

- *Gasto*
  Es la adquisición de bienes y servicios y un término opuesto a ingreso. Al hacer un gasto se contrae una obligación de pago frente a un proveedor externo. Por ejemplo, la compra de una rueda.

- *Coste*
  Medida de los recursos sacrificados para conseguir un objetivo. No tiene por qué ser un gasto siempre. Por ejemplo, la rueda del ejemplo anterior se monta en el vehículo y empieza a rodar. Un gasto se convierte en coste cuando se incorpora al precio del producto o servicio que se ofrece a un mercado. Si por error no se incorporara, nunca sería un coste, sino que continuaría siendo un gasto.

- *Pago*
  Salida de dinero de la empresa; es lo opuesto a cobro. Por ejemplo, cuando se paga la rueda adquirida en el ejemplo primero.

Los costes se clasifican en directos e indirectos. Los directos a su vez se dividen en fijos y variables.

Son *costes directos* aquellos que se pueden relacionar o identificar directamente con un vehículo, departamento, ruta, etc. *Costes indirectos* son aquellos otros que tiene una empresa pero que no se pueden imputar a ningún vehículo o departamento en concreto. *Costes fijos* son los que existen y no varían en función del nivel de actividad, o se tienen incluso con actividad nula. En cambio los *costes variables* son los que aumentan proporcionalmente con la actividad. Algunos ejemplos aplicados a una empresa de transporte son los siguientes:

- *Costes fijos*
  Personal, tributos, seguros, amortizaciones, costes financieros (se tienen aunque el vehículo no se mueva).

- *Costes variables*
  Combustible, lubricantes, neumáticos, peajes (aumentan con los kilómetros recorridos).

- *Costes indirectos*
  Comerciales, administración, gerencia, infraestructuras.

2   El coeficiente de estiba o relación peso/volumen

Cuando se solicita un flete o precio del porte a un transportista, este casi siempre lo cotiza por peso (kilos, toneladas). Sería ilógico que un semirremolque cargado con textiles (12 toneladas, aproximadamente) nos costara solo la mitad que uno cargado con maquinaria pesada (24 toneladas) para un mismo recorrido. Por eso existe en todos los medios de transporte la llamada relación peso/volumen.

Tiene especial importancia en las cargas fraccionadas, grupages o consolidados de mercancías, ya que si se contrata una carga completa normalmente el flete será *lumpsum*, es decir, tendrá un precio a tanto alzado, sin influir en el mismo ni el peso ni el volumen que se cargue en la unidad de transporte (camión, vagón, contenedor, caja móvil, etc.).

Para calcular el importe del transporte o flete de una mercancía, es fundamental tener en cuenta los siguientes pasos:

Figura 10.1. Volumen = largo × ancho × alto.

Figura 10.2. Volumen = diámetro² × altura.

Primero. Conocer su volumen. Por ejemplo, en una expedición compuesta por 100 cajas de 40 × 30 × 25 cm su volumen será el resultado de multiplicar:

$$100 \text{ cajas} \times 0,4 \times 0,3 \times 0,25 \text{ m} = 3 \text{ m}^3.$$

Obsérvese que es más sencillo pasar directamente los centímetros cúbicos a metros cúbicos para evitar tener que ir arrastrando decimales: 100 cajas × 40 × 30 × 25 = 3.000.000 cm^3 = 3.000 litros = 3 m^3.

También hay que saber que en transporte los volúmenes se calculan siempre por las dimensiones máximas de ancho × largo × alto, es decir, como si fuera un hexaedro. Por ejemplo: un bidón de 60 cm de diámetro y 80 cm de altura cubicaría en transporte 0,6 × 0,6 × 0,8 m = 0,288 m^3 y no 0,226 como sucede en geometría, al aplicar la fórmula r^2 × Pi × h. En las figuras 10.1 y 10.2 se muestra un ejemplo de cada uno de estos casos.

Segundo. Una vez tenemos el volumen calculado, deberá multiplicarse por el coeficiente de estiba, que es diferente en cada modo de transporte, a saber:

a) Transporte internacional por carretera: 1 m^3 = 333,3 kg.
Esta equivalencia surge, en términos generales, de la capacidad de carga de un semirremolque:

Metros cúbicos	Peso
60 m^3	20 t
3 m^3	1 t
3 m^3	1.000 kg
1 m^3	333,3 kg

Tabla 10.1.

También hay que tener en cuenta la relación que se aplica por metro cuadrado y metro lineal. Un metro cuadrado = 725 kg, que se aplica a las mercancías que no pueden ser apiladas unas sobre otras. Tal equivalencia surge de:

Metros cúbicos	Peso
28 m^3	20 t
1 m^3	725 kg

Tabla 10.2.

Y también un metro lineal = 1.650 kg, que se aplica a las mercancías que no pueden ser agrupadas con otras ni vertical ni lateralmente. La relación se obtiene de:

Metros cúbicos	Peso
12 m^3	20 t
1 m^3	1.650 kg

Tabla 10.3.

Todo lo anterior se refiere a transporte internacional por carretera, ya que en el nacional estas relaciones dependerán de cada agencia o empresa de transporte. Hay agencias que aplican relaciones desde 150 hasta 333 kg, pasando por las intermedias de 250, 260 y 270 kg/m^3.

Para que el lector pueda estudiar diferentes supuestos o hacer comparaciones con otros modos, se indica también el coeficiente de estiba del resto de medios.

b) Transporte aéreo: 1 m^3 = 166,6 kg. Es decir:

Metros cúbicos	Peso
6 m^3	1 t
6.000 dm^3	1.000 kg
6.000.000 cm^3	1.000 kg
6.000 cm^3	1 kg

Tabla 10.4.

Es habitual en el transporte aéreo que el volumen se calcule en centímetros cúbicos, en lugar de en metros cúbicos, con lo cual al dividirlo por 6.000 dará el que puede ser el peso tarifable en las mercancías voluminosas. Si por el contrario se multiplica el volumen por 166,6 dará la misma cantidad, pero con menor precisión en los decimales.

c) En transporte por ferrocarril se aplica cada vez más la misma relación que por camión, es decir, 1 m^3 es igual a 333 kg.

d) En transporte marítimo, 1 m^3 es igual a 1 tonelada (t). Esta relación, también denominada «unidad de flete», corresponde al peso del agua destilada en condiciones normales.

Tercero. En último lugar se compara el peso real o de la báscula con el peso obtenido con el procedimiento anterior. El transporte siempre se facturará por el más elevado de los dos, al cual denominamos «peso tarifable».

3   Costes en la carga completa

Cuando un transportista llena su vehículo con mercancías de grupaje ya dijimos que debe aplicar el precio teniendo en cuenta siempre la relación entre peso y volumen. No obstante, quien suele recepcionar mercancías de carga fraccionada son las agencias o transitarios, y no los transportistas.

El transportista que con su vehículo hace físicamente el transporte tiene que calcular sus costes para un determinado viaje, lo cual no es fácil dada la multitud de costes que integran el coste total, algunos de los cuales son casi imperceptibles, y todos intervienen en diferente proporción. Algunos son directos e inmediatos, como el combustible gastado. Así se establece rápidamente el vínculo entre el transporte y el coste, y puede decirse que se ha gastado «X» euros en un determinado recorrido. Pero no acaban ahí ni mucho menos los costes. Algunos se sufren después de muchos viajes, como los de recambio de los neumáticos o los costes de mantenimiento del vehículo. Otros se producen anualmente y no en un transporte o viaje determinado, como por ejemplo los seguros o las tasas de ITV, de visados de tarjetas, de gastos financieros, etc.

Por último, hay un coste que no supone un pago a ninguna persona externa de la empresa; de hecho no supone ningún pago: se trata de la depreciación del vehículo del

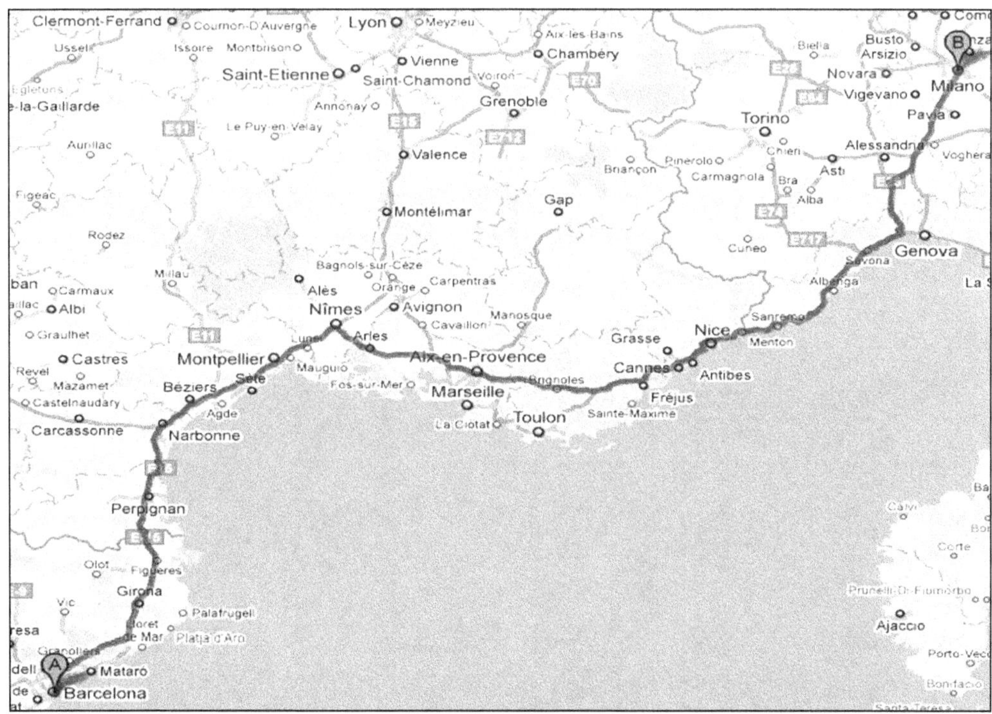

Figura 10.3. Ejemplo de ruta Barcelona-Milán calculada desde el sitio maps.google.com.

cual se sirve la empresa de transportes para ofrecer servicios a sus clientes. Esta depreciación constituye un coste porque se puede cuantificar y porque se debe repercutir en las tarifas una parte, por pequeña que sea, para compensar dicho coste.

Como en carga completa no se factura a los clientes por kilos sino por el viaje completo, la variable que se ha de tener en cuenta es el total de kilómetros del recorrido y, cuando se trate de vehículos pequeños, también será importante el número de horas que se van a emplear. Si se pretende hacer un trayecto que se ha realizado muchas veces y del cual se conocen bien los problemas que comporta, ya estará resuelto. En caso contrario, se ha de disponer de algún mapa para calcular la distancia, pero es mucho mejor disponer de alguna herramienta informática que proporcione la información de la distancia y también del tiempo con mayor exactitud.

Se puede recurrir a sitios web en internet, que son gratuitos y facilitan información bastante fiable, aunque con pocos extras, como por ejemplo www.google.com, www.viamichelin.es o bien www.guiacampsa.com. Pero hay también programas que además de proporcionar información sobre distancias tiene muchas otras funciones, como por ejemplo Teleroute o bien MapPoint, de Microsoft (la figura 10.3 muestra una ruta calculada con el programa del sitio maps.google.com).

Mediante pequeños programas como el Acotram, que se descarga gratuitamente del sitio web del Ministerio de Fomento (www.fomento.es), se pueden calcular con mucha exactitud los costes totales de diferentes tipos de vehículo. Las figuras 10.4 a la 10.7 mues-

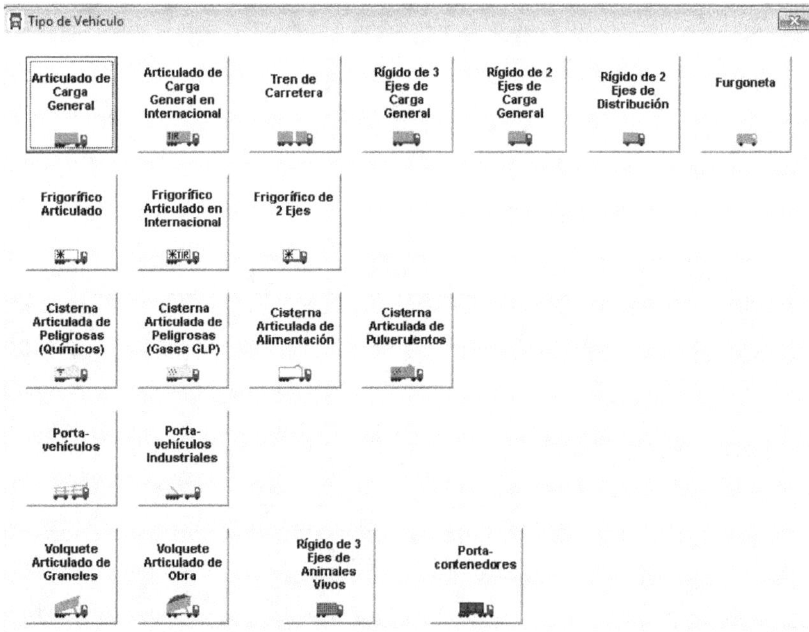

Figura 10.4. El programa Acotram permite calcular los costes totales de veinte tipos diferentes de vehículos.

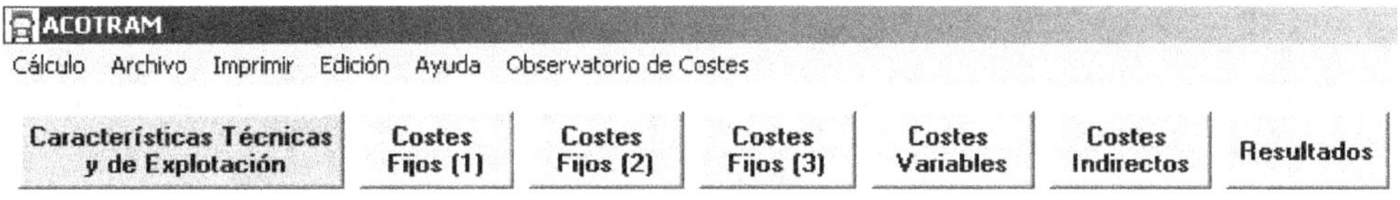

Figura 10.5. Tras introducir datos en seis pantallas, en la séptima Acotram muestra los resultados de sus cálculos.

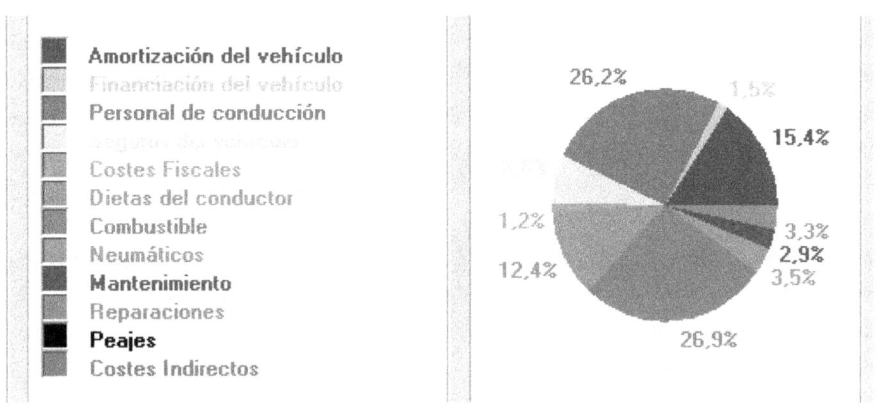

Figura 10.6. Acotram proporciona un gráfico «de tarta» para ver la importancia relativa de cada uno de los costes.

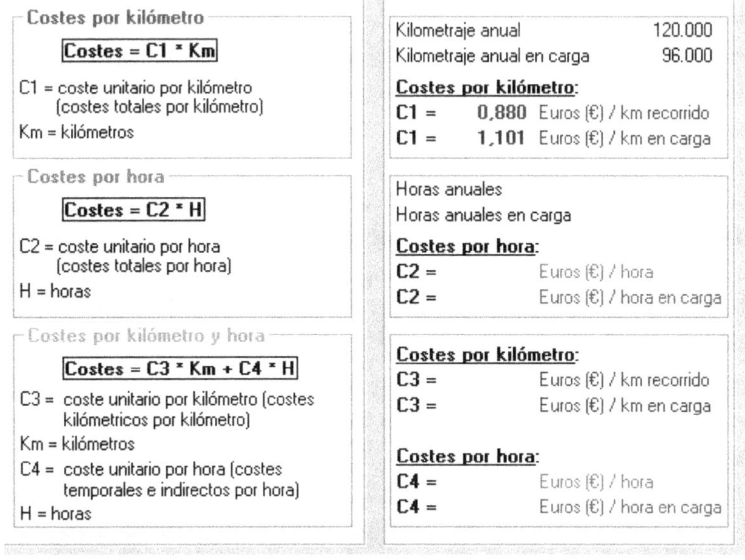

Figura 10.7. El programa Acotram también ofrece datos numéricos detallados.

tran diferentes fases o pantallas en el uso de dicho programa. El programa permite no solo elegir uno entre quince vehículos, sino personalizar al máximo los cálculos. Al coste total, lógicamente, se tendrá que añadir el margen comercial que se desee obtener.

Se ha de tener presente que a pesar de aplicar a los clientes unos precios por kilómetro superiores a los costes por kilómetro, se tendrán siempre unos costes fijos, tanto si se hacen 100.000 como 0 km. A partir de un número determinado de kilómetros la facturación alcanza y supera al total de los costes fijos más los variables, en el llamado punto de equilibrio, umbral de la rentabilidad o también beneficio cero. Con el siguiente ejemplo y su resolución mediante la tabla 10.6 y el gráfico 10.1 esto se verá con mayor claridad.

Ejemplo. Una compañía quiere introducirse en el campo de la distribución de vinos y licores a escala nacional. El servicio será facturado únicamente en función del kilometraje recorrido. Los costes de operación de cada vehículo son los siguientes:

Tipo de costes	*Dinero*
Costes fijos.	7.200 €/año
Costes variables.	0,70 €/km
Salario del conductor.	30.050 €/año

Tabla 10.5.

La tarifa de transporte es de 1,2 €/km y se desea conocer los kilómetros que necesita hacer cada vehículo para empezar a obtener beneficio.

Se puede observar que recorriendo 70.000 km, los ingresos todavía no superan al total de costes, pero sí lo hacen al haber recorrido 80.000.

4   Depreciación y amortización de vehículos

En el aspecto contable, si una empresa adquiere un camión por 90.000 €, no ha tenido ninguna pérdida económica, puesto que se ha transformado 90.000 € que estaban en una cuenta del banco en 90.000 € en forma de camión. Este planteamiento es correcto solamente en el momento de la compra del vehículo. A partir de ese mismo instante entra en juego la depreciación: el vehículo comienza a perder valor, por causas múltiples:

- *Físicas.* Por el simple transcurso del tiempo, se utilice o no el vehículo.
- *Funcionales.* Producidas por el desgaste debido al uso del vehículo.
- *Por causas tecnológicas.* Obsolescencia ante innovaciones tecnológicas, se utilice o no.
- *Comerciales.* Porque el fabricante sacará al mercado nuevos modelos que haran perder actualidad a los anteriores.

km recorridos	0	10,000	20.000	30.000	40.000	50.000	60.000	70.000	80.000	90.000
Costes fijos	7.200	7.200	7.200	7.200	7.200	7.200	7.200	7.200	7.200	7.200
Salarios	30.050	30.050	30.050	30.050	30.050	30.050	30.050	30.050	30.050	30.050
Total costes fijos	37.250	37.250	37.250	37.250	37.250	37.250	37.250	37.250	37.250	37.250
Costes variables	0	7.000	14.000	21.000	28.000	35.000	42.000	49.000	56.000	63.000
Coste total	37.250	44.250	51.250	58.250	65.250	72.250	79.250	86.250	93.250	100.250
Facturado	0	12.000	24.000	36.000	48.000	60.000	72.000	84.000	96.000	108.000

Tabla 10.6.

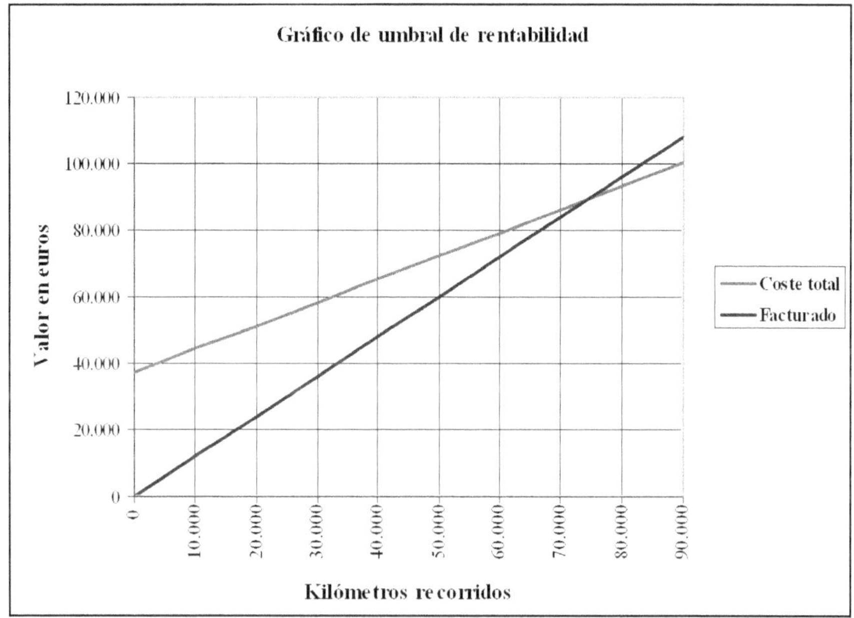

Gráfico 10.1.

Tal depreciación constituye un coste, además de ser un gasto fiscalmente deducible. Para compensar esa depreciación y evitar la pérdida de patrimonio de la empresa se aplica la amortización, que se define como los recursos financieros que genera la propia empresa para compensar la depreciación de los bienes de equipo. La depreciación es un coste (no un gasto) y su cuantificación es la amortización. Puede contemplarse desde dos puntos de vista:

- *Aspecto económico*
  Como otros costes, se debe incorporar al precio del servicio.

- *Aspecto financiero*
  Recuperar recursos para financiar la renovación, cuando llegue.

La amortización se empieza a aplicar desde el momento en que los bienes entran en funcionamiento. Algunos términos utilizados en el cálculo de la amortización, referidos a un vehículo, son los siguientes:

- *Vida útil.* Período en que fiscalmente debe efectuarse la amortización. Cuando hay tablas programadas, es el período máximo. Transcurrido este, la amortización ya no será gasto deducible.
- *Valor de adquisición.* Precio de compra del vehículo.
- *Valor actual.* Precio de mercado del vehículo.
- *Valor de reposición.* Precio futuro del vehículo cuando deba ser repuesto.
- *Valor residual.* Precio que se obtendrá por la venta del vehículo al retirarlo.
- *Fondo de amortización.* Fondo creado por la empresa, destinado a cubrir la depreciación de los elementos de transporte.
- *Valor neto contable.* Valor de adquisición menos amortizaciones acumuladas hasta la fecha. No tiene por qué coincidir con el valor actual.
- *Tipo de amortización.* Coeficiente o porcentaje que se aplica a la base amortizable para calcular la cantidad que cabe amortizar en un período de tiempo.
- *Base amortizable.* Valor de adquisición menos valor residual.
- *Cuota de amortización.* Resultado de aplicar el tipo de amortización a la base amortizable.

Los principales sistemas de amortización son:

- *Constante o lineal.* La diferencia entre el valor de adquisición y el residual se divide por el número de años de vida útil y así se obtiene una cantidad anual que será la misma todos los años.

- *Decreciente por dígitos de los años.* La diferencia entre el valor de adquisición y el residual se divide por la suma de los dígitos de los años. Por ejemplo, si son cinco años esta suma es $5 + 4 + 3 + 2 + 1 = 15$. El resultado de dividir por 15 se iría multiplicando por 5 el primer año, por 4 el segundo y así sucesivamente. Dicho de otro modo, se multiplicaría por 5×15, 4×15, 3×15, 2×15, 1×15 siguiendo el ejemplo de los cinco años.

- *Creciente.* Fiscalmente no se admite, porque además no se corresponde con la realidad. La depreciación es mayor en los primeros años y no a la inversa.

- *Técnica o funcional.* La diferencia entre el valor de adquisición y el residual se divide por el número de kilómetros que se espera que hará un vehículo, o por el número de piezas que se espera que fabrique una máquina a lo largo de su vida útil. Se obtiene así una amortización por kilómetro o por pieza. Entonces basta con multiplicar dicho cociente por el número de kilómetros o piezas que se hacen cada año.

Cuando se vende un vehículo por un precio superior o inferior al previsto se obtiene una variación patrimonial, que será positiva o negativa, respectivamente.

5   Conducción económica o racional

Con el programa Acotram se puede comprobar fácilmente que en los costes totales de un vehículo articulado el combustible representa un 32 %, llegando a ser de un 35 en el caso de un tren de carretera. En una furgoneta el combustible consumido supone solamente un 11 % de sus costes totales.

Por tanto, es especialmente importante en vehículos pesados realizar una conducción económica, que se traducirá en un claro ahorro y disminución de costes. Esto se puede conseguir teniendo en cuenta algunos principios básicos.

- Tener el motor del vehículo en buenas condiciones mediante el adecuado mantenimiento y una presión correcta en los neumáticos, ya que cuando esta es insuficiente, al vehículo le cuesta más rodar.

- No efectuar una conducción nerviosa sino suave y tranquila, evitando frenazos bruscos y acelerones. Hay que anticiparse a las situaciones que se presentan en el tráfico y aflojar un poco la velocidad con antelación, en lugar de dar un frenazo en el último momento ante un semáforo o una maniobra de otro usuario. Un vehículo articulado cargado que se detiene totalmente gasta un litro de combustible solamente al reiniciar la marcha y alcanzar de nuevo la velocidad que tenía.

Vehículo de 40 t y 380 CV	Conducción nerviosa	Conducción económica	Ahorro
Consumo medio a los 100 km	40	35	5
Consumo total para 150.000 km/año	60.000	52.500	7.500
1 vehículo	58.440	51.135	7.305
5 vehículos	292.200	255.675	36.525
10 vehículos	584.400	511.350	73.050
25 vehículos	1.461.000	1.278.375	182.625

Tabla 10.7. Reducción de costes de combustible practicando una conducción económica. Precio base 0,993 €
por litro, sin IVA según observatorio de costes del Ministerio de Fomento (enero 2011).

- Con la velocidad un camión crea turbulencias de aire en sus laterales y entre la tractora y el semirremolque, en el supuesto de vehículos articulados. Estas mismas turbulencias se producen en los bajos del vehículo y por la zona de las ruedas. Las turbulencias frenan el vehículo. Por otra parte, un perfil chato o plano hace que el vehículo deba empujar el aire en su marcha, siendo más adecuado un perfil aerodinámico que corte el aire. Tanto el perfil aerodinámico como la supresión de buena parte de las turbulencias se consigue mediante los deflectores, situados tanto sobre la cabina como en los laterales. Disponer de ellos reduce de forma considerable el consumo.

- Hay que intentar estar siempre dentro del par máximo del motor. No es el punto donde más potencia rinde el motor, pero sí donde con menos consumo puede prestar su mayor rendimiento; para eso se dispone de la caja de cambios, con objeto de aprovechar esa zona en cualquier situación (subidas, bajadas, llanos, cargados, vacíos, etc.). En el motor diésel de un camión el régimen óptimo está en torno a las 1.500 revoluciones por minuto. Esa velocidad de giro del motor se puede controlar con el tacómetro, aunque los conductores expertos pueden saberlo también por el sonido del motor, cuando están muy familiarizados con un vehículo.

- Tras realizar una larga subida por una carretera de montaña se ha gastado una cantidad considerable de combustible, pero el vehículo ha adquirido una energía potencial. En la bajada hay que sacarle partido a esta energía. Nunca hay que circular en punto muerto, pero sí procurar que sea el propio peso del vehículo el que lo impulse en este caso, usando el motor más como freno que como elemento de tracción.

Capítulo 11

Terminología y acrónimos

El glosario que se recoje en este capítulo contiene términos utilizados en transporte por carretera, así como otros relacionados con el resto de modos de transporte y con el comercio internacional. En muchos supuestos la palabra o término se muestra en idioma inglés, porque así es como se utiliza en la práctica, debido generalmente a que el vehículo o procedimiento con el que se relaciona es de invención anglosajona.

Se han incluido también acrónimos, por ser de uso generalizado en el sector del transporte, sobre todo en el internacional. No es voluntad de este sector ser críptico en sus mensajes y comunicaciones, sino que se debe a que hace sólo unos pocos años no existía el correo electrónico ni el fax; las comunicaciones escritas con corresponsales y clientes se tenían a través de telex y en aquel medio el tiempo empleado en enviar un mensaje y su coste iba en función de su extensión o número de palabras. Con bastante imaginación se comprimieron las frases en siglas o acrónimos. Algunos de ellos resultaron tan utilizados y útiles que hoy en día, cuando ya no hay ninguna necesidad de abreviar, se sigue haciendo. Esos acrónimos forman parte de la cultura y tradición del sector, a escala mundial.

Por último, la abundancia de siglas tiene que ver con las muchas instituciones, organismos y acuerdos internacionales, que suelen ser conocidos por las iniciales de sus nombres, que en ocasiones resultan excesivamente largos.

Aceite detergente. Aceite de motor que incorpora una serie de aditivos con el fin de mantener en suspensión las partículas de suciedad, en lugar de permitir que se acumulen en el interior del motor.

Aceite multigrado. Aceite lubricante del motor cuya viscosidad no es tan sensible a los cambios de temperatura como la del aceite normal. Este tipo de aceite no se espesa tanto con el frío ni se licua tanto con el calor.

Aceleración rápida *(reprise).* Respuesta del motor cuando se pisa el pedal del acelerador.

Acuerdo de libre comercio. Acuerdo de varios países para facilitar el intercambio mutuo de mercancías, en función del origen de las mismas.

Admítase. Es una modalidad de albarán que sella la compañía naviera, y que permite acreditar ante la aduana de exportación que la mercancía está lista para su embarque.

ADR. Convenio europeo sobre transporte de mercancías peligrosas por carretera.

Agente IATA. Operador de transporte autorizado por IATA para comercializar el transporte aéreo y poder emitir documentos AWB.

Albarán. No está sujeto a una forma determinada. Es un recibo de una mercancía que se entrega. Contiene nombre de remitente, destinatario, datos de la mercancía y las instrucciones para seguir. Tiene un valor importante como prueba.

Alternador. Generador de corriente eléctrica, accionado por el motor del vehículo, que produce corriente alterna, en contraposición con la dinamo, que produce corriente continua. La ventaja del alternador consiste en que proporciona, a bajo régimen de revoluciones del motor, mayor intensidad de corriente que la dinamo.

Amortización. Fondo que se crea para compensar la depreciación de algunos bienes, fiscalmente deducible por constituir un coste.

Amperio. Unidad de intensidad de corriente eléctrica. Es la producida por una tensión de un voltio al actuar sobre una resistencia de un ohmio. Normalmente se designa por «Amp» o «A».

Amperio/hora. Unidad de capacidad de una batería. Se obtiene multiplicando la corriente en amperios por las horas de suministro.

Aquaplaning. Término inglés que expresa la situación de un neumático que pierde el contacto con el piso al rodar a una determinada velocidad sobre una superficie cubierta con una capa de agua. Esta situación supone la pérdida del control del vehículo.

Aranceles. Impuestos que se cobran en las aduanas y que gravan las importaciones y, excepcionalmente, las exportaciones.

Arbitraje. Procedimiento para dirimir diferencias mediante la encomienda a terceras personas imparciales de la resolución de las mismas.

ASAP. *As soon as possible...* (tan pronto como sea posible...).

ASTIC. Asociación del Transporte Internacional por Carretera. En España es la entidad garante que expide los carnés TIR.

ATEIA. Asociación de Transitarios Expedidores y Asimilados.

ATP. Acuerdo sobre transporte terrestre internacional de mercancías perecederas.

Autobús. Vehículo automóvil especialmente acondicionado para el transporte de viajeros y, en su caso, equipajes, con una capacidad superior a nueve plazas, incluida la del conductor.

Autorización de despacho. Documento por el cual un importador autoriza a un agente de aduanas o a un transitario para que le represente ante la aduana. Puede ser por operación o global. En caso de carecer de dicho documento, podría considerarse que el representante actúa en nombre propio, según el código aduanero comunitario.

Autorizaciones autonómicas. Las que habilitan para realizar el transporte en el ámbito territorial de la comunidad autónoma en que esté domiciliada.

Autorizaciones nacionales. Las que se otorgan sin limitación de radio de acción y habilitan para realizar el transporte al que se refieran en todo el territorio del Estado.

Aviso de llegada del transportista. Documento o medio mediante el cual una compañía naviera o aérea avisa de la llegada de un envío.

En el caso de transporte marítimo, cuando es FOB suele ir precedido de un preaviso que se emite cuando el medio de transporte sale.

AWB. *Air Waybill* (conocimiento aéreo). Carta de porte para el transporte aéreo.

Batalla de un vehículo. Distancia longitudinal entre los ejes delanteros y traseros, es decir, la longitud del lado mayor del rectángulo formado por los centros de las superficies del contacto de los neumáticos con el piso.

Batería. Conjunto formado por varias células y sus correspondientes placas, destinado a almacenar energía química para convertirla en electricidad. Es necesaria para poner en marcha el automóvil, ya que el generador produce corriente únicamente cuando el motor está en marcha.

Beneficiario En seguros, es la persona física o jurídica que, previa designación, deviene titular del derecho a indemnización.

Bisulfuro de molibdeno. Lubricante que presenta gran afinidad con los metales, por lo que se adhiere a las superficies de fricción, incluso si están sometidas a altas presiones. Se añade al aceite o a la grasa con objeto de incrementar su efectividad, especialmente si aquéllas realizan un duro trabajo.

B/L. *Bill of Lading* (conocimiento de embarque marítimo).

Bloqueo de las ruedas. Situación que se produce cuando las ruedas dejan de girar. Se presenta generalmente cuando se presiona en exceso el pedal del freno sobre un terreno resbaladizo.

Bombeo del pedal del freno. Técnica de frenado sobre una superficie deslizante o resbaladiza que consiste en pisar y soltar el pedal del freno repetidas veces en una secuencia muy rápida. Solo se utiliza en circuitos de frenos hidráulicos y nunca en neumáticos.

Bonus-Malus. Sistema que se aplica en los seguros de automóviles. Según este sistema, los conductores con una alta siniestralidad pagarán más, mientras que los conductores que tienen menos siniestralidad son favorecidos con bonificaciones sobre la prima.

Bordereau. Documento que un transportista por carretera envía a su corresponsal, y que resume todos los envíos que componen un grupaje; y puede contener instrucciones especiales de entrega u otras.

Budget. Término inglés utilizado frecuentemente en empresas de transporte. Significa presupuesto.

Buying Rates. Tarifas de compra, precio al cual un transitario compra o paga los fletes.

CAD. *Cash Against Documents* (pago contra documentos). Un banco entrega documentos al importador cuando este paga el importe de la mercancía.

Carnet ATA. Documento que expiden las cámaras de comercio y que permite la ida y regreso de un envío facilitando las cuatro operaciones aduaneras.

Carta de pago 031. Justificante de pago de los derechos de aduana y el IVA en una importación. Documento necesario para deducir el IVA soportado en caso de inspección.

Carta de porte. Documento que suscriben expedidor y transportista, que es a la vez recibo de la mercancía y prueba de la existencia del contrato de transporte (carta de porte, CMR, AWB) y en ocasiones es además un título negociable (B/L). En transporte nacional de carga completa por carretera, dicha carta de porte es obligatoria desde el 13 de agosto de 2003, excepto para mudanzas.

CASS. *Cargo Account Settlement Systems* (aéreo). Es un sistema informático para racionalizar los pagos y cobros que se efectúan entre las compañías aéreas y los agentes IATA de carga aérea.

CEMT. Conferencia Europea de Ministros de Transporte. En la reunión que se celebró en Dublín, los días 17 y 18 de mayo de 2006, la CEMT se transformó en el Foro Internacional del Transporte (IFT).

Certificado ADR. Acredita el cumplimiento de lo indicado en el anejo B del acuerdo ADR por parte de un vehículo de transporte de mercancías peligrosas. Se aplica principalmente a vehículos cisterna.

Certificado ATR. Certificado de origen que se utiliza cuando se quiere aplicar el acuerdo preferencial entre la Unión Europea y Turquía. Se utiliza tanto en la exportación como en la importación.

Certificado CAR. El Certificado de Aceptación Radioeléctrica (CAR) lo expide la Dirección General de Telecomunicaciones y Tecnologías de la Información y debe poseerlo cualquier aparato que emita ondas electromagnéticas y pueda perturbar o causar interferencias no necesarias. Emisoras, teléfonos móviles, *walki-talkies*, etc., deben poseer este certificado para su importación.

Certificado DBT. Se exige a la importación y puede expedirlo tanto el proveedor extranjero como el importador. Quien lo firma se responsabiliza de que el producto cumple con la directiva de baja tensión de la Unión Europea (de ahí su nombre) en cuanto a aislamiento de aparatos eléctricos. Se aplica a aparatos que funcionen entre 50 y 1000 V en corriente alterna o bien entre 75 y 1500 V de corriente continua.

Certificado de *agrèment*. Certifica que un vehículo es seguro para hacer transporte TIR. Tiene una validez de dos años y su número debe ir en la portada de un cuaderno TIR.

Certificado de arrumazón. Certifica que la estiba de un contenedor se ha efectuado correctamente y lo firma quien la ha realizado.

Certificado de averías. Documento que expide un comisario de averías, donde se constatan los daños sufridos por una mercancía en caso de siniestro. El comisario de averías suele pertenecer a una compañía aseguradora.

Certificado de conductor. Cuando un vehículo es conducido por una persona de nacionalidad no comunitaria, esta debe llevar a bordo el certificado de conductor de país tercero. El documento es propiedad de la empresa, no de la persona que conduce el vehículo y es requisito obligatorio en España desde el 19 de marzo de 2003.

Certificado de lista negra. Expedido por un transportista marítimo, según el cual el buque no hace escala en ningún puerto de Israel.

Certificado de origen. Se extiende para las mercancías que no pueden disponer de un certificado preferencial (EUR, A, ATR) por ser originarios de un país o agrupación de países que no tengan establecido un acuerdo con la Unión Europea. Suelen expedirlo las cámaras de comercio.

Certificado EUR1. Certificado de origen que se expide a los efectos de obtener un intercambio preferencial entre la Unión Europea y agrupaciones de países con acuerdos: AELC, mediterráneos, ACP/PTUM, etc.

Certificado «Form A». Certificado de origen que se utiliza para obtener una reducción de aranceles en los intercambios preferenciales entre la Unión Europea y los países SPG (Sistema de Preferencias Generalizadas). Se utiliza en la importación desde esos países, pero no en nuestras exportaciones hacia ellos.

Certificados sanitarios o fitosanitarios. Normalmente son extendidos por organismos oficiales que dependen de Sanidad o de Agricultura, respectivamente. Estos certificados atestiguan la buena calidad o el buen estado del producto.

CESCE. Compañía Española de Seguros de Crédito a la Exportación. Cubre al exportador frente a impagos por motivos políticos.

CICE. Centros de Inspección del Comercio Exterior. Inspeccionan aspectos como calidad, etiquetado, etc. También vigilan el cumplimiento del Convenio CITES sobre especies de fauna y flora silvestres protegidas.

Class Rates. Tarifas de clase en transporte aéreo. Son aumentos o descuentos para ciertas mercancías (prensa, animales vivos, restos humanos, equipajes, etc.).

COD *Cash On Delivery.* Indicación que figura en la documentación de un envío cuando es contra reembolso.

C/O. Abreviatura de Certificado de origen.

Código ONU de mercancía. Código de cuatro dígitos para identificar las mercancías peligrosas catalogadas.

Coludir. Ponerse de acuerdo varias personas o empresas para perjudicar a un tercero. Esta práctica vulnera las normas de competencia.

Colusión. Acción de coludir.

Conferencia de fletes. Pacto entre varias líneas marítimas regulares que operan en una zona común. Actualmente es una figura poco utilizada.

Consejero de seguridad. Responsable del cumplimiento del ADR o RID en una empresa que transporta o almacena mercancías peligrosas.

Consignatario de buques. Empresa que representa en un puerto a uno o varios armadores o navieros. El naviero también puede tener una oficina propia, asumiendo entonces el papel de armador y consignatario.

Convenio CIM. Regula el contrato de transporte internacional de mercancías por ferrocarril.

Convenio CMR. Convenio firmado en Ginebra el 19-5-1956 sobre el contrato de transporte internacional de mercancías por carretera.

Convenio de Chicago. Convenio sobre aviación civil firmado en 1944. Fue el antecedente de la OACI. La primera normativa sobre transporte de mercancías peligrosas por vía aérea se contemplaba en el anexo 18 de dicho convenio.

Convenio RICO. Convenio sobre transporte de contenedores por ferrocarril.

Convenio RID. Convenio sobre transporte internacional de mercancías peligrosas por ferrocarril.

Corates o SCR. Tarifa especial aérea para incentivar el transporte de ciertas mercancías. También se conoce como tarifa *Commodity*.

Costes directos. Los que se pueden vincular con un determinado departamento, ruta, vehículo, etc.

Costes fijos. Son los costes directos que no varían con el volumen de producción o que se tienen al margen del volumen de actividad.

Costes indirectos. Son los que tiene una empresa pero que no se pueden imputar directamente a un departamento o vehículo concreto.

Costes variables. Costes directos que varían en función del nivel de producción. En el caso de un vehículo, son los que varían con los kilómetros recorridos.

CSC. Convenio sobre Seguridad de Contenedores. En España la primera homologación tiene validez de cinco años con prórrogas siguientes de dos años.

Cuaderno TIR. Documento para aplicar el Convenio TIR. Tiene una portada y varias hojas para las distintas aduanas de paso.

Cuenta *a meta.* Forma de liquidar o compensar sus cuentas entre dos empresas de transporte que son corresponsales. Existe la modalidad *pool* y la integral. (En italiano *a meta* significa «la mitad».)

CuentarrevolucionesTérmino con el que impropiamente se designa el tacómetro. Este instrumento registra la velocidad de giro del cigüeñal, pero no el número de vueltas de describe.

Currency. Moneda o divisa utilizada en un país o al rellenar un documento.

Customs Clearance o C/C. Término inglés que significa despacho de aduanas.

CY/CY. *Container Yard/Container Yard.* Es decir, desde el lugar de recepción de un contenedor hasta el lugar de entrega del mismo en destino. Esta expresión suele aparecer en los conocimientos marítimos de embarque cuando se transportan contenedores.

Daño emergente. Es el valor de un daño o rotura a una mercancía, es decir, la pérdida de valor.

Decisión CE. Normativa de la Unión Europea de aplicación directa, pero de alcance parcial: solo para algunos países, empresas, etc.

DEG. Derecho Especial de Giro. Unidad monetaria del FMI en que se expresan los límites máximos de indemnización de los transportistas internacionales. Un DEG equivale a 1,2-1,4 €. En lengua inglesa se conoce como SDR.

Desvanecimiento de los frenos. Disminución de la eficacia de los frenos observada, a menudo, después de su uso repetido y continuo. Está causada por la pérdida de eficacia que sufre el material de fricción debido al sobrecalentamiento. Es más frecuente en los frenos de tambor que en los de disco. También se conoce por el término inglés *fadding*.

Directiva. Normativa de la Unión Europea que fija un marco y unos objetivos, pero que no es de aplicación inmediata, sino que obliga a los gobiernos a legislar para dar cumplimiento a la misma, es decir «transponer» dicha directiva.

Dispensa de garantía. Autorización para realizar tránsitos sin necesidad de presentar fianzas, aplicable a operadores con tres años o más de experiencia, entre otros requisitos.

Distancia de frenado. Distancia en la cual un vehículo se detiene partiendo de una velocidad inicial dada, desde la aplicación de los frenos. Este dato no toma en consideración el tiempo de reacción del automovilista. Por ejemplo, a 50 km/h un automóvil puede recorrer una distancia superior a nueve metros durante el período de reacción del conductor, y otros trece metros durante el tiempo de frenado real.

Documento T1. La indicación T1, bien sea en un documento MRN o en un DUA, acredita que la operación es un tránsito comunitario externo.

Dolo. Es la voluntad deliberada de una persona de cometer un acto sabiendo que es un delito.

Dotación. En transporte marítimo es el conjunto del personal que trabaja en un buque, desde el capitán hasta el cocinero.

DOUE. Diario Oficial de la Unión Europea.

DST. *Daylight Save Time.* Cambio de la hora para aprovechar la luz del día y ahorrar energía. Usado en la guía OAG de transporte aéreo.

DUA. Documento Único Administrativo. Se utiliza en toda la Unión Europea como declaración de importación y exportación desde 1987. Tiene varios ejemplares con distintos usos: aduana, estadística, interesado y levante.

Dumper. Vehículo de carga con tracción total, potente y muy maniobrable, de uso en canteras, obras, etc.

Dumping. Exportar a un precio inferior al de coste. Es posible cuando la Administración de un país prima a quien exporta, pagando directa o indirectamente una cantidad de dinero.

EDI. *Electronic Data Interchange.* Intercambio electrónico de datos, referido a sistemas de envío de datos, como por ejemplo el correo electrónico y otros similares.

Entréguese. Documento por el cual la compañía naviera pone a disposición del destinatario una mercancía, una vez liquidados los fletes u otros gastos debidos.

Envase y embalaje. Continente de un producto y protección del mismo para su transporte, respectivamente.

Estatuto de las mercancías en Unión Europea. Situación de tales mercancías en relación con la deuda aduanera. La mercancía es comunitaria si no debe aranceles a la aduana y no lo es cuando los debe.

Estibador. Persona o empresa que se ocupa de las operaciones de carga, descarga, estiba y desestiba en un puerto.

ETA y ETD. Fecha prevista de llegada y fecha prevista de salida, respectivamente.

EUR-1. Certificado de origen o circulación que permite aplicar en la aduana de destino reducciones de aranceles en virtud de acuerdos bilaterales. Lo expide la aduana de exportación.

Europalé. Palé normalizado de 120 × 80 cm.

Factura proforma. Es una propuesta de factura o un borrador de factura, sin validez legal ni fiscal.

Facturas consulares. Algunos países exigen que se extiendan facturas consulares (o facturas normales que debe visar el consulado) que serían una especie de certificación del valor de la mercancía. Se pretende evitar de este modo fraudes a las aduanas o evasión de divisas en el país de destino.

FBL. FIATA *Bill of Lading.* Carta de porte de transporte multimodal que pueden expedir los transitarios. Está reconocida por la CCI.

FCL. *Full Container Load* (contenedor completo). Es un contenedor donde la mercancía es de un solo expedidor, o para un solo destinatario si las siglas se refieren a la llegada.

FCR. FIATA *Certificate of Reception.* Es un documento reconocido por la CCI que pueden expedir los transitarios, acreditativo de haber recibido una mercancía sobre la que recibirán ulteriores instrucciones.

Ferroutage. Con carácter general, se refiere a todas las modalidades de transporte combinado ferrocarril-carretera.

FETEIA. Federación Española de Transitarios Expedidores y Asimilados.

FEU. *Fourty Equivalent Unit.* Unidad de volumen equivalente a un contenedor de 40 pies. Es mucho menos utilizada que el TEU.

FHD *(Free House Delivery).* Transporte puerta a puerta, en el que todos los gastos los paga el remitente.

FIATA. Federación Internacional de Asociaciones de Transitarios. En ella se agrupan entre otros, Feteia (España), Apat (Portugal), Fedespedi (Italia), etc.

Flat rate. Tarifa plana o precio fijo por kilogramo que se puede ofrecer a partir de determinado peso o volumen. Se utiliza en transporte aéreo.

Franquicia. En seguros, es la cantidad indicada para cada garantía amparada por la póliza, que se deducirá de la indemnización que corresponda en cada siniestro.

Freight Collect y Freight Prepaid. Flete debido y flete pagado, respectivamente.

Fuerza mayor. Hecho que imposibilita el cumplimiento de una obligación, independiente de la voluntad de la persona, no previsible o que, siéndolo, no es evitable.

Gateway. Es un aeropuerto o puerto importante donde se concentran las salidas o llegadas. Es un concepto similar a Hub.

GATT. *General Agreement On Trade and Tariffs* (Acuerdo General sobre Aranceles y Comercio). El GATT nació en 1947 con solo veintitrés países, con la idea de ir eliminando progresivamente las barreras al comercio internacional, con la única excepción de los impuestos aduaneros.

GCR. *General Cargo Rates.* Tarifas generales de carga aérea, es decir que no son especiales ni de clase.

GMT. *Geenwich Mean Time.* Meridiano en referencia al cual se establecen los horarios mundiales.

Grúa pórtico. Grúa que permite una carga rápida de contenedores sobre un buque. Debe su nombre a la forma de pórtico que tiene.

GSA. *General Sales Agent.* Es una empresa que representa a una compañía aérea en un lugar determinado. Su función es similar a la que desempeña un consignatario de buques respecto del armador.

Guarda. Recorrido libre que un pedal o una palanca de mando deben tener antes de accionar el mecanismo correspondiente.

HAT. Honorarios del agente transitario.

Hinterland **de un puerto.** Zona de influencia de un puerto, es decir, hasta dónde van las mercancías que entran por dicho puerto o de dónde proceden las que salen por él. Se suele medir por número de habitantes.

Hurto. Apropiación de bienes, contra la voluntad de su propietario, sin empleo de fuerza o violencia en las cosas, ni intimidación ni violencia ejercida sobre las personas.

IATA. International Air Transport Association (Asociación Internacional de Transporte Aéreo). Formada por las principales compañías aéreas del mundo.

IRU. International Routier Union (Unión Internacional de Transportistas por Carretera).

ICC. Cámara de Comercio Internacional, con sede en París.

Iglú. Es un tipo de contenedor utilizado en transporte aéreo.

IMDG. International Maritime Dangerous Goods. Convenio internacional que regula el transporte marítimo de mercancías peligrosas.

Intrastat. Documento mediante el cual las empresas cuyo volumen anual de ventas o compras en la Unión Europea supere un determinado volumen al año, informan de sus operaciones para mantener actualizada la estadística del comercio exterior. Se aplica desde 1993. Además de ser un documento, el Intrastat es un sistema permanente de recogida de datos para la estadística.

Instrucciones escritas. Documento que entrega el expedidor de una mercancía peligrosa al conductor del vehículo, según prescribe el Convenio ADR. El conductor debe leer dicho documento antes de iniciar el viaje. En el mismo se indican los peligros del producto, teléfonos de emergencia y forma de actuar en caso de accidente.

Isopallet. Palé normalizado de 100 × 120 cm.

Juntas arbitrales de transporte. Institución española creada por la LOTT para solucionar de forma simple, rápida y gratuita reclamaciones derivadas del contrato de transporte terrestre. Además de dicha función tienen otras de información, ayuda y asesoramiento a transportistas y usuarios.

King Pin. Dispositivo de los semirremolques que permite su enganche en la llamada «quinta rueda» de un vehículo tractor.

L/C. *Letter of Credit* (carta de crédito). Se trata de un documento que extienden los bancos a petición de sus clientes, mediante el cual se aseguran, comprador y vendedor, de que la mercancía se pague y que esté garantizado que esta haya iniciado el viaje a destino.

LCL. *Less than container load* (contenedor de grupaje). Expresión que figura en un conocimiento de embarque marítimo de un contenedor, cuando se ha llenado con mercancía de varios remitentes o bien de un solo remitente pero con mercancías para varios destinatarios.

Levante. Copia nueve de un DUA por la cual la aduana autoriza la salida o entrada de una mercancía. Algunas aduanas utilizan el levante sin papel o telemático.

LIFO. *Last-In/First-Out* (lo último en entrar es lo primero en salir). Sistema usado para valorar existencias en un almacén y también para gestionar los movimientos de mercancías. En transporte marítimo significa que están incluidas las operaciones de carga y estiba, pero no las de descarga y desestiba *(Liner In Free Out)*.

LILO. *Last-In/Last-Out* (lo último en entrar es lo último en salir). Sistema usado para valorar existencias en un almacén y también para gestionar los movimientos de mercancías. En transporte marítimo significa que están incluidas las operaciones de carga y estiba y las de descarga y desestiba *(Liner-In/Liner-Out)*.

LO/LO. *Lift-On/Lift-Out.* Tanto la carga como la descarga de una mercancía en un buque se hacen elevándolas mediante una grúa o puntal.

Logística inversa. Parte de la logística que pretende gestionar y optimizar el flujo de mercancías devueltas, así como embalajes y productos que puedan perjudicar al medio ambiente.

LOTT y ROTT. Ley y Reglamento de Ordenación del Transporte Terrestre, respectivamente.

Lucro cesante. Es aquello que «se deja de ganar» cuando una mercancía se pierde o avería.

Manifiesto. Relación que se presenta en la aduana, detallando las mercancías que un medio de transporte ha descargado en un puerto o aeropuerto. También se conoce como declaración sumaria.

MDL. Autorización de transporte de vehículo ligero de transporte público.

MDP. Autorización de transporte de vehículo pesado de transporte público.

Mercosur. Acuerdo de libre comercio formado por Argentina, Brasil, Uruguay y Paraguay.

Mermas (ferrocarril). Disminuciones de peso propias de ciertas mercancías, que no pueden constituir causa de reclamación al transportista. Casi siempre es por pérdida de humedad.

Metrología. Todos los aparatos que sirvan básicamente para pesar, medir o contar deben estar homologados por el Centro Español de Metrología. Se aplica a un termómetro, a un cinemómetro o a una báscula. Es un requisito aduanero para su importación.

MMA. Masa máxima autorizada. Antiguamente se denominaba peso máximo autorizado o PMA.

MRN. *Movement Reference Number.* Documento usado en tránsito comunitario desde octubre de 2001, en sustitución del DUA que se empleaba hasta entonces.

NAFTA. Acuerdo de Libre Comercio integrado por EEUU, Canadá y México.

Narrow Body. Se refiere a todos los aviones de fuselaje estrecho; por ejemplo un DC-9.

NCV. *No Customs Value* (ningún valor declarado para la aduana). En los conocimientos aéreos existe una casilla para declarar un valor para la aduana de destino. Habitualmente no se declara ningún valor en dicha casilla, en cuyo caso se añaden estas siglas.

Net Rate. Tarifas netas o de compra, o tarifas de coste.

NIL. Nada. Se suele indicar en los AWB, en casillas de valor para indicar «ningún valor». Tiene el mismo significado que NVD.

Nomenclatura Combinada o NC. Sistema de codificar las mercancías con un código de ocho dígitos, utilizado en toda la Unión Europea para la estadística del comercio exterior.

Noray. Poste metálico bajo y robusto para el amarre de los buques en un puerto.

NVD. *No Value Declared* (ningún valor declarado). Acrónimo que se indica en la casilla de valor declarado de un conocimiento aéreo cuando el expedidor no desea declarar ningún valor para el transporte.

OMC. Organización Mundial del Comercio.

OACI/ICAO. Organización de Aviación Civil Internacional. La designación ICAO proviene de sus siglas en inglés.

Orden de carga o de entrega. Cumple funciones similares al albarán. Mediante este documento un transitario da instrucciones a un transportista local para que recoja o entregue una partida determinada. El origen o final de dicho transporte suele ser el almacén del transitorio.

OT. Operador de transporte de mercancía. La autorización se llama también OT.

PAC. Política Agrícola Comunitaria.

Par motor. Esfuerzo torsional ejercido por o sobre un elemento rotativo. Referido a motores, significa el esfuerzo de torsión ejercido por los pistones sobre el cigüeñal y utilizado para la propulsión del automóvil. El motor suele desarrollar su par máximo al girar a una velocidad comprendida entre la mitad y los dos tercios de su régimen máximo de revoluciones. En un vehículo pesado suele estar en torno a las 1.500 revoluciones por minuto.

Paralización. Aplicado a un camión, es el derecho que tiene un transportista por carretera a ser indemnizado si le hacen esperar más de dos horas en la carga o descarga.

Partner. Corresponsal extranjero de un transportista o transitario.

Pick Up. Término inglés que significa recogida de una mercancía.

PIF. Puesto de Inspección Fronteriza. En una factura indica manipulaciones complementarias efectuadas por reconocimientos aduaneros o paraaduaneros, que no están incluidas en el THC.

POD. *Proof of delivery* (comprobante de entrega). Consiste en un documento donde figura fecha y hora, así como nombre y firma de quien recibe un envío.

Póliza de seguros. Documento que da fe de la cobertura y condiciones de un contrato de seguro, por regla general extendida por la compañía de seguros o por su agente. Es necesaria la existencia de la póliza para que el contrato sea válido.

Porte debido. Porte que se pagará en destino.

Porte pagado. Porte que se pagará en origen, al margen del momento en que se produzca el pago.

Prácticas colusivas o colusorias. Las que realizan quienes se ponen de acuerdo para perjudicar a un tercero. Vulneran las normas de competencia.

Práctico de un puerto. Persona experta que ayuda a la tripulación de un buque en las operaciones de atraque en un puerto.

Prealert. Comunicado, vía fax o e-mail, por el cual un transitario avisa a su corresponsal de un envío, sobre todo cuando se trata de un grupaje.

Profit y *Share Profit.* Margen o beneficio bruto obtenido en un envío. *Share Profit* es la parte de beneficio que corresponde a cada corresponsal.

PSI. *Pre Shipment Inspection.* Inspección que el comprador puede encargar que se realice a la mercancía antes de su embarque, cuando duda de la calidad de la misma. Hay firmas especializadas en este tipo de inspecciones.

Puerto *hub*. Puerto donde se concentran las salidas o llegadas.

Recomendation (**documento**). Cuando un comprador recibe mercancías en condiciones CIF o similares no tiene poder de decisión sobre el transporte. Puede firmar una «recomendación» al transitario para que la presente al proveedor.

Red rates. Tarifas confidenciales pactadas entre líneas aéreas y agentes IATA. Para estos últimos esas tarifas constituyen su tarifa de coste o compra con dicha compañía aérea.

Reglamento CE. Norma comunitaria que obliga a todos los ciudadanos de los Estados miembros tal cual se publica.

Relación de contenido o *Packing List.* Detalle del contenido y números de bultos, cuando sean más de uno. Es una exigencia general aduanera a efectos de posibles inspecciones o reconocimientos físicos de la mercancía. Es importante no confundirla con el manifiesto.

Remolcador. Barco pequeño y potente que ayuda al atraque y maniobras de buques mayores, remolcándolos.

Resguardo fiscal. Agente de policía que tiene asignada la vigilancia de fronteras y la salida o entrada de mercancías en las aduanas. En España esta función la realiza la Guardia Civil.

RETIM. Siglas de la Subsección de Empresas de Transporte Internacional de Mercancías del Registro General de Transportistas y Empresas de Actividades Auxiliares y Complementarias del Transporte (Ministerio de Fomento).

Robo. Sustracción o apoderamiento ilegítimo de bienes contra la voluntad de su dueño, mediante actos que impliquen fuerza o violencia en las cosas.

Ro-ro. *Roll On/Roll Off.* Sistema de carga de un buque mediante una rampa y no elevando la carga, como sucede en lo-lo.

Routing Order o **R/O.** Orden que da un comprador para utilizar un determinado transportista o transitario en los supuestos en que compra FOB, EXW, etc., y que por tanto controla el transporte.

Sales Lead. Información que un transitario envía a su corresponsal para que contacte a un importador o exportador que controla el transporte y por tanto puede decidir el medio.

SDR. Acrónimo de Derecho Especial de Giro, en inglés.

SDT. Documento FIATA que un transitario hace firmar al expedidor de un transporte multimodal de mercancía peligrosa, según el cual la mercancía cumple las estipulaciones de los distintos convenios aplicables.

Selling rates. Tarifas de venta que se ofrecen a un cliente. Normalmente serán las de compra una vez aplicado el margen que se desea obtener.

Soivre. Servicio Oficial de Inspección Vigilancia y Regulación de la Exportación. Nombre antiguo de los actuales CICE, pero que se resiste a desaparecer.

STC. *Said to contain...* (dice contener...). Expresión utilizada en una carta de porte o conocimiento de embarque, según la cual el transportista declara el contenido de los bultos tal como se lo ha transmitido el expedidor, pero no afirma que sea lo declarado.

Tacógrafo. Aparato para controlar los tiempos de conducción y descanso de conductores. Puede ser analógico o digital.

Tacómetro. Instrumento que indica la velocidad de rotación del motor.

Taric. Tarifa Integrada Comunitaria. También conocida como arancel.

Tarifa *Quantity* (Q). Tarifa aérea que se aplica generalmente a envíos de más de 45 kg.

Tarifa *Over Pivot*. Tarifa aplicable al exceso sobre el peso pactado en tarifas *Pivot*.

Tarifa *Pivot*. Tarifa a tanto alzado para un ULD. Se utiliza en el transporte aéreo.

TECO. (ferrocarril). Tren especializado en transporte de contenedores.

TEU. *Twenty Equivalent Unit*. Volumen de un contenedor de 20 pies.

THC. *Terminal Handling Charges* (cargos por manipulación en la terminal).

TIR. Convenio Aduanero de 1975 sobre el tránsito de mercancías por carretera.

***Tracking*.** Código de barras utilizado para el seguimiento de un envío por sistemas informáticos.

Tráiler. Vehículo formado por una tractora más semirremolque. Vehículo articulado.

Transfer (aéreo). Es la transferencia de un envío de una compañía aérea a otra, en los supuestos en que interviene más de una en un transporte.

Transit time (T/T). Tiempo que dura un transporte. Término aplicable a todos los medios de transporte.

Tránsito comunitario externo. Transporte terrestre de una mercancía entre dos aduanas comunitarias, que tiene pendiente el pago de los aranceles comunitarios.

Transporte de viajeros. El que está dedicado a realizar los desplazamientos de las personas y sus equipajes en vehículos construidos y acondicionados para tal fin.

Transporte funerario. Aquel que se realiza para el desplazamiento de restos humanos en vehículos especialmente acondicionados al efecto.

Transporte interior. Aquel que tiene su origen y destino dentro del territorio del Estado español, discurriendo como regla general íntegramente dentro de este, si bien, por razón de sus rutas y en régimen de transporte multimodal podrán atravesar aguas o espacios aéreos no pertenecientes a la soberanía española.

Transporte internacional. Aquel cuyo itinerario discurre parcialmente por el territorio de Estados extranjeros.

Transporte de mercancías. El que está dedicado a realizar desplazamientos de mercancías, en vehículos construidos y acondicionados para tal fin.

Transporte mixto. El que se dedica al desplazamiento conjunto de personas y de mercancías en vehículos especialmente acondicionados para tal fin, que realicen el transporte con la debida separación.

Transporte privado. Aquel que se lleva a cabo por cuenta propia, bien sea para satisfacer necesidades particulares, bien como complemento de otras actividades principales realizadas por empresas o establecimientos del mismo sujeto, y directamente vinculado al adecuado desarrollo de dichas actividades.

Transporte público. Aquel que se lleva a cabo por cuenta ajena mediante retribución económica.

Transporte sanitario. Aquel que se realiza para el desplazamiento de personas enfermas, accidentadas o por otra razón sanitaria, en vehículos especialmente acondicionados al efecto.

Tren de carretera. Conjunto formado por un vehículo rígido más un remolque.

Turismo. Vehículo automóvil distinto de la motocicleta, concebido y construido para el transporte de personas con una capacidad igual o inferior a nueve plazas incluida la del conductor.

Twist Lock. Dispositivo giratorio que permite fijar un contenedor en una plataforma de un camión.

UIC. Unión Internacional de Ferrocarriles.

ULD. *United Load Device.* Dispositivo unitario de carga propio del transporte aéreo que comprende palés y contenedores.

Unión aduanera. Sustitución de varios territorios aduaneros por uno solo.

Vehículo «bañera». Vehículo basculante para transportar tierras, piedras, etc. El nombre se debe a la similitud del recinto de carga con una bañera.

Vehículo ligero. Vehículo automóvil especialmente acondicionado para el transporte de mercancías cuyo peso máximo autorizado no exceda de seis toneladas, o que, aun sobrepasando dicho peso, tenga una capacidad de carga útil no superior a 3,5 toneladas.

Vehículo mixto. Vehículo automóvil especialmente dispuesto para el transporte simultáneo o no de mercancías y de personas hasta un máximo de nueve incluido el conductor y en el que se pueda sustituir eventualmente la carga parcial o totalmente, por personas mediante la adición de asientos.

Vehículo pesado. Vehículo automóvil especialmente acondicionado para el transporte de mercancías cuyo peso máximo autorizado sea superior a seis toneladas y cuya capacidad de carga exceda de 3,5 toneladas. Las cabezas tractoras tendrán la consideración de vehículos pesados cuando contemplen una capacidad de arrastre de más de 3,5 toneladas de carga.

Viscosidad. Término que expresa la dificultad de un líquido para fluir a través de un orificio. La viscosidad del aceite lubricante disminuye con el aumento de la temperatura.

Wide body. Avión de fuselaje ancho; como, por ejemplo, un Boeing 747.

Recursos web

Accede gratuitamente a los test de autoevaluación para afianzar tus conocimientos sobre gestión de tráfico de mercancías. Disponibles en la web de Marge Books y a través del código QR.

www.margebooks.com

Bibliografía

Ley 16/1987, de 30 de julio, de Ordenación de los Transportes Terrestre (LOTT), modificada por Ley 9/2013 de 4 de julio, BOE de 5 de julio.

Real Decreto 1211/1990, de 28 de septiembre, por el que se aprueba el Reglamento de la Ley de Ordenación de los Transportes Terrestres (ROTT), modificado por Real Decreto 70/2019 de 15 de febrero, BOE del 20 de febrero.

Ley Orgánica 12/1995, de 12 de diciembre, de Represión del Contrabando (BOE de 13 de diciembre de 1995).

Ley 29/2003 de 8 de octubre (BOE de 9 de octubre de 2003).

Ley 50/1980 de 8 de octubre del Contrato de Seguro.

Real Decreto 7/2001, de 12 de enero, por el que se aprueba el Reglamento sobre la responsabilidad civil y seguro en la circulación de vehículos a motor.

El seguro de transporte, Francisco José Sánchez Gamborino, Fundación Francisco Corell.

Convenio CMR, Ginebra, 19 de mayo de 1956.

Convenio ATP, Ginebra 1 de septiembre de 1970.

Convenio ADR y Real Decreto 97/2014, de 14 de febrero.

Capacitación profesional, Confederación Española de Formación del Transporte y la Logística (Ceftral), tomos I y II.

Reglamento CE 561/2006 sobre tiempos de conducción y descanso.

Orden FOM 1190/2005 que regula la implantación del tacógrafo digital.

Otras normativas legales sobre transporte por carretera.

Manual del transporte de mercancías

Jaime Mira, David Soler

Prevención de riesgos laborales: Personal de transporte y estiba

Alba Ramírez Soriano, Eva María Hernández Ramos

Prevención de riesgos laborales: Personal de reparto y de conducción

Alba Ramírez Soriano

Logística urbana. Manual para operadores logísticos y administraciones públicas

Ignasi Ragàs

Manual del transporte en contenedor

Jaime Rodrigo de Larrucea

Transporte de mercancías por carretera. Manual de competencia profesional

José Manuel Ruiz Rodríguez

Manual del transporte marítimo

Agustín Montori Díez, Carlos Escribano Muñoz, Jesús Martínez Marín

Técnicas para ahorrar costos logísticos. Aurum 2

Luis Carlos Hernández Barrueco

Título de transportista. Competencia profesional para el transporte de mercancías por carretera

Francisco Martín, M. Teresa Maza, María J. de la Maza

Manual de gestión de tráfico de mercancías
Rut Castell

Cómo desarrollar la carga aérea en aeropuertos
Javier Arán Iglesia

Cadena de suministro. Principios, máximas y recomendaciones
Luis A. Mora García

Transporte ferroviario de mercancías
Miguel Ángel Dombriz

Gestión documental del transporte por carretera
Eva María Hernández Ramos

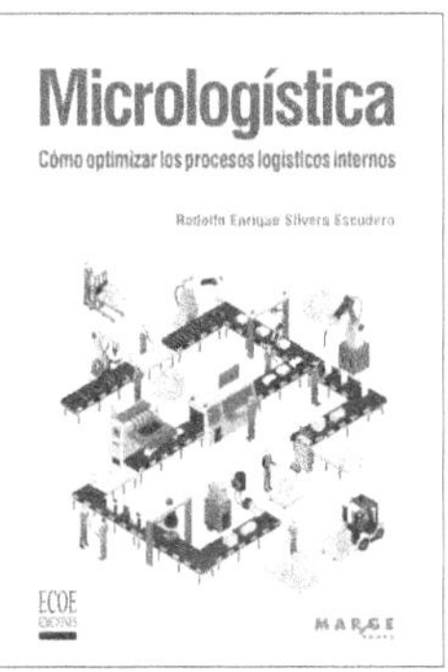

Micrologística
Rodolfo Enrique Silvera Escudero

Transporte marítimo de mercancías. Los elementos clave, los contratos y los seguros
Rosa Romero, Alfons Esteve

Normativa de estiba en carretera. Claves, soluciones y modelos para estibar y trincar cargas
Eva María Hernández Ramos

Estiba y trincaje de las mercancías en contenedor
Francisco Fernández Sasiaín

València, 558 – 08026 Barcelona – Tel. +34-931 429 486 – marge@margebooks.com – www.margebooks.com